Wenn sich eine 18-Jährige statt einer Weltreise eine Brustvergrößerung wünscht, scheint etwas falsch gelaufen zu sein mit der Emanzipation. Die britische Publizistin Natasha Walter hat viele junge Frauen nach ihrem Selbstverständnis befragt. Die Antworten sind erschreckend. Zwar glauben die meisten Frauen, sie hätten ihr Leben und ihre Sexualität selbstbestimmt im Griff, in Wirklichkeit aber reduzieren sie sich selbst immer mehr auf ihr Äußeres und sehen allein ihre Attraktivität als Schlüssel zum persönlichen Erfolg. Auf dieses Lolita-Schema werden die Mädchen schon in frühen Jahren festgelegt. Es gibt fast nur noch rosa Spielzeug für kleine Mädchen, süße »Prinzessinnen« tragen Miniröcke, hochhackige Schuhe und Lippenstift. Junge intelligente Frauen aus allen gesellschaftlichen Schichten lassen sich in Castingshows öffentlich demütigen. Natasha Walters kritische Bestandsaufnahme schockiert, rüttelt wach und macht eine Auseinandersetzung mit diesem wieder erstarkenden aggressiven Sexismus unabdingbar.

Natasha Walter wurde 1967 in London geboren. Nach ihrem Studium unter anderem in Cambridge und Harvard arbeitet sie als Journalistin für »Vogue«, »The Observer«, »The Independent«, »The Guardian« sowie für die BBC. Heute ist sie eine der renommiertesten und bekanntesten Feministinnen Großbritanniens und lebt mit ihrem Mann, einer Tochter und einem Sohn in London.

www.fischerverlage.de

Natasha Walter

Living Dolls

Warum junge Frauen heute lieber schön als schlau sein wollen

Aus dem Englischen von
Gabriele Herbst

Fischer
Taschenbuch
Verlag

Veröffentlicht im Fischer Taschenbuch Verlag,
einem Unternehmen der S. Fischer Verlag GmbH,
Frankfurt am Main, Juni 2012

Die englische Originalausgabe erschien
unter dem Titel »Living Dolls – The Return of Sexism«
bei Little, Brown Book Group Ltd., London

First published in Great Britain in 2010 by Virago
Deutsche Ausgabe:

Druck und Bindung: GGP Media GmbH, Pößneck
Printed in Germany
ISBN 978-3-596-18996-0

Für Harriet Guggenheim mit Dank

Inhalt

Vorbemerkung: Wenn in diesem Buch Personen mit Vor- und Nachnamen genannt werden, handelt es sich um die echten Namen. Werden sie nur mit Vornamen bezeichnet, handelt es sich um Pseudonyme.

Puppen

Dass es einmal so weit kommen würde, hätte ich nicht gedacht, schoss es mir durch den Kopf, als ich mich vor einiger Zeit in einem Londoner Spielwarengeschäft umsah. Aus der bunten Betriebsamkeit des Erdgeschosses mit seiner Überfülle an knuddeligen Stofftieren in warmen Farben war ich mit der Rolltreppe nach oben gelangt, hinauf in die Traumwelt des dritten Stocks. Es kam mir vor, als hätte mir jemand eine rosa Brille aufgesetzt, doch das, was ich sah, löste in mir eher Übelkeit als Entzücken aus. Alles war rosa, von dem Bonbonrosa der Barbies über die erdbeerfarbene Tönung von Disneys Dornröschen und dem milchigen Rosa von Baby Annabel bis zum grellen Pink von Hello Kitty. Es gab ein rosa Nagelstudio, wo kleine Mädchen sich die Nägel lackieren konnten, einen rosa »Boutique-Stand« mit Ohrringen und Halsketten sowie Puppen in rosa Schachteln mit allem möglichen Zubehör, unter anderem mit einem rosa »Maniküre-Schlafzimmer« und einem rosa »Empfangssalon«.

Einst hatten sich Feministinnen dafür stark gemacht, die Grenzen des geschlechterspezifischen Spiels von Mädchen und Jungen zu durchbrechen. Sie sahen keinen Grund dafür, Mädchen auf diese eine pastellfarbene Sphäre einzuschränken. Doch die Trennung zwischen der rosafarbenen Welt der Mädchen und der blauen der Jungs besteht nicht nur unangefochten weiter, sondern wird heute in einem nie gekannten Ausmaß vorangetrieben und verstärkt.

Häufig hat es dabei den Anschein, als brächen die Puppen aus den Spielwarenläden aus und übernähmen die Herrschaft über das Leben der Mädchen. Kleine Mädchen sollen nicht nur mit Puppen spielen, sie sollen sich vielmehr nach dem Bilde ihres Lieblingsspielzeugs formen. Die Ästhetik von Pink und Glitzer überwuchert derzeit praktisch jeden Bereich eines Mädchenlebens. Moderne Marketingstrategien sind so breit angelegt, dass ein kleines Mädchen zu Hause seine *Dornröschen*-DVD anschauen, mit einer Dornröschenpuppe im gleichen Kleid wie im Film spielen und dabei selbst eine prächtige Kopie ebendieses Kleids tragen kann. Auf seinem Schulweg begleiten es Barbies, Bratz oder Lillifees auf allem Möglichen, vom Schlüpfer über die Haarklammern bis hin zur Schultasche. Wenn es nach der Schule nach Hause kommt, kann es sich im Spiegel einer Disney-Frisierkommode betrachten. In einer noch vor einer Generation undenkbaren Weise hat es das Marketing erfolgreicher Spielzeugmarken auf geniale Weise geschafft, die Puppe und das reale Mädchen zu verschmelzen.

Eine solche Verschmelzung kann bis weit über die Kindheit hinaus fortbestehen. Ein Leben als Puppe zu führen ist für viele junge Frauen offenbar erstrebenswert geworden. Kaum sind sie den Kinderschuhen entwachsen, stürzen sie sich in ein Projekt aus Selbstverschönerung, Diäten und Shopping, das darauf abzielt, das blondierte, glatte, zartfarbene Äußere einer Bratz- oder Barbiepuppe zu erlangen. Rollenvorbilder gibt es genug. Von den vielen weiblichen Promis weiß man aus den Klatsch- und Modemagazinen, dass sie sich extremen Maßnahmen von mörderischen Diäten bis zu Schönheitsoperationen unterwerfen, um hochgestylte Perfektion zu erreichen.

Die Verschmelzung von Frau und Puppe nimmt zuweilen

fast surreale Züge an. Als die Sängerinnen der britischen Girlgroup Girls Aloud 2005 Barbiepuppenversionen ihrer selbst auf den Markt brachten, konnte man von Puppe zu Mädchen und von Mädchen zu Puppe blicken, ohne dass man erkannt hätte, wer was war. Sowohl die echten als auch die Plastikfrauen waren mit ihrer bemalten Haut, ihrem nylonglänzenden Haar und ihren straffen Körpern beklemmend perfekt. 2007 trat ein junges Zwillingspaar in die britische Ausgabe von *Big Brother* ein, in identischen rosa Miniröcken und mit blondiertem Haar. Die beiden erklärten, Barbie sei das Vorbild für ihr Leben. Die amerikanische Schauspielerin und Sängerin Hilary Duff sagte von sich: »Als ich jünger war, hat mich Barbie sehr inspiriert. Sie war ein Rollenmodell für meine Freundinnen und mich. Ich finde ihren Stil und ihre Person toll!«[1] Selbst wenn die Verschmelzung von Frau und Puppe nicht so offensichtlich vollzogen ist, treiben viele der zur Zeit angesagten sogenannten Rollenmodelle – von Paris Hilton bis Victoria Beckham – ihren Plastiklook so weit, dass sie aussehen wie direkt aus der Produktion von Mattel.

Seit mehr als 200 Jahren protestieren Feministinnen gegen die künstlichen Bilder weiblicher Schönheit, die Frauen als anzustrebendes Ideal vorgesetzt werden. Von Mary Wollstonecrafts 1792 erschienenem *Ein Plädoyer für die Rechte der Frauen* über Simone de Beauvoirs *Das andere Geschlecht* von 1949 bis zu Germaine Greers *Der weibliche Eunuch* von 1970 und Naomi Wolfs *Der Mythos Schönheit* von 1991 forderten scharfsinnige, zornige Frauen einen Wandel dieser Ideale. Doch statt allmählich zu verschwinden, wurden sie nur noch einengender und mächtiger als je zuvor. Noch folgenreicher ist jedoch, dass das Idealbild weiblicher Schönheit, dem Frauen nacheifern sollen, in einem Großteil unserer Gesellschaft in immer höherem Maße durch Sexualität und erotische Ausstrahlung definiert wird. Sexuelle Anziehungskraft war immer ein natürlicher Wunsch, sowohl von Männern als auch von Frauen, und wird es immer sein, doch heute haben Werbung, Musik- und Filmindustrie, das Fernsehen und die Zeitschriften eine bestimmte Sicht weiblicher Sexualität auf den Sockel gehoben, und dieses Bild weiblicher Sexualität wird mehr denn je von der Sexindustrie bestimmt.

Quer durch unsere Gesellschaft trifft man auf dieses sehr enggefasste Bild weiblicher Sexualität, dessen Inbegriff häufig schlanke, vollbusige Exhibitionistinnen verkörpern, die sich in Reizwäsche lasziv um eine Stange winden. Diese Verengung der Definition erotischer Ausstrahlung geht darauf zurück, dass die Sexindustrie inzwischen viel breiter akzeptiert ist. Dass sie sich von den Randbezirken weg auf die Mitte unserer Gesellschaft zu bewegt, ist vielerorts zu erkennen. Das beginnt mit dem unerwarteten Comeback des Glamour Modeling, was viele junge Frauen dazu ermutigt hat, sich für ein Männermagazin bis auf den Slip auszuziehen. Es setzt sich fort in der sprunghaften Zunahme von Tabledance-Clubs in den Städten und in dem angesagten Tanzstil, der sich aus diesen Clubs und dem Poledance der Go-go-Tänzerinnen ableitet, und reicht bis zu den erfolgreichen Memoiren von Prostituierten, die suggerieren, Sexverkauf sei für Frauen eine gute Möglichkeit, sich den Lebensunterhalt zu verdienen. Vor allem aber zeigt es sich in der durch das Internet bedingten viel größeren Präsenz von Pornographie im Leben vieler junger Leute. Diese Entwicklung hat auch Zeitungen und Zeitschriften, Werbung, Fernsehen und Musik erfasst; in weiten Teilen herrschen mittlerweile die ästhetischen Maßstäbe der Softpornographie vor. Die Botschaften und Werte dieser neubelebten Sexindustrie gehen vielen jungen Männern und Frauen tief unter die Haut.

Die Verknüpfung von Weiblichkeit und Erotik beginnt früh:

Dass Frauen sexy sein möchten, ist zwar nichts Neues, doch dass sogar Kinderspielzeug sexy aussehen soll, schon. In den 1970er Jahren verurteilten Feministinnen Barbies Wespentaille, ihren großen Busen und ihre perfekten Gesichtszüge, doch wurde sie unter anderem als Pilotin, Ärztin oder Astronautin mit allem passenden Zubehör an das Mädchen gebracht. Bratz-Puppen hingegen, die vor kurzem Barbie als meistverkaufter Anziehpuppe den Rang abgelaufen haben, kamen mit einer Garderobe ausschließlich fürs Clubben und Shoppen auf den Markt, mit Netzstoff und Federn, bauchfreien Tops und Miniröcken, die Gesichter so dick geschminkt, als seien sie von der Visagistin des britischen Busenmodels Jordan alias Katie Price entworfen worden.[2]

Wenn Sie heute ein Spielzeuggeschäft betreten und Tausende dieser leicht nuttig aussehenden Puppen strecken Ihnen ihren Kussmund entgegen, dann merken Sie, dass sich etwas Grundlegendes geändert hat. Zwar wurden Mädchen schon immer dazu angehalten, in der Selbstverschönerung einen wichtigen Teil ihres Lebens zu sehen, doch heutzutage werden sie zudem schon in sehr jungen Jahren mit einer Flut von Botschaften überschwemmt, die suggerieren, dass es sehr wichtig ist, sexuelle Anziehungskraft zu entwickeln. Doch diese Puppen sind nur ein kleiner Aspekt einer viel umfassenderen Botschaft, die jungen Frauen vermittelt, in ihrer erotischen Ausstrahlung den wichtigsten Schlüssel zum Erfolg zu sehen.

Diese in hohem Maße sexualisierte Kultur wird häufig als Zeichen für die Befreiung und Emanzipation der Frau gefeiert. In der Tat verfolgte die Frauenbewegung der 1970er Jahre unter anderem das Ziel, die Frauen von der herrschenden Sexualmoral zu befreien. Diese Doppelmoral hatte sie auf idealisierte Sittsamkeit einerseits oder verachtenswerte Promiskuität andererseits festgelegt. Dass Frauen heute sexuell aktiv und erfahren sein dürfen, ohne sich gesellschaftliche Ächtung einzuhandeln, ist ein unmittelbarer Erfolg der zweiten Welle der Frauenbewegung. Und das ist ganz bestimmt ein Grund zum Feiern. Merkwürdig ist jedoch, dass heute oft alle Aspekte der gegenwärtigen hypersexualisierten Kultur als Indiz für die wachsende Freiheit und Macht der Frauen interpretiert werden. Viele in der Branche Tätige sehen in der Wiedergeburt des Glamour Modeling ein Zeichen nicht etwa für einen anhaltenden Sexismus, sondern für ein neues weibliches Selbstvertrauen. So äußerte ein ehemaliger Herausgeber eines Männermagazins mir gegenüber: »Es sind die Frauen, die das vorantreiben. Es hat sich alles geändert ... Ich finde, für Leute meines Alters ist es sehr seltsam, dass junge Frauen schon in so frühem Alter sexuell so selbstbewusst sind.« Ähnlich wird über die derzeit so beliebten Poledance-Kurse geredet, als trügen sie zur Befreiung der Frauen bei. Die Website »Poledancing Hen Weekends« behauptet etwa: »In Poledance-Kursen geht es darum, sich selbst von den Einschränkungen zu befreien, die Ihnen im Alltag auferlegt sind, und neue Kräfte in sich zu wecken.«[3] Sogar Tätigkeiten wie Tabledance und Prostitution werden heute oft mit dieser pseudofeministischen Rhetorik bemäntelt. In einem Interview zitiert die *Times* eine Stripperin wie folgt: »Ich hatte noch nie einen Job, in dem ich mich so stark und mächtig fühlte.«[4] Die britische Schauspielerin Billie Piper, die in einer Fernsehfassung der Memoiren der Londoner Prostituierten Belle de Jour die Hauptrolle spielte, erklärte in einem Interview: »Wenn ich Belle de Jour spiele, muss ich eine sexuell befreite, starke junge Prostituierte verkörpern.«[5]

Das bedeutet, dass die Ankunft der Sexindustrie in der Mitte der Gesellschaft heute nicht etwa als negativ für die Frauen gesehen, sondern oftmals als Höhepunkt der von den Feministinnen erstrebten Freiheiten gepriesen wird. In einem Artikel im

Guardian über den Reiz der Pornographie für die breite Masse schrieb die Autorin: »Statt sich verzweifelt nach dem Recht zu sehnen, als Menschen zu gelten, spielen die heutigen Mädchen mit der altmodischen Auffassung, als Sexobjekt betrachtet zu werden. Das ist alles andere als eine schlechte Nachricht. In meinen Augen ist es vielmehr das ultimative feministische Ideal.«[6]

Diese Gleichsetzung von Emanzipation und Befreiung mit sexueller Verdinglichung ist überall zu erkennen, und sie hat merklichen Einfluss auf die Ambitionen junger Frauen. Als ich für dieses Buch in der Sexindustrie arbeitende Frauen befragte, erfuhr ich zu meiner Verblüffung, dass einige von ihnen sich von der Vorstellung hatten verlocken lassen, diese Arbeit könnte ihnen zu einem Gefühl persönlicher Macht verhelfen.

Wie etwa Ellie, eine wortgewandte, gebildete Frau, die eine Privatschule und eine gute Universität besucht hat und in dem Glauben erzogen worden ist, sie könne jeden Beruf wählen – in der Justiz, Medizin, Politik. Doch sie entschied sich stattdessen für die Schauspielerei. Als jedoch die Engagements ausblieben und sie finanziell in die Klemme geriet, stieg sie mit Anfang 20 aus und begann in einem Tabledance-Club in London zu arbeiten. Anfangs glaubte sie nicht, dass es allzu schwierig würde. Wie sie mir sagte, war ihr vermittelt worden, dass diese Tätigkeit für die ausübenden Frauen ganz unkompliziert sei und sie sogar stärke. »Das hört man doch überall, nicht wahr?«, meinte sie versonnen bei unserem Treffen. »Es gibt dieses Märchen, dass Frauen dadurch ihre Sexualität frei ausdrücken würden und dass es, weil sie eine Menge Geld dabei verdienen können, ihnen Macht über die Männer gibt, die ja dafür zahlen.«

Sie selbst erlebte das jedoch ganz anders. Entsetzt musste sie feststellen, wie entwürdigend und entmenschlichend ihr die Arbeit vorkam. »Es ist etwas an dem Club – die Scheinwerfer, die Schminke, die Kleidung, die man trägt, diese schwindelerregend hohen Plateaupumps, dass so viele Frauen gemachte Titten haben«, sagte sie. »Du siehst aus wie eine Cartoonfigur. Du legst dir einen falschen, mädchenhaften Namen zu, wie eine Puppe. Du sollst aussehen wie eine Puppe. Kein Wunder, dass die Männer dich nicht als Mensch sehen.«

Zwar wird diese Entwicklung häufig mit dem Begriff »Empowerment« – was so viel wie die Förderung und Stärkung der Frauen und ihre Beteiligung an der Macht bedeutet – in Zusammenhang gebracht, doch in Wahrheit ist das eine merkwürdige Verzerrung all dessen, was dieser Begriff für Feministinnen einmal bedeutet hat. Wenn wir früher von Emanzipation oder sozialer und politischer Teilhabe redeten, dachte keine an eine junge Frau im Stringtanga, die an einer Stange ihre Hüften kreisen lässt, sondern an die Bestrebungen von Frauen, echte politische und wirtschaftliche Gleichstellung zu erreichen. Gegen Ende des 20. Jahrhunderts herrschte großer Optimismus, dass diese Art Macht für mehr Frauen denn je in Reichweite läge und dass Frauen dann die Freiheit erlangen würden, sich ohne den Hemmschuh der Benachteiligung wirklich frei zu entfalten.

Die amerikanische Feministin Naomi Wolf schrieb 1993: »1992 kandidierten Frauen in den USA in Rekordzahl für politische Ämter … Das Geschlechterbeben rüttelte die Präsidentenwahlen auf und richtete sie neu aus.«[7] Und ich schrieb unmittelbar vor den britischen Parlamentswahlen von 1997 im *Observer*: »Sollten wir einen Stimmengewinn von sechs Prozent für Labour erleben, dürfte sich die Zahl weiblicher Parlamentsabgeordneter verdoppeln … Das ist noch keine Gleichberechtigung, aber in seiner Bedeutung nicht zu unterschätzen. Wir werden den Herrenclub allmählich bröckeln sehen, wir werden eine politische Kultur entstehen sehen, die auf die Probleme von Frauen eingeht … Dieser bevorstehende Umbruch hinsichtlich der Macht von Frauen ist ein Thema, dem wir nicht mit Zynismus begegnen sollten.«[8]

Dieser Wandel hin zu größerer Gleichberechtigung in der Politik bedeutete, dass feministische, lange als unbedeutend abgetane Argumente nun in zahlreichen politischen Debatten zu hören waren. Es lag Optimismus in der Luft, was die Veränderungen der Lebensumstände nicht nur von Frauen, sondern auch von Männern anging. Als Tony Blair nach der Geburt seines vierten Kindes im Jahr 2000 ein paar Wochen Urlaub nahm, stieß dieser Schritt auf Zustimmung, denn: »Wenn einer der mächtigsten Männer der Welt mit diesem Beispiel vorangeht, wird das Arbeitswelt und Elternzeit enorm beeinflussen.«[9]

Auf dem Hintergrund all dieser Debatten konnte ich in meinem ersten, Ende der 1990er Jahre erschienenen Buch *The New Feminism* leicht behaupten, der Feminismus gehöre nun trotz des Abflauens der Frauenbewegung zu der Luft, die wir atmen. Ich konnte auch leicht schlussfolgern – und ich war froh darüber –, dass die Feministinnen ihr Augenmerk nun ganz darauf richten könnten, politische, soziale und finanzielle Gleichstellung zu erlangen. Früher war es in den feministischen Diskussionen oft um das Private gegangen: wie Frauen lieben, wie sie sich anziehen, wen sie begehren. Ich war der Meinung, diese Zeiten seien vorbei. Ich glaubte, wir müssten nur die Bedingungen für Gleichberechtigung schaffen, und die Überreste des antiquierten Sexismus in unserer Gesellschaft würden verschwinden.

Ich räume bereitwillig ein, dass ich mich geirrt habe. Während viele Frauen aufatmeten und glaubten, die Auseinandersetzungen rund um die Gleichberechtigung seien größtenteils gewonnen und es gebe keine größeren Hindernisse mehr für weiteren Fortschritt, machten sich die Puppen erneut auf den Vormarsch. Das Aufkommen einer hypersexualisierten Kultur ist kein Beweis, dass wir volle Gleichberechtigung erreicht hätten; es spiegelt und unterstreicht vielmehr das tieferliegende Machtungleichgewicht in unserer Gesellschaft. Ohne grundlegenden ökonomischen und politischen Wandel ist das, was wir um uns erblicken, nicht die Gleichberechtigung, die wir einmal angestrebt haben; es ist eine steckengebliebene Revolution.

Männer und Frauen bemühen sich vielleicht immer noch Schritt für Schritt um größere Gleichberechtigung in der Familie und am Arbeitsplatz, doch der Reformdruck und der Optimismus sind dahin. Die gnadenlose Männerdominanz in der Politik ist symptomatisch für das umfassende Scheitern der Bemühungen, Gleichberechtigung der Geschlechter herzustellen. Während sich nach der Wahl von 1997 die Zahl der Frauen im britischen Parlament noch von 60 auf 120 von insgesamt 646 Mandaten verdoppelte, kam der Veränderungsprozess danach praktisch zum Stillstand. In den nächsten beiden Wahlen erhöhte sich die Zahl der weiblichen Abgeordneten nur um acht, und im schottischen Parlament sank der Frauenanteil sogar von 40 Prozent im Jahr 2003 auf 35 Prozent im Jahr 2009[10]. Im deutschen Bundestag liegt der Frauenanteil bei knapp über 30 Prozent.

Genauso wenig wie die Frauen weiter zu den Schalthebeln der Macht vorgedrungen sind, haben sich die Männer bislang in dem Maße in der Familie engagiert wie vielleicht einmal erhofft. Einer Studie zufolge verbringen Frauen, selbst wenn sie Vollzeit arbeiten, wöchentlich 23 Stunden mit Hausarbeit, Männer dagegen nur acht Stunden. Frauen mit einer Teilzeitstelle arbeiten sogar 33 Stunden pro Woche im Haushalt. Wie die Autoren dieser Untersuchung feststellen, hindert gerade die Hausarbeit viele Frauen, auf deren Schultern immer noch der Großteil davon lastet, die für besser bezahlte Jobs erforderlichen langen Arbeitszeiten auf sich zu nehmen.[11]

Die Realität sieht so aus, dass zwar Mädchen auf jeder Stufe des Bildungswesens dieselben Leistungen bringen wie Jungen, der einmal erhoffte Wandel aber nicht am Arbeitsplatz angekommen ist. Es haben zwar Männer und Frauen mit kleinen Kindern das Recht auf flexible Arbeitszeitgestaltung, doch Frauen müssen für ihre Entscheidung, nicht Vollzeit zu arbeiten, immer noch einen hohen Preis zahlen. Frauen mit einer Vollzeitstelle bekommen einen rund 17 Prozent niedrigeren Stundenlohn, bei teilzeitarbeitenden Frauen beträgt der Abstand sogar 35 Prozent – mit anderen Worten, eine Frau mit einer Teilzeitstelle bekommt pro Stunde im Mittel nur zwei Drittel dessen, was der vollzeitarbeitende Mann im Durchschnitt verdient.[12] In Deutschland beträgt dieser »kleine Unterschied« laut Statistischem Bundesamt sogar 23 Prozent. Am beunruhigendsten ist, dass die Entwicklung zur Schließung dieser Einkommenslücke in Großbritannien allem Anschein nach zum Stillstand gekommen ist; zwischen 2007 und 2008 hat sich die Kluft sogar vergrößert.[13] Für Frauen in Führungspositionen könnte die Gleichstellung noch weiter in die Ferne gerückt sein als je zuvor, wie Forschungsarbeiten von 2007 belegen: »Die Untersuchung von Price Waterhouse Coopers stellte fest, dass 2002 von 350 Financial-Times-Index-Unternehmen fast 40 Prozent der Führungspositionen von Frauen besetzt waren. Bei der Wiederholung der Studie für 2007 war die Zahl der Frauen in Vorstandspositionen auf nur 22 Prozent gefallen.«[14] In deutschen Vorständen sitzen, der Hans-Böckler-Stiftung zufolge, derzeit ganze drei Prozent Frauen, in Aufsichtsräten etwas mehr als neun Prozent.

Eine Managerin versuchte auf die Frage, warum so viele ihrer Geschlechtsgenossinnen gegangen waren, das Problem auf den Punkt zu bringen. Die Leute verstünden zwar vom Verstand her, dass man über Gleichberechtigungsfragen sprechen müsse, doch: »Was sie in ihrem Herzen bewegen, gibt den Ausschlag.«

Was bewegen wir im Herzen? Es ist an der Zeit, die kulturellen Veränderungen des vergangenen Jahrzehnts mit dieser steckengebliebenen Revolution in Verbindung zu bringen. Zwar stehen den Frauen heute immer noch viel mehr Möglichkeiten offen als noch vor einer Generation, doch wir beobachten derzeit ein Wiedererstarken des alten Sexismus in neuem Gewand. Statt dass sich Freiheit und Potential der Frauen voll entfalten könnten, definiert die neue hypersexualisierte Kultur weiblichen Erfolg neu, und zwar ausschließlich im engen Rahmen der sexuellen Anziehungskraft.

Mit diesem neukonstruierten Zusammenhang zwischen übertriebener erotischer Ausstrahlung und Emanzipation geht überdies ein überraschendes Comeback der Vorstellung einher, die althergebrachte Weiblichkeit sei genetisch vorgegeben statt sozial bestimmt. Überall in unserer Gesellschaft lebt ein neues Interesse am biologischen Determinismus auf. Sogar die Assoziation von kleinen Mädchen mit allem, was rosa ist und glitzert, wird vielerorts nicht als kulturelles und daher hinterfragbares Phänomen gesehen, sondern als unausweichliche Folge der als veränderungsresistent geltenden Biologie. Vor kurzem führten einige Neurowissenschaftler ein Experiment durch, das ihren Angaben zufolge belegte, dass Mädchen biologisch darauf angelegt seien, rosa zu bevorzugen. Das Experiment ging wie folgt vonstatten: Männern und Frauen wurden verschiedenfarbige Rechteckpaare vorgelegt, aus denen sie jeweils das Rechteck wählen sollten, das ihnen besser gefiel. Wie die Forscher feststellten, bevorzugten die Frauen mehr rötliche Farbtöne als die Männer. Diese Farbpräferenz sollte sich auf biologische Unterschiede zwischen Männern und Frauen zurückführen lassen. Die Unterschiede wurzelten möglicherweise in den unterschiedlichen Aufgaben beider Geschlechter in einer weit zurückliegenden Vergangenheit. Da die Frauen, so die Überlegungen der Forscher, vor vielen Jahrtausenden eher reife, rote Früchte sammelten, statt unter blauem Himmel Wild zu jagen, hatte die Evolution dafür gesorgt, dass sie intensiver auf rosa ansprachen als Männer.[15]

Diese These wurde von einem Großteil der Presse kritiklos aufgegriffen. »Jungen mögen blau, Mädchen mögen rosa, das steckt in unseren Genen«, betitelte die Zeitung *Independent* ihren Artikel[16]. *Rosa für Mädchen und blau für Jungen – und das liegt nur an der Evolution*, lautete die Schlagzeile des *Guardian*[17]. Der Verfasser dieses Artikels brachte die Studie direkt mit den Accessoires der heutigen Kindheit in Zusammenhang: »Diese Theorie ist ermutigend für Barbie-Fans, die erleben mussten, dass die Puppe wegen ihrer ›antifeministischen‹ Kleidung und Ausstattung angegriffen wurde.« Dabei bewies die Studie aber an keiner Stelle, wie zwei einsame Rufer in der Wüste hervorhoben, dass die Vorliebe für rosa auf einen vor Urzeiten im weiblichen Gehirn festverdrahteten Unterschied zurückging und nicht lediglich auf den Einfluss unserer modernen Kultur.

Das ist nur eine Studie von vielen, doch ihre Thesen und deren Rezeption sind bezeichnend für einen Großteil der aktuellen Forschung auf diesem Gebiet. Es gab in den letzten Jahren eine wahre Flut von Forschungsarbeiten zu Geschlechterunterschieden aus Fachgebieten von den Neurowissenschaften über die Linguistik bis zur Psychologie. Ein Teil dieser Arbeiten untersuchte die Struktur und Aktivität des männlichen und des weiblichen Gehirns, ein anderer befasste sich mit den Auswirkungen unterschiedlicher Hormonspiegel, ein dritter erforschte Unterschiede in den intellektuellen Fähigkeiten und Leistungen von Männern und Frauen und wieder ein anderer ging deren Einfühlungsvermögen und Fürsorglichkeit nach. Die Schlussfolgerungen ergaben kein einheitliches Bild, doch die Berichterstattung in den Medien und in populärwissenschaftlichen Darstellungen bekräftigen unaufhörlich die Vorstellung, bestehende Unterschiede zwischen männlichem und weiblichem Verhalten seien auf die Biologie zurückzuführen.

Diese Überzeugungen haben die Kultur, in der unsere Kinder aufwachsen, weitgehend durchdrungen, und das etablierte Bildungssystem reproduziert sie häufig unkritisch. So steht beispielsweise auf der Website des britischen Mädchenprivatschulverbands Girls' School Association zu lesen: »Die Forschung der letzten zehn Jahre zur Gehirnentwicklung spricht dafür, dass Geschlechterunterschiede genauso viel mit der Chemie und Struktur des Gehirns zu tun haben dürften wie mit der mädchen- und jungenspezifischen Erziehung. Dass Mädchen nachdenklicher, kooperativer, intuitiver und sprachgewandter sind und Jungen körperlich aktiver, aggressiver und unabhängiger in ihrer Lernweise, scheint auf der Funktion und Entwicklung des Gehirns zu beruhen.«[18] Und wenn sich Lehrer und Eltern diese Ideen zu eigen machen, so bestärken die Spielzeughersteller sie bereitwillig darin. Kürzlich sagte ein Disney-Sprecher über den Erfolg der Marke »Disney Prinzessinnen«, die aus Anziehpuppen, Ballroben und Accessoires besteht: »Wir glauben, dass bei der überwiegenden Mehrzahl der kleinen Mädchen ein angeborener Wunsch dahintersteckt, Prinzessin zu spielen. Sie verkleiden sich gerne, sie spielen gerne Rollenspiele. Es ist einfach ein genetisch bedingtes Verlangen, rosa zu mögen, das Schloss zu mögen, ihren Vater in den Prinz zu verwandeln.«[19]

Mit dieser Begründung stereotypen weiblichen Verhaltens durch die »Chemie und Struktur des Gehirns« und das »genetisch bedingte Verlangen« wird nicht nur erklärt, wie kleine Mädchen spielen und lernen, sondern es werden auch die Ungleichheiten im Erwachsenenleben wegerklärt. Autoren wie Simon

Baron-Cohen, Professor für Entwicklungspsychopathologie an der Cambridge University, haben in ihren Werken ausführlich dargelegt, warum sie glauben, dass die im Erwachsenenalter zutage tretenden Unterschiede zwischen den Geschlechtern ebenso sehr der Biologie wie sozialen Faktoren zuzuschreiben seien. In seinem Buch *Vom ersten Tag an anders* führt Baron-Cohen aus, dass ein »weibliches« beziehungsweise »männliches Gehirn« nicht nur das kindliche Verhalten beeinflusst, sondern auch die Berufswahl im Erwachsenenalter. Er beginnt mit Anekdoten über ein typisches Mädchen und einen typischen Jungen und erklärt uns, das typische Mädchen sei versessen auf »Puppen und kleine Spielzeugtiere«. Es verbringt »Stunden damit, Barbiepuppen an- und auszuziehen«[20]. Dann fährt er mit der These fort, erwachsene Frauen verfügten im Durchschnitt auch über bessere soziale Fähigkeiten als Männer und dies spiegele sich in den Berufen wider, für die sie sich instinktiv entscheiden. »Personen mit weiblichem Gehirntyp geben die besten Sozialarbeiter, Grundschullehrerinnen, Krankenpfleger, Therapeutinnen, Betreuer, Therapeuten, Mediatorinnen, Gruppenleiter oder Personalmitarbeiterinnen ab … Personen mit männlichem Gehirntyp … die besten Naturwissenschaftler, Ingenieurinnen, Mechaniker, Technikerinnen, Musiker, Architektinnen, Elektriker, Klempnerinnen, Banker, Werkzeugmacherinnen, Programmierer oder auch Juristinnen.«[21]

Bemerkenswerterweise wären die Beschäftigungen, die Baron-Cohen und andere Anhänger biologischer Erklärungen für Geschlechterunterschiede als dem weiblichen Gehirn angemessen erachten, vom überholten Chauvinismus genauso als Frauenarbeit betrachtet worden wie von der allerneuesten Forschung. Nimmt man die Belege für diese Form des biologischen Determinismus genauer unter die Lupe, kann man sich des Eindrucks kaum erwehren, dass seine Popularität oft genauso in den schlechten »alten« Stereotypen wurzelt wie in »guter« neuer Wissenschaft. In dieser Debatte berufen sich Befürworter und Gegner des Determinismus auf wissenschaftliche Erkenntnisse, doch häufig schlagen sich die Medien allzu rasch auf nur eine Seite. So entsteht der Eindruck, der biologische Determinismus sei in der gesamten wissenschaftlichen Welt neuer Konsens. Jedoch erheben gegenwärtig viele Wissenschaftler Einwände gegen biologische Erklärungen für die fortbestehenden Trennlinien zwischen den Geschlechtern in unserer Gesellschaft. Erhielten diese Einwände verbreiteter Gehör, wären wir vielleicht eher bereit, nicht nur die offensichtlich trivialen Unterschiede zwischen Jungen- und Mädchenspielzeug, sondern auch den Fortbestand der gravierenden Ungleichheiten im Alltag von Männern und Frauen zu kritisieren.

Meines Erachtens ist es an der Zeit, die übertriebene Weiblichkeit, die den Frauen dieser Generation als Ideal vermittelt wird, in Frage zu stellen. Das muss einerseits durch eine Kritik am Wiederaufleben des biologischen Determinismus geschehen, der uns einredet, Gene und Hormone legten uns unausweichlich auf die traditionellen Geschlechtsrollen fest. Zum anderen müssen wir die klaustrophobische Kultur, die vielen jungen Frauen weismacht, sie könnten nur durch Ausnutzen ihres Sex-Appeals Macht erlangen, auf den Prüfstand stellen. Natürlich muss es jeder einzelnen Frau selbst überlassen bleiben, sich persönlich auf irgendein als stereotyp erachtetes weibliches Verhalten einzulassen, vom Kuchenbacken bis zum Poledance, von Stöckelschuhen bis zur Hausarbeit. Ich bin nach wie vor felsenfest davon überzeugt, dass wir keine verbissene, politisch korrekte Form des Feminismus vertreten müssen, um größere Gleichberechtigung zu erreichen. Doch in einer von Freiheit und Gleichheit geprägten Gesellschaft sollten wir nach echter Entscheidungsfreiheit streben. In diesem Augenblick verschleiert nämlich eine bloße Rhetorik der Entscheidungsfreiheit für diese Frauengeneration ganz reale Zwänge. Wir leben derzeit in einer Welt, in der sich eigentlich frei wählbare Aspekte weiblichen Verhaltens für junge Frauen oft in ein Gefängnis verwandeln.

Mir ist wohl bewusst, dass die Analyse solcher Aspekte weiblicher Lebenserfahrung in diesem Buch nicht alle Schauplätze erfasst. Ich habe in den letzten Jahren zahlreiche Gespräche mit Frauen geführt, deren Herkunftsländer die westliche feministische Debatte gar nicht erreicht. Ich bin nach Afghanistan, Saudi-Arabien und in den Iran gereist, um herauszufinden, wie Frauen in verschiedenen Teilen der Welt über ihre Rechte denken. In Großbritannien habe ich mit Frauen aus anderen Ländern gearbeitet, die hier Zuflucht gesucht hatten. Von diesen Menschen habe ich gelernt – und ich lerne immer noch –, wie wichtig kulturübergreifende Arbeit ist. Im vorliegenden Buch möchte ich aber nicht auf diese Thematik eingehen und beschränke mich auf die westliche Kultur, vorwiegend auf die britische, heterosexuelle Erfahrungswelt. Damit unterstelle ich nicht, dass andere Erfahrungen nicht genauso berechtigt und bedeutungsvoll wären.

Vor allem aber dürfen wir jetzt nicht in Trägheit oder Hoffnungslosigkeit verfallen. Die Feministinnen im Westen haben bereits eine friedliche Revolution auf den Weg gebracht und den Frauen viele zuvor verschlossene Türen geöffnet. Sie haben Frauen größere Möglichkeiten erschlossen und ihr Recht auf Bildung, Arbeit und Familienplanung durchgesetzt. Wir haben schon viel erreicht. Für unsere Töchter muss die Rolltreppe nicht auf der Puppenetage enden.

I Der neue Sexismus

1. Kapitel
Jung und süß

Ein Frühlingsabend im Club Mayhem im Londoner Southend. Junge Männer und Frauen bewegten sich, umwabert von Trockeneisnebel, erhellt von zuckenden lila und grünen Lichtblitzen, zögernd auf der Tanzfläche. »Noch fünf Minuten!«, übertönte die Stimme des DJs die wummernde Musik. »Noch fünf Minuten Zeit für die Anmeldung zum Wettbewerb ›Babes on the Bed‹. Wir suchen heute hier die zehn fittesten und frechsten Miezen. Denkt daran, es zählen nicht bloß Titten, es zählt auch Charakter.« Neben dem DJ wartete ein großes leeres Bett, das aussah wie eine Installation der britisch-zypriotischen Künstlerin Tracey Emin.

Fast alle Clubbesucherinnen an diesem Abend wirkten mit ihren knappen Hotpants und schwindelerregend hohen Plateaupumps, ihrer sonnenbankgebräunten Haut und ihrem glänzenden, geglätteten Haar, als hätten sie vor, an einem Modelwettbewerb teilzunehmen. Etwa ein Dutzend von ihnen schlenderte hinüber zu einer Gruppe Männer, die neben dem Bett standen und entschieden, wer bei dem Wettbewerb mitmachen durfte. Im Frühjahr 2007 fanden verstreut über ganz England, Schottland und Wales 16 solcher Abende statt, und einer von den Hunderten Frauen, die bereit waren, in einem Nachtclub auf einem Bett zu posieren, winkte ein Modelvertrag mit dem Männermagazin *Nuts*.

»Ich mache mit, damit meine Mutter stolz auf mich ist«, erklärte eine der jungen Frauen namens Lauren, in Jeans-Hotpants und einem engen, gelben, bauchfreien Top. »Sie sollte gewinnen«, meinte ihre beste Freundin, die bei ihr stand. »Sie trainiert, sie ist scharf drauf, und sie ist geil.« Die Männer von *Nuts* warfen einen flüchtigen Blick auf Lauren und sagten ihr, sie solle sich im Umkleideraum die Wettbewerbsuniform geben lassen – rote Hotpants und ein bauchfreies Top mit dem *Nuts*-Logo. Als sie wieder erschien, jauchzte ihre Freundin auf und fotografierte sie mit dem Handy. Im selben Moment erblickte ich drei junge Frauen an der Bar, aufgemacht als Playboy-Häschen: rosa Puschel ums Handgelenk, schwarze Spitzenhöschen und Schößchenjacken, schwarze Strümpfe und rosa Stummelschwänzchen. In der Annahme, auch sie seien wegen des Wettbewerbs hier, begann ich mit ihnen zu plaudern. »Was für ein Wettbewerb?«, fragte eine von ihnen, eine rosige junge Frau mit dunklem, zum Bob geschnittenem Haar, das sie unter ihre Häschenohren geschoben hatte. »Nein, wir sind hier wegen Sams Geburtstag. Sie wird heute 20.« »Wessen Idee war das Kostüm?«, wollte ich wissen. »Meine!«, erwiderte sie. Zwei der Frauen sind Sekretärinnen, eine ist Mutter und Hausfrau. »Ich darf donnerstagabends ausgehen«, berichtete letztere eifrig. »Das ist meine Zeit für mich. Ich komme aus der Familie raus. Ich kann ganz ich selbst sein.«

Dann suchten die drei die Toilette auf, um ihr Outfit zu überprüfen, und brachten die Klofrau, eine große, junge schwarze Frau in langärmligem T-Shirt und schwarzen Hosen, dazu, sie mit ihrer Digitalkamera zu fotografieren. Ich sah zu, während sie sich zusammendrängten, Kussmund, Hände an den Hüften, Busen vorgereckt, bevor sie wieder zur Bar zurückgingen.

Ich kehrte zurück zu der Gruppe junger Frauen, die sich um das *Nuts*-Team drängten. Eines der ausgewählten Mädchen namens Tania trug ein blaues Spitzenkleid, das sehr tief über ihrem Busen anfing und ganz knapp unter ihrem Slip endete. Sie verabschiedete sich gerade von ihren Freundinnen Nikki und Katie, die ihr Glück wünschten und sich vor dem Umkleideraum niederließen. Nikki, in einem schwarzen Minikleid und silbernen Plateausandalen, hatte das Gesicht einer Botticelli-Madonna, mit spitzem Kinn und weit auseinanderstehenden blauen Augen. Ich fragte sie, ob auch sie an dem Wettbewerb teilnehme. »Nein, ich modele schon«, lächelte sie. »Ich mache am Montag in der Endausscheidung eines großen Wettbewerbs mit. Ich bin hier wegen Tania – sie möchte jetzt auch einsteigen.« Katie schaltete sich ein. »Ich modele auch seit ein paar Jahren«, verkündete sie. »Ich habe einen Agenten, er hat mich online gefunden.« Modeln bedeutet hier Glamour Modeling, nichts anderes als eine verschämte Umschreibung für fast nacktes Posieren für Männermagazine.

»Ich hatte schon ein Shooting für die Zeitschrift *FHM*«, fuhr Katie fort. »Mein Freund möchte mich ein bisschen beschützen – er mag es nicht, dass die Leute mich als Objekt sehen.« Ich wollte wissen, ob sie selbst auch solche Bedenken habe. »Am Anfang schon, aber man gewöhnt sich daran, ehrlich gesagt.« Ich fragte sie nach ihren Vorbildern, und die Antworten kamen wie aus der Pistole geschossen. »Ich muss sagen, Jordan«, erwiderte Katie und nannte damit die Frau, die vor allem für ihre riesigen Brustimplantate und ihre Auftritte im Reality TV bekannt ist. »Ich bewundere echt, was sie macht.« Tania kam aus der Garderobe. Ihr ausnehmend schöner, kurvenreicher Körper steckte jetzt in roten Hotpants und einem ebensolchen bauchfreien Top. Sie hatte bereits Shootings gehabt, aber noch nicht oben ohne. »Ich werde es machen«, sagte sie, »wenn der Zeitpunkt stimmt.«

Zwar sind die Auflagen von *Nuts* und *Zoo* seit ihren Glanzzeiten deutlich zurückgegangen[1], doch der Einfluss dieser Magazine auf die britische Kultur ist wie eh und je deutlich spürbar. Sie haben dazu beigetragen, dass sich das Geschäft mit dem Glamour Modeling massiv ausgeweitet hat. Dabei sind die Frauen halbnackt bis nackt, nur die Genitalien werden nicht gezeigt. Als 2004 *Nuts* auf den Markt kam, glaubte man, die Zielgruppe der jungen Männer wollte Artikel über Fußball und Autos statt Bilder von Frauen – und wenn Frauen abgebildet würden, sollten es die anerkannten Schönheiten aus Film und Fernsehen sein. Doch die Ausrichtung des Magazins änderte sich rasch. Wie die Verleger feststellten, gaben die Leser zwar an, sie wollten Jennifer Lopez auf dem Cover sehen, doch es waren die Ausgaben mit ganz normalen Mädchen von nebenan – Mädchen aus dem Reality TV, Mädchen, fotografiert in ihrem örtlichen Club, Mädchen, die Fotos von sich in ihrem Schlafzimmer einsandten –, die sich verkauften wie warme Semmeln. So brachten die Redaktionen weit freizügigere Bilder und Texte; auf den Seiten wimmelte es von Bildern junger Frauen in Tangas. *Nuts* wurde zur Abkürzung für eine bestimmte Kultur, eine machohafte, sexgesättigte Kultur, in der Frauen entweder in Reizwäsche oder gar nicht vorkamen. Zusammen mit dem Hauptkonkurrenten *Zoo* zog *Nuts* alle britischen Männermagazine, einschließlich der ehedem zurückhaltenderen Monatszeitschriften wie *FHM*, in den Sog eines Wettbewerbs darum, wer sich der Grenze zur Pornographie mit den gewagtesten Bildern am dichtesten näherte, ohne sie zu überschreiten. Zwar sanken die Auflagen all dieser Blätter in den letzten Jahren, doch 2009 verkaufte *Nuts* in Großbritannien immer noch über 180 000 Exemplare wöchentlich, und der von der Zeitschrift angestoßene kulturelle Wandel bei jungen Männern und Frauen ist nicht verebbt. Die Stoßkraft dieses Wandels hat sich nur zu einem großen Teil ins Internet verlagert, und auf der *Nuts*-Website findet sich ein nicht abreißender Strom von Kommentaren von Männern zu Fotos von Frauen in Softporno-Posen, die sie selbst ins Netz stellen.[2]

In den Augen von Gavin Lloyd, einem tiefgebräunten jungen Mann, der die PR für den Club Mayhem macht, steht *Nuts* beispielhaft für die sich verändernde Kultur. »Jeden Abend kommen Mädchen hier rein, die nur ihre Unterwäsche tragen«, erklärte er mir. »So was zu sehen, hätte man früher vielleicht grade mal im eigenen Schlafzimmer an einem besonderen Abend erwartet. Sie lassen sich jetzt alle die Brüste machen – Achtzehnjährige, die vor ein paar Jahren noch für ihr erstes Auto gespart hätten, sparen jetzt alle für eine Brust-OP. Ich kenne sechs, sieben Mädchen, die das in den letzten sechs Monaten haben machen lassen. Sie glauben alle, das wäre ein Weg zu Glück und Reichtum. Für manche Mädchen ist es das auch – man denke nur an Jordan oder Melinda Messenger oder Jodie Marsh. Die haben sie alle im Kopf. So wollen sie alle sein.«

Im Mayhem verstrichen die Minuten, und die Männer verschafften sich allmählich günstige Plätze möglichst dicht an dem großen Bett, das mittlerweile von einer Traube Fotografen mit Scheinwerfern und Blitzreflektoren halb verdeckt war. Als Erste betrat die Bühne ein selbstsicheres Mädchen mit langem, blondem Haar in hochhackigen Stiefeln und Hotpants, in der Hand ein Mikrophon. »Das ist Cara Brett!«, rief der DJ. »Sie ist diese Woche auf dem Cover von *Nuts*! Also kauft sie, nehmt sie mit nach Hause und holt euch einen runter.« Die Männer um mich herum johlten – ein tierisches Gebrüll, das mich verblüffte, weil es aus 100 Kehlen zugleich hervorbrach. In diesem Augenblick tauchte Gavin Lloyd wieder an meiner Seite auf. »Ich glaube, Sie sollten jetzt gehen«, sagte er mit gepresster Stimme zu mir. »Ich glaube nicht, dass *Nuts* Sie hier gern sieht.« »Kann ich nicht einfach die Show sehen?«, fragte ich. Der arme

Mann wirkte, als wolle er um jeden Preis eine Konfrontation vermeiden. »Okay – aber halten Sie sich zurück.« So nickte ich, wenn auch etwas unsicher darüber, wie in einem Club, in dem sich alles um Zurschaustellung drehte, Zurückhaltung auszusehen hatte. Das Gedränge um mich wurde immer heftiger, während ein Mädchen nach dem anderen zu ständig wummernder Musik das Bett bestieg. Cara dirigierte sie in immer anzüglichere Posen. »Geh doch mal auf alle viere!« »Zeig uns deinen Arsch in der Luft!« Man hätte meinen sollen, es wäre schwierig, junge Frauen dazu zu bewegen, in diesem hell erleuchteten Club vor einer Horde johlender, betrunkener junger Männer unverhohlen sexuelle Posen einzunehmen, doch die Mädchen wussten offenbar ganz genau, was von ihnen erwartet wurde. Wenn sie doch zu sehr zögerten, legte sich Cara ins Zeug und spornte sie genüsslich an. »Runter mit dem Ding«, drängte sie ungeduldig. »Wenn du gewinnen willst, musst du Haut zeigen.« Ein molliges Mädchen in malvenfarbenem BH und Höschen gehörte zu den ersten, die ihren BH abstreiften und ihre Brüste vor den Kameras schwenkten. Als die Darbietungen eindeutiger wurden und sich die Wäsche von der glatten Haut halbwüchsiger Frauen schälte, begannen die Männer im Club mit hämmernden, schnellen Sprechgesängen und drängten sich immer näher an die Bühne, während ihre Begleiterinnen unbeachtet zurück an die Bar wichen und mehr Alkohol bestellten. Die Männer benutzten ihre Handys, um die Mädchen beim Ausziehen zu fotografieren und zu filmen. Eines, das um die Taille ein wenig zu füllig und um die Brust nicht füllig genug war, erntete Buhrufe statt Beifall. Offensichtlich den Tränen nahe, trat es zurück in die Reihe. »Los, Mädels«, sagte Cara mit Nachdruck zu der nächsten, Tania, die trotzig ihren BH anbehielt – dieser Abend war für sie eindeutig nicht der richtige Moment, um mit dem Oben-ohne-Modeln anzufangen –, »wenn ihr ein

Glamour Model werden wollt, müsst ihr eure Titten zeigen.« Das nächste Mädchen mit riesigen, vollkommen kugelförmigen Silikonbrüsten, hochangesetzt auf ihrem schmalen Brustkorb, rief das lauteste Gebrüll hervor. »Es gibt zwei Dinger, die ich an ihr mag!«, schrie der DJ. »Wie ist es mit euch, Jungs? Sie kann nicht schwimmen, aber sie geht nicht unter.«

Je länger die Show lief, desto mutiger wurden die Frauen. Eine sprang auf das Bett und beugte sich tief vor, schaute zwischen ihren weit gespreizten Beinen durch, präsentierte ihren Schritt in knallengen, elastischen Hosen, wippte dann mit dem Hintern und zog ihren BH aus. Zum Abschluss ging sie in den Spagat. »Das ist Angel!«, rief der DJ. »Ist sie nicht fit? Sie ist auch auf einem Pornosender zu sehen, ihr könnt sie also auch im Fernsehen haben.« Die engere Auswahl erfolgte in Höchstgeschwindigkeit – nur Frauen, die der Menge ihren Busen oder ihren Tanga gezeigt hatten, kamen unter die letzten vier. Tania schaffte es also nicht in die Endausscheidung. Doch es blieben alle auf der Bühne, als abgelehnter, halbnackter Hintergrundchor. »Jetzt werden wir eure Mädchen-mit-Mädchen-Action beurteilen«, verkündete der DJ unter allgemeinem Jubel. »Seid mal ein bisschen nett zueinander, na los, wie wär's mit ein bisschen Küssen. Was meint ihr, Jungs? Einige der fittesten Mädchen im Southend, die sich gut verstehen.«

Die Mädchen kletterten übereinander, schauten geistesabwesend in die Kamera. »Was ist mit dem BH? Kommt der runter?«, fragte Cara Brett. Die Menge skandierte hämmernd, keuchend. »Holt eure Titten raus, holt eure Titten raus, holt eure Titten raus für die Jungs.« Die Männer umdrängten die Bühne, brüllten auf, als die Mädchen ihre Brüste aneinanderrieben. Die Menge schwoll so an, dass ich die Frauen nicht mehr ganz sehen konnte – ich erhaschte nur kurze Blicke auf Brüste und Schenkel auf den Displays der in die Luft gehaltenen Handys.

»Wow, Gav' hat jetzt einen Steifen«, schrie der DJ zu Gavin gewandt. »Los«, drängte Cara, »zeigt uns mehr Haut, Mädels. Ich helfe euch da raus.« Sie zerrte einem Mädchen die Hotpants herunter. Ein paillettenbesetzter String, der eine rasierte Scham kaum bedecken konnte, kam zum Vorschein. Der Mob explodierte förmlich, und dieses Mädchen wurde zur Siegerin erklärt. Verschwitzt zerstreute sich die Menge. Ich erblickte die beiden jungen Frauen, die mit Tania gekommen waren. »Hat es Ihnen gefallen?«, wollte ich wissen. »Eigentlich nicht«, erwiderte Katie und fuhr sich mit ihren langen Fingernägeln durch das Blondhaar. Ihr war sichtbar unbehaglich. »Es war ein bisschen entwürdigend, um ehrlich zu sein.« Ich hätte mich gerne weiter mit ihnen unterhalten, doch der PR-Manager pochte nun mit Nachdruck darauf, dass ich ging. Er glaubte offenbar, die Leute von *Nuts* verärgert zu haben, weil er mich reingelassen hatte. Er konnte mich gar nicht schnell genug zur Tür begleiten. Tags darauf schaute ich auf einer Club-Website nach, ob jemand etwas über die Nacht im Mayhem geschrieben hatte. Der einzige Kommentar war lakonisch: »Jede Menge Southend-Qualitätsmösen.«

Wie ich es an jenem Abend im Mayhem sah und wie jeder an jedem beliebigen Abend in jedem beliebigen Club in Großbritannien sehen kann, gelten Bilder, die eine frühere Generation oft als entwürdigend für Frauen betrachtet hätte, heute als spielerisch und sogar erstrebenswert. »Zeit für mich« kann heute für eine junge Hausfrau bedeuten, sich als Playboy-Häschen zu verkleiden; eine achtbare berufliche Laufbahn, die Mama stolz macht, kann mit einem Gratis-Strip in einem überfüllten Club beginnen. Viele mögen diese Kultur für randständig halten, doch sie ist vielleicht viel alltäglicher, als wir glauben. Eine Umfrage unter weiblichen Teenagern ergab 2005, dass mehr als die Hälfte von ihnen eine Tätigkeit als Glamour Model in Erwägung zog und ein Drittel Jordan als Rollenmodell betrachtete[3]. Diese Kultur, in der viele Frauen das Gefühl haben, ihr Wert würde eher an ihrer Oberweite als an irgendetwas sonst gemessen, erwuchs in Großbritannien scheinbar aus dem Nichts. Als ich Ende der 1980er Jahre studierte, schien das barbusige Mädchen von Seite drei im Aussterben begriffen – wirkte veraltet und lächerlich. Junge Frauen redeten nicht vom Strippen als Mittel im Kampf um Gleichberechtigung, und sie sahen in Stripperinnen auch keine Vorbilder. Doch das Wiederaufkommen des Glamour Modeling ist zum Symptom einer umfassenderen Veränderung in unserer Kultur geworden; nun prasseln Bilder und Einstellungen der Softpornographie von allen medialen Seiten auf junge Frauen ein: aus Monatszeitschriften, Wochenzeitschriften, Boulevardzeitungen, Musikclips, Reality TV und fast jedem Bereich des Internets von sozialen Netzwerken bis zu individuellen Blogs.

Studierende an Universitäten stoßen mit derselben Wahrscheinlichkeit auf diese Kultur wie junge Frauen in einem Club in Essex. An der Loughborough University veranstaltete die Studentenunion 2007 eine Playboy-Nacht – House Party at the Playboy Mansion – und warb dafür auf Plakaten mit Cartoons von gesichtslosen Frauen im Bunny-Kostüm und mit gespreizten Beinen. Das Programm versprach Poledance und Live Shows, und den auf MySpace geposteten Fotos zufolge waren nicht wenige Frauen ganz versessen darauf, dort mit Bunny-Ohren und rosa Stummelschwänzchen und nicht viel mehr sonst zu erscheinen. Am Goodricke College der York University finden ebenfalls Playboy-Nächte statt, und an der Universität gibt es eine Poledance-Trainingsgruppe. Vor einiger Zeit staunte ich über eine E-Mail von einer Studentin, die sich über den in ihren Augen an ihrer Universität herrschenden Sexismus beklagte. Sie hatte gerade ein Exemplar des 2005er College-Magazins für das Pembroke College in die Hand bekommen, das vorgeblich »21 Jahre Frauen am Pembroke College feiern« sollte. Zu diesem Zweck widmete es die Seite drei elf jungen Frauen, die nur im Slip auf dem »High Table«, dem der Professorenschaft vorbehaltenen Tisch im Festsaal, posierten. Zwar ließen sich sämtliche Textbeiträge lobend darüber aus, dass mittlerweile mehr Frauen am Pembroke College studieren als Männer und dass 2004 mehr Frauen Bestnoten erzielt hatten als Männer, doch die Botschaft hinsichtlich des Frauenbildes war unmissverständlich.[4] Drei Jahre später brachte ein Studentenmagazin an derselben Universität, »Vivid«, das Bild einer Studentin in nichts als schwarzem String und Strümpfen, die mit gespreizten Beinen auf der Clare-College-Brücke posierte.[5]

Die Ästhetik dieser Form des Modellstehens beeinflusst offensichtlich auch die Art und Weise der sozialen Selbstdarstellung von Frauen. In den sozialen Netzwerken im Internet werden häufig ähnliche Bilder junger Frauen gezeigt. Eine Frau namens Suraya Singh erklärte mir in einem Interview: »Natürlich denken wir alle, ich möchte cool sein, und die Lösung dafür scheint für viele junge Frauen zu sein: Ich weiß, dass ich ein Bild von mir in meinem Slip auf Facebook hinterlegen werde.«

Es ist nicht leicht zu verstehen, wie die Glamour-Modeling-Kultur in derart kurzer Zeit zu solcher Salonfähigkeit gelangen konnte. Obwohl sich mancherorts Widerspruch regt, können doch viele Beteiligte diesen Protest nur allzu leicht vom Tisch wischen. Bevor ich den Club Mayhem aufsuchte, hatte ich mit Dave Read, dem Chef von Neon Management, gesprochen; die Agentur promotet diese Club-Tourneen und vertritt einige der erfolgreichsten Models der Branche. »Gibt es noch Leute, die sagen, dass Glamour Modeling die Würde der Frau verletzt?«, fragte ich ihn, und er prustete vor Lachen. »Das hab ich seit ich weiß nicht wie lange nicht mehr gehört. Dieses Argument, dieses, was auch immer, feministische Dings, da ist überhaupt nichts mehr dran. Man müsste sich schon sehr anstrengen, um jemanden zu finden, der das heute noch behauptet.«

Einige Wochen später traf ich mich mit Cara Brett, dem Model, das die Show im Mayhem moderiert hatte, in einer Bar in Islington. Sie saß an einem gescheuerten Holztisch wie eine winzige Barbie mit langem, strähnigem, weiß gebleichtem Haar und goldenem Haarband, in einem tief ausgeschnittenen, cremefarbenen Pullover und Jeans. Sie hatte acht Monate zuvor als Glamour Model angefangen, und mit dem tollen Körper und dem Puppengesicht, wie es in der Branche erwünscht ist, zählt sie dort bereits zu den Spitzenstars. Kaum ein Jahr zuvor hatte sie noch in der Provinz der Midlands festgesessen und gegrübelt, wie um alles in der Welt sie ohne erkennbare Talente ihren Traum vom Ruhm verwirklichen könnte. »Ich wusste, dass ich berühmt werden würde«, behauptete sie, und ich fragte sie, ob sie an Singen oder Tanzen oder Schauspielen gedacht habe. Doch sie zuckte nur die Achseln. »Ich bin nicht so gut bei so was.« Durch eine Freundin lernte sie einen Agenten kennen und gehörte sehr bald zu dem halben Dutzend Models der Branche, die von dieser Arbeit gut leben können.

Ihre Arbeit – Posieren in weißen Strümpfen oder rosa String für die Pin-up-Sonderhefte von *Nuts* wie »Busenparade« oder »Blondinen im Evaskostüm« – beschreibt sie als »klasse«. »Man sollte diesen Job nicht machen, wenn man sich unwohl dabei fühlt«, erklärte sie mir. »Ich zeige meine Titten, na und?« Cara verbrachte den Tag mit ihrer besten Freundin Helen Reynolds, die in Leeds Jura studierte. »Wir sind unzertrennlich. Sie hat mich auf endlose Shootings begleitet, ich gehe immer zu ihr ins Wohnheim.« »Es ist zum Lachen, nicht wahr?«, bemerkte Cara zu Helen über den Aufwand, den sie treiben muss, wenn sie sich für eine Clubnacht fertig macht – um die Glamour-Model-Phantasie aufrechtzuerhalten, kümmert sich ihre Agentur um Kleidung, Haar und Make-up. »Abgefahren«, stimmte Helen zu.

Ich wollte von Helen mehr darüber erfahren, was sie von der Arbeit ihrer besten Freundin hielt. Eifrig gab sie ihrer Billigung Ausdruck. »Frauen nehmen heute in der Gesellschaft sehr viel dominantere Rollen ein, und sie können sagen, wisst ihr was, ich tue das für mich selbst. Es ist etwas, auf das ich stolz sein kann«, meinte sie. Und wie sich wohl andere Frauen dabei fühlten?, hakte ich nach. »Wenn man mit dem eigenen Aussehen zufrieden ist, warum sollte man dann nicht mit dem Aussehen anderer Frauen zufrieden sein? Cara macht diese Arbeit freiwillig, und für ein Magazin, das die Leute freiwillig kaufen – keiner zwingt sie, es zu kaufen.«

Diese Betonung der Freiwilligkeit ist der springende Punkt. Jeder potentielle Kritiker dieser kulturellen Entwicklung, die in Frauen vor allem Sexpuppen sieht, stößt ständig auf das gebetsmühlenartig wiederholte Mantra der Entscheidungsfreiheit. Bei einem »Babes on the Bed«-Abend in einem Club in Schottland hatte eine Frauengruppe den Eingang blockiert, und Cara rümpfte verächtlich die Nase, als sie davon berichtete. »Ehrlich gesagt, finde ich das blöd, dass die Feministinnen ankommen, Eier werfen und so, ich finde, die sollten erwachsen werden. Die Mädchen, die mitmachen, machen freiwillig mit, sie werden nicht gezwungen, also lasst sie doch.«

In Gesprächen mit Magazinverlegern und Fernsehbossen bekam ich weitgehend dieselben Ansichten zu hören. Diese mächtigen Figuren sind sehr oft Männer und Frauen, die in den 1980er Jahren erwachsen wurden. In dieser Zeit organisierten junge Frauen die ersten »Frauen holen sich die Nacht zurück«-Märsche, und sie lasen Bücher wie *Pornographie: Männer beherrschen Frauen* von Andrea Dworkin, der zufolge Pornographie eine Form von Gewalt gegen Frauen darstellt. Der Gründungsherausgeber des Magazins *Zoo*, Paul Merrill, sagte einmal in einem Interview: »Ich war auf der Loughborough University, als die Leute versuchten, die ›Sun‹ wegen der Seite drei verbieten zu lassen. Ihnen würden die Haare zu Berge stehen, wenn sie wüssten, dass ich jetzt Wettbewerbe um den Titel der heißesten Studentin veranstalte.«[6] Wie schafften Menschen wie er diesen Weg? Wie wurden Studenten, die in Szenekneipen darüber diskutierten, dass Frauen nicht zu Objekten gemacht werden durften, zu Managern, die ihr Geld mit Bildern von vollbusigen Frauen in Stringtangas verdienen?

Sie haben es im Großen und Ganzen, genau wie Cara und Helen, mit dem Argument geschafft, die Flut dieser Bilder sei ein Symbol für die bereits erzielten Fortschritte auf dem Weg zur Gleichberechtigung statt ein Hinweis dafür, wie viel noch zu tun bleibt. Auch sie führen unablässig das Zauberwort Entscheidungsfreiheit im Munde. Ein Beispiel dafür liefert Phil Hilton, der erste Herausgeber von *Nuts*. Höflich verteidigt er die neue Richtung seines Magazins, die ihm solchen Erfolg beschert hat. »Sie können die altmodische Geschlechtsbenachteiligung einer anderen Zeit nicht auf diese Generation junger Frauen übertragen«, erklärte er mir bei unserem Gespräch in dem Büro in Holborn, wo er neue Zeitschriftenprojekte plant. »Es hat sich alles geändert. Früher einmal mag es beim Glamour Modeling so gelaufen sein, dass ein fetter, finsterer Kerl mit Zigarre junge Mädchen dazu brachte, sich auszuziehen, doch heutzutage stehen die Frauen Schlange dafür – sie ziehen sich genauso die Hacke zu und machen dann Stunk wie die Kerle. Ehrlich gesagt, glaube ich, dass es Leute meines Alters seltsam finden, dass junge Frauen in so frühem Alter sexuell so selbstbewusst sind – dass sie so viel trinken und dass sie anscheinend so viel sexuelle

Selbstsicherheit ausstrahlen. Dieser unglaubliche Hedonismus. Im Grunde sehen diese Mädchen in der Zeit vor dem Heiraten und Kinderkriegen ihre besten Jahre – sie wollen möglichst viele Abenteuer erleben. Das ist ihre freie Entscheidung.«

Wenn sich Leute wie Hilton auf die Entscheidungsfreiheit berufen, können sie sich damit jeder Verantwortung für die von ihnen selbst mitgeschaffene Kultur entziehen. So war zwar Hilton Verleger von *Nuts*, als das Magazin entschlossen den Schwenk zu seinem halbpornographischen Erscheinungsbild vollzog, doch seinen Angaben zufolge leiteten die Leser diesen Umbruch in die Wege und nicht er. Zu Beginn verkaufte die Zeitschrift eine weniger sexualisierte Kultur – sie zeigte keine Brustwarzen, und die Texte über Sex waren weniger freizügig. Doch die Verleger stellten nach und nach fest, dass sich die Auflage steigern ließ, wenn sie Grenzen austesteten, und da sich in dieser Welt Wert an Verkaufszahlen bemisst, schwammen sie mit dem Strom. »Nicht dass ich die Verantwortung ablehne«, sagte er, »aber es ist nicht an mir, das zu verurteilen. Ich verdiene meinen Lebensunterhalt damit, dass ich erspüre, was die Leute wollen, und es ihnen gebe. Ich habe es aufgegeben, Leute zu verurteilen.«

Es ist faszinierend, dass gerade die Männer mit Machtpositionen in dieser Kultur so nachdrücklich darauf pochen, sie sei durch die Entscheidungen anderer geprägt worden. Vor dem Gespräch mit dem britischen Kreativdirektor von *Big Brother*, Phil Edgar-Jones, erwartete ich wenigstens etwas in der Richtung zu hören, dass sie wussten, was sie taten, wenn sie den Frauen zur Glanzzeit der Sendung ein neuartiges Ideal verkauften. Bei *Big Brother* war man es gewohnt, aus Tausenden junger Bewerberinnen eine Handvoll auszuwählen, und man pickte gewöhnlich diejenigen heraus, die bereit waren, ihre Karriere mit einer bestimmten Art des Posierens für Zeitungen und

Zeitschriften fortzusetzen. Von den elf Britinnen in *Big Brother 2006* posierten vier nach dem Verlassen des Hauses für Männermagazine.

Phil Edgar-Jones gab sich wie Phil Hilton bescheiden und typisch männlich und ging bei unserem Gespräch höflich auf meine Fragen ein. »Verstärken wir diesen Trend?« Er überlegte einen Moment. »Ich würde lieber meinen, dass wir ihn widerspiegeln. Wir machen offenes Vorsprechen, und es ist sehr interessant – die meisten Frauen nennen Jordans Autobiographie als ihr Lieblingsbuch.« Er äußerte Überraschung darüber, dass so viele der Frauen, die bei *Big Brother* mitgemacht hatten, offenbar denselben Weg weiter beschritten. »Die merkwürdigsten Leute landen im Bikini in der Zeitung. Kitten – die in *Big Brother 5* dabei war – war stramme Feministin oder stellte sich wenigstens so dar, und dann kam sie raus und erhielt ein Angebot von einer Zeitung und erschien in einem Plastik-Kätzchen-Outfit. Darauf war ich nicht gefasst gewesen.« Wie Hilton wollte Edgar-Jones keine vorschnellen Urteile abgeben; Entscheidungsfreiheit war wieder einmal das ausschlaggebende Wort. »Wenn dabei Glamour und Geld herausspringen und die Alternative ist, sein Leben lang im Supermarkt an der Kasse zu sitzen, warum sich nicht für den Glamour entscheiden«, sagte er, »wenn das das ist, was man will?«

In einem Punkt hat Hilton wie Edgar-Jones eindeutig recht. Wie sie sagen, kann diese Entwicklung nicht mehr als eine gelten, die ausschließlich von Männern für Männer gemacht wird. Genau wie Frauen freiwillig bei Live Shows mitmachen – und der »Babes on the Bed«-Wettbewerb von *Nuts* ist eine – und Bilder von sich zum kostenlosen Abdruck an die Magazine schicken, so gibt es Frauen, die sich von allen Medien ausgerechnet Männermagazine als Arbeitsplatz aussuchen. Das können Zeitschriften sein, die ihren Lesern Sonderausgaben wie »Superbusenparade« oder »Blondinen im Evaskostüm« versprechen, oder Reality-TV-Produktionen, in denen Frauen mit üppigen Brüsten in knappen Bikinis zur Schau gestellt werden. Wir können nicht so tun, als seien Frauen immer nur Opfer, wenn viele Frauen aktiv daran mitwirken, diese Kultur herzustellen und zu verkaufen.

Diese Frauen sind es, die die amerikanische Autorin Ariel Levy als weibliche Chauvinistenschweine[7] bezeichnet hat – Frauen, die glücklich und zufrieden daran mitarbeiten, Hand in Hand mit Männern dieses enthaarte und bestringte Bild weiblicher Sexualität in die Welt zu tragen. Ich fand die Begegnung mit einer in dieser Welt tätigen Frau faszinierend. Terri White war zu jenem Zeitpunkt stellvertretende Herausgeberin der Zeitschrift *Maxim* und zeichnet gegenwärtig verantwortlich für *Shortlist*. White ist eine intelligente, selbstsichere Frau Mitte zwanzig, die aus einer Arbeiterfamilie in Derbyshire stammt. Sie war zuerst persönliche Assistentin von Phil Hilton bei einem kurzlebigen Männermagazin namens *Later* und erinnerte sich lachend an das Einstellungsgespräch: »Phil war unsicher, ob ich die Richtige für den Job war, weil ich ihm gegenüber erwähnte, dass ich meine Doktorarbeit über schwarze feministische Theorie geschrieben hatte. Er vermutete, mir wäre unwohl bei den Inhalten des Magazins.« In der Tat, von einer jungen Frau mit einem akademischen Grad in englischer Literatur und feministischer Theorie würde man nicht unbedingt erwarten, dass sie sich für eine auf den Werten der Softpornographie gründende Kultur erwärmt. Doch für White erwiesen sich Männermagazine als ein sehr angenehmer Arbeitsplatz. Um Erfolg zu erzielen, lernte sie, Frauen mit den Augen der männlichen Zeitschriftenkäufer zu sehen: »Ich frage die Männer, mit denen ich zusammenarbeite, ob sie das sexy finden. Aber ich glaube, ich habe gelernt, was bei ihnen ankommt und was nicht.«

In vielerlei Hinsicht ist Terri White das, was ich eine Feministin nennen würde; sie möchte in einem Bereich, den sie mag und erfüllend findet, Karriere machen, und sie möchte unbedingt beweisen, dass sie genauso gut ist wie die Männer in ihrem Umfeld. Doch statt ihr Augenmerk darauf zu richten, was Sexualität aus weiblicher Perspektive bedeuten könnte, hat sie ihren Blick darauf trainiert, Frauen so zu sehen wie die Leser von Männermagazinen. Als ich sie fragte, ob sie glaube, dass die Frauen, die sich für diese Magazine ausziehen, ausgebeutet werden, wies sie dies entrüstet zurück. Sie war fest davon überzeugt, dass die Welt des Glamour Modeling die Frau achte und ehre, und kam wieder auf das Thema der freien Entscheidung zu sprechen. »Keinesfalls hegen wir eine frauenfeindliche Einstellung den Frauen gegenüber, die für uns posieren. Schließlich verkaufen sie die Zeitschrift für uns.« Und sie fügte hinzu: »Ich finde es wirklich unverschämt, wenn jemand so was sagt. Es ist ihre freie Entscheidung. Viele von ihnen sind enorm ehrgeizig, oder sie wollen einfach nur in einer Zeitschrift sein. Wie kämen wir dazu, sie zu verurteilen?«

Das Argument, dass die Ausbreitung des Glamour Modeling und seine Auswirkung auf die Ambitionen von Frauen letztlich nur auf freier Entscheidung beruhe, hat offenbar viele potentielle Kritiker zum Verstummen gebracht. Ich kann sehr gut verstehen, dass viele Menschen in den heutigen kulturellen Umbrüchen gerne ein Anzeichen des zunehmenden Erfolgs der Frauenbewegung sehen würden. In meinem ersten Buch *The New Feminism* habe auch ich die Feministinnen aufgefordert, sich nicht mehr so viele Sorgen um das Thema Frauen als Sexualobjekt zu machen. Ich war der Meinung, wir sollten uns eher für konkrete Fortschritte im Hinblick auf die wirtschaftliche und politische Gleichstellung einsetzen und die Menschen in ihrem Privat- und Sexualleben machen lassen, was sie wollten. Ich glaubte allen Ernstes, dass mit zunehmender Gleichberechtigung der Frauen jeglicher Sexismus rasch verschwände und dass, falls doch eine derartige Verdinglichung für unsere Kultur charakteristisch bleiben sollte, Männer und Frauen gleichermaßen davon betroffen wären. Doch in den vergangenen Jahren musste ich zusehen, wie die hypersexualisierte Kultur immer aggressiver und stärker wurde und sogar die Sprache der Entscheidungsfreiheit und Befreiung vereinnahmte. Heute weiß ich, dass ich falsch damit lag, vor zehn Jahren so gleichgültig über sie hinweggegangen zu sein.

Es ist an der Zeit zu untersuchen, wie frei die angesprochenen Entscheidungen tatsächlich sind. Schließlich haben wir immer noch keine echte, materielle Gleichstellung. Frauen haben immer noch nicht die gleiche politische Macht, die wirtschaftliche Gleichberechtigung oder das gewaltfreie Leben, die sie seit Generationen anstreben. Das bedeutet, dass Frauen und Männer sich im öffentlichen Leben immer noch nicht auf Augenhöhe begegnen. Und die Etablierung der Sexindustrie inmitten der Gesellschaft spiegelt diese Ungleichheit wider. Es sind immer noch zum größten Teil die Frauen, die sich Diäten oder Schönheitsoperationen unterziehen; immer noch strippen Frauen in Nachtclubs, während die Männer johlen und grölen; immer noch glauben die Frauen, nicht die Männer, dass ihre Aussichten auf Ruhm und Erfolg davon abhängen, wie exakt sie einer einzigen, eng definierten Vorstellung von Sexualität entsprechen. Wenn das die neue sexuelle Befreiung ist, dann ähnelt sie zu sehr dem alten Sexismus, als dass sie die Mehrheit von uns überzeugen könnte, dass dies die Freiheit ist, die wir meinen.

Sogar manche von denen, die anfangs so erpicht darauf schienen, jede Kritik an der Glamour-Modeling-Branche abzuschmettern, rückten nach und nach damit heraus, dass die sogenannten freien Entscheidungen der Frauen, in die Branche einzusteigen, nicht immer ganz so frei oder fundiert waren. Selbst Cara Brett, die an jenem Abend über die Bühne stolziert war, als könnte sie über die von ihr inszenierte Fleischbeschau nicht glücklicher sein, konnte nicht darauf bauen, dass in ihrer Welt alles eitel Sonnenschein war. »Einmal fragte mich ein Mädchen, das am Wettbewerb teilnahm, glauben Sie, dass das ein riskanter Weg ist, um in die Branche reinzukommen, und ich antwortete, ja, ist es«, berichtete sie mir. »Wenn sie erst in ihrem winzigen Top und ihrem Tanga da oben sind, stehe ich mit dem Mikrophon da und sage zu den Kerlen, na los, macht uns ein bisschen Mut, und sie johlen alle, und die Mädchen auf dem Bett ziehen sich praktisch nackt aus, so verzweifelt sind sie.«

Diese Verzweiflung zog ihrer Ansicht nach nur allzu oft Ausbeutung nach sich. »Sehr viele Mädchen machen es ganz umsonst«, klagte sie. »Eine Zeitschrift sagt, mach ein Shooting für uns, wir bezahlen dir nichts, aber du kriegst Publicity. Und sie machen es einfach. Wenn man sich zu billig verkauft, kommt man nicht weiter. Es gibt sehr viele, ehrlich gesagt. Geh in irgendeinen Club, und ich garantiere, 90 Prozent der Mädchen da drin würden sagen, ich bin ein Glamour Model. Wenn man dann nachbohrt, ist vielleicht einmal ein Bild von ihnen in *Sports* erschienen.« Sie verzieht den Mund. »Diese Zeitung, das ist Dreck, bleib mir vom Hals damit. Sports ist erniedrigend für Frauen. Ich fasse sie nicht an, ich würde meilenweit davonlaufen. Darin sehen Mädchen aus wie billige Schlampen.«

Und obwohl sich Cara Brett so abfällig über die Frauenproteste vor den Clubs geäußert hatte, wurde sie mit einem Mal nachdenklich und hieb unerwartet in deren Kerbe. »Glauben Sie, dass Frauen sich einfach dafür entscheiden?«, fragte ich.

»Nein, eigentlich nicht«, erwiderte sie. »Viele Mädchen sind unfähig, Entscheidungen zu treffen. Sie glauben, dass, bloß weil eine es macht und alle durchdrehen, sie es auch machen sollten. Vielleicht wird sich das eines Tages ändern.«

Dave Read, der Chef von Caras Agentur Neon Management, ist eine Frohnatur. Er ist es gewohnt, seine Branche gut zu verkaufen – doch auch er konnte sich eine Spur Realismus nicht verkneifen. Dieser schlug zuweilen sogar in Empörung um, als wir über die Entwicklung seines Geschäfts in den letzten 15 Jahren sprachen. Auch in seinen Augen ist klar, dass hinter diesen sogenannten freien Entscheidungen häufig eher Verzweiflung als Freiheitswille steckt. »Da steckt so viel Verzweiflung drin, da werden so viele Mädchen durchgeschoben«, gestand er ganz offen. »Sie verheizen sie im Eiltempo. Sie brauchen nicht auszusehen wie auf dem Pirelli-Kalender, das ist die Mädchen-von-nebenan-Kiste – ein sexy Mädchen, das Bilder von sich im Slip online stellt oder an eine Zeitschrift schickt. Sie brauchen sie nicht mal zu bezahlen. Gehen Sie an einem beliebigen Abend der Woche in den angesagten Londoner Club Chinawhite, und Sie sehen all diese Mädchen rumlaufen, alle besessen davon, sich einen Fußballer zu angeln und Glamour Model zu werden. Sie kommen nach London wegen eines Shootings, mit glänzenden Augen, und dann enden sie in Schulden bis über beide Ohren, hinterm Zapfhahn, als Stripperin, Prostituierte, was auch immer.«

Andere Bracheninsider räumen ein, dass vielen Frauen, die den Weg in die Glamour-Modeling-Industrie beschreiten, nicht viele ähnlich erfolgreiche Alternativen offenstehen. Phil Hilton eröffnete mir: »In Wirklichkeit sieht es doch so aus: Wenn Sie als junge Frau aus der Arbeiterschicht Ihr Foto an diese Zeitschriften schicken, werden Sie wahrscheinlich nicht sonderlich erfolgreich werden. Das ist wie bei den jungen Kerlen aus der Arbeiterklasse, die alle Profifußballer werden wollen – das sind unrealistische Ziele. Aber ich bin sehr vorsichtig damit, die Ziele und Entscheidungen anderer Leute anders zu beurteilen als sie selbst.« Er räumte ein, dass er oft von bereits eingeschränkten Entscheidungsmöglichkeiten spricht, doch er betrachtete das nicht als Problem der Zeitschrift. »Seien wir doch realistisch und nehmen hier einen ehrlichen Klassenstandpunkt ein – würden Sie diese Mädchen fragen, warum wollt ihr Jordan sein, warum wollt ihr nicht Ministerin werden?«

Hilton mag diese Bemerkung zwar achtlos dahingeworfen haben, doch ich finde sie sehr aufschlussreich. Die gesellschaftliche Integration der Sexindustrie fällt mit einer historischen Phase zusammen, in der weitaus weniger soziale Mobilität stattfindet als in früheren Generationen. So nimmt es nicht wunder, dass das von der Sexindustrie propagierte Leitbild – dass jede Frau Prestige gewinnen kann, wenn sie bereit ist, ihren Körper zur Schau zu stellen – bei vielen jungen Frauen, die laut Phil Hilton nie an eine Karriere etwa in der Politik denken würden, auf fruchtbaren Boden fällt.

Das heißt nicht, dass jede, die in die Glamour-Modeling-Branche eingestiegen ist, ausgebeutet oder enttäuscht wird. Im Gegenteil, diese Form der sexuellen Zurschaustellung gibt vielen beteiligten Frauen einen aufregenden, aufputschenden Kick. Manche von ihnen betonen ausdrücklich, dass sie sich frei für diese Arbeit entschieden haben. Jodie Marsh beispielsweise, die für Nacktfotos posierte und in einer Reality-TV-Serie auftrat, hat auf ihre guten Abschlussnoten hingewiesen und erklärt, sie hätte Jura studieren können, hätte sie sich nicht stattdessen für das Strippen entschieden. Und natürlich mag es vielen anderen Frauen, die sich nicht durch das Glamour-Modeling-Geschäft im engeren Sinn durchbeißen mussten, Spaß machen, gelegentlich ihr Spiel mit deren Haltungen und Posen zu treiben – ob nun Sängerinnen wie Rachel Stevens oder Alesha Dixon in Dessous für Männermagazine posieren oder Schauspielerinnen wie Maggie Gyllenhall in Handschellen und schwarzer Satinwäsche Werbeaufnahmen für den Dessoushersteller Agent Provocateur machen oder ob Frauen, denen viele andere Möglichkeiten offenstünden, etwa die erwähnten Cambridge-Studentinnen, sich in Busenmodelpose für ein Studentenmagazin fotografieren lassen.

Doch diejenigen jungen Frauen mit dem sehnlichen Wunsch, der Clubwettbewerb oder das sexy Onlinefoto möge ihnen zu Ruhm und Reichtum verhelfen, werden wahrscheinlich erfahren, dass der enorme, lockende Einfluss der Glamour-Modeling-Branche zwar viel verspricht, aber wenig hält, wie selbst Leute wie Phil Hilton, Dave Read und Cara Brett einräumten. Und es mag zwar sein, dass manche Frauen sich als Einzelperson zu dieser Arbeit hingezogen fühlen, doch die Wirkung der wachsenden Glamour-Modeling-Industrie insgesamt besteht in einer Entindividualisierung der betroffenen Frauen, ob das nun Studentinnen sind oder Mädchen in einem Club in Essex. Auf der Website von *Nuts* gibt es den Bereich »Bewerte meinen Busen«. Die User können Bilder des eigenen oder eines fremden Busens – ohne Gesicht – hochladen und durch Drücken auf einen Knopf Noten bis zehn verteilen. Einmal produzierte das Magazin ein Poster mit allen Einsendungen. Sogar Terri White, die ungeniert Frauen durch die Brille der Kerle beurteilt, die Frauen auf ihre Busengröße reduzieren möchten, stieß sich an diesem Poster. »Es war …«, sie suchte nach Worten, »reihenweise nur Brüste ohne Gesichter – es war so … entpersönlichend.«

Gesamtgesellschaftlich betrachtet laufen diese Entscheidungen heute eher auf ein Schrumpfen als auf ein Wachsen der Freiheit von Frauen hinaus. Und die Glamour-Modeling-Branche bedroht nicht nur die Individualität der unmittelbar beteiligten Frauen. Der Markt greift bestimmte Verhaltensweisen auf und bestärkt sie, so dass es vielen jungen Frauen schwer gemacht wird, Raum für andere Sichtweisen weiblicher Sexualität und andere Entwicklungsmöglichkeiten weiblicher Stärke zu finden. Mit einer bloßen Rhetorik der Entscheidungsfreiheit und Emanzipation vernebelt diese Kultur die Hirne und hindert viele Menschen an der Erkenntnis, wie sehr solche sogenannten Entscheidungen einschränken können. Viele junge Frauen glauben heute offenbar, dass sexuelles Selbstbewusstsein das einzige Selbstbewusstsein ist, das zu besitzen sich lohnt, und dass es für eine junge Frau nur zu bekommen ist, wenn sie dem Softpornobild einer gebräunten, enthaarten, vollbusigen, jungen Stripperin entspricht. Ob sich sexuelles Selbstbewusstsein vielleicht auch anders erwerben lässt und ob vielleicht auch andere Arten des Selbstbewusstseins erstrebenswert sind, das sind Fragen, die diese hypersexualisierte Kultur nicht beantworten kann. Während niemand Unbehagen äußern würde, wenn in einer Gesellschaft, die die unzähligen anderen Leistungen anderer Frauen mit ähnlicher Aufregung und Begeisterung begrüßte, ein paar Frauen ihre Sexualität in dieser Weise zum Ausdruck brächten, führt das ständige Herumreiten auf einem einzigen Rollenmodell dazu, dass die jungen Frauen gebotenen Wahlmöglichkeiten schrumpfen und sich verzerren.

2. Kapitel
Stripperinnen und Prostituierte

Als Ellie 2002 nach ihrem Abschluss an einer renommierten Universität nach London kam, wollte sie Schauspielerin werden. Dieser Entschluss erschien ihr schon sehr mutig, da sie aus einer Mittelschichtfamilie stammte, die sie auf eine private Mädchenschule geschickt und erwartet hatte, dass sie einen Beruf mit gesicherter Zukunft wählen würde. Ellie ging zu zahlreichen Vorsprechterminen, doch Engagements waren schwer zu bekommen. In dieser Zeit begann sie, sich zwanghaft mit ihrem Äußeren zu beschäftigen, und durch strenge Disziplin beim Essen, unterstützt von Kokainkonsum und täglichen Besuchen im Fitnessstudio, erlangte sie den straffen, schlanken Körper, den sie sich vorstellte. Dennoch bekam sie immer noch keine Rollen. Sie jobbte aushilfsweise in Büros, um über die Runden zu kommen, doch sie fand keinen rechten Geschmack an der Arbeit, und eines Tages setzte ihre Zeitarbeitsfirma sie auf die Straße.

Sie hatte gerade eine neue Wohnung in Nordlondon bezogen; die Miete war hoch, und nun wusste sie nicht mehr, wie sie sie aufbringen sollte. Eine ihrer Freundinnen hatte in einem Lapdance-Schuppen[1] gearbeitet, und obwohl sie Ellie nicht viel über diese Arbeit erzählt hatte, hatte sie doch immer durchblicken lassen, sie sei ganz einfach. Überdies befand sich gleich um die Ecke von ihrer Wohnung ein solcher Club. Eines Tages sah Ellie eine Anzeige des Clubs in der Bühnenzeitschrift *The Stage*: »Stripperinnen gesucht, Ausbildung vor Ort.« Sie ging zu dem Bewerbungstermin. »Man musste einfach nur dastehen und sich an der Stange festhalten und sich ausziehen«, erinnerte sich Ellie. »Ich glaube, ich habe mir das nicht richtig überlegt. Ich war überrascht, als ich sah, was die anderen Mädchen anhatten – ich war einfach in Rock und T-Shirt gekommen, und als ich meine Kleider ausziehen sollte, druckste ich herum: ›Ähm, ich habe keinen passenden Slip an.‹ Aber sie sagten, rasier dir die Schamhaare, geh ins Solarium, lass dir die Nägel machen, färb dir die Haare, zupf dir die Augenbrauen und komm nächste Woche wieder. Also sagte ich okay und kam in karottenrot wieder. Ich arbeitete etwa sechs Monate da, jeden Abend.«

Nachdem ich Ellie in ihrer einfachen Einzimmerwohnung besucht hatte, kann ich eines mit Sicherheit sagen: Wenn es das Klischee der Stripperin gibt, dann trifft es nicht auf sie zu. Ellie ist eine zerbrechlich wirkende junge Frau, die bescheiden auftritt und sehr nachdenklich von ihren Erfahrungen berichtet. Ihr kam es anfangs nicht so vor, als vollziehe sie mit ihrem Eintritt in die Sexindustrie einen großen Schritt. Das liegt auch daran, dass Lapdance binnen unglaublich kurzer Zeit zu einem völlig normalen Bestandteil des britischen Stadtlebens geworden ist. Als diese Clubs in Großbritannien Mitte der 1990er Jahre aufkamen, galten sie als so anrüchig, dass nur wenige dafür werben oder darin gesehen werden wollten. Dave Read, der Chef der Agentur Neon Management, die mehrere Glamour Models vertritt, erinnert sich: »Als der erste Lapdance-Club eröffnete, baten sie uns, einige Models zum Eröffnungsabend zu schicken, aber keines wollte hin – das war ihnen zu zwielichtig. Jetzt wollen natürlich alle bei so was dabei sein.«

Aus einer Handvoll Clubs in den 1990ern waren 2008 in Großbritannien schätzungsweise 300 geworden.[2] Die Einstufung solcher Clubs in den britischen Schankgesetzen seit 2003 hat zur Folge, dass sie nicht unter die Bestimmungen für Sexshops fallen, sondern dass sie wie Bars oder Restaurants behandelt werden. Grund dafür war allerdings keine bewusste Politik zur Lockerung der Bestimmungen für die Sexbranche, sondern eher eine unbeabsichtigte Konsequenz, die sich aus den Maßnahmen zur Vereinfachung der Schankgesetze ergab. Das macht es aber den örtlichen Behörden oder den besorgten Anwohnern nahezu unmöglich, die Eröffnung weiterer Lapdance-Clubs zu verhindern. Mit ihrer Ausbreitung wurden diese Clubs zu einem fast alltäglichen Teil im geselligen Leben vieler Männer, von Bankern bis zu Teilnehmern von Junggesellenabschiedspartys. Ein Organisator solcher Partys behauptet im Internet: »Ein Junggesellenabschied wäre nicht komplett ohne einen Lapdance-Club.«[3] Ihre Allgegenwart macht solche Szenen wie im Club Mayhem im Southend erst möglich. Dass Mädchen sich in einem Club ganz umsonst bis auf den String ausziehen, gilt teilweise deshalb als salonfähig, weil jeder weiß, dass sich ein Stückchen weiter die Straße runter Frauen für ein paar Pfund ganz nackt ausziehen. Der Nachtclub Muse im Southend, ganz in der Nähe des Mayhem, bietet für zehn Pfund »völlig nackte Tänzerinnen« sowie eine eindeutige Kleiderordnung: »Sie behalten ihre an, die Mädchen ziehen ihre aus.«[4]

Dass Lapdance-Lokale heute als etwas völlig Normales betrachtet werden, macht sich auch in der wachsenden Beliebtheit von Poledance-Clubs bemerkbar. Diese Form der »Unterhaltung« wird gewöhnlich in Clubs geboten, in denen die Mädchen für die Kunden nackt tanzen, doch sie gilt nicht mehr als Teil einer zwielichtigen Sexindustrie, sondern vielmehr als frivol-frecher Bestandteil der Unterhaltungsbranche, und entsprechende Kurse schießen in Großbritannien wie Pilze aus dem Boden. Ich möchte keinesfalls irgendeine Frau, die welche Art des Tanzes auch immer lernen will, verurteilen, doch es ist auffällig, wie viele junge Frauen mithelfen, einen Tanzstil salonfähig zu machen, der so eng mit dem Strippen und der Sexarbeit verbunden ist. Während Frauen in Geldnöten sich im Rahmen ihrer Arbeit in Lapdance-Clubs an die Stange stellen, tun es erfolgreiche Models, Sängerinnen und Schauspielerinnen, um zu zeigen, wie mutig und sinnlich sie sind. So machte Kate Moss in einem Video für die Rockband White Stripes einen Poledance, und die Spice Girls lernten für ihre Comeback-Tournee 2007 den Tanz in einem Club in Soho. Die *Sun* zitierte eine Informationsquelle: »Die Mädchen stimmten alle überein, dass ein Poledance in der Show phantastisch und erotisch wäre. Und sie wollten richtigen Unterricht von professionellen Tänzerinnen. Sie wählten die Soho Revue Bar mit ihrem ganzen fabelhaften Plüsch und Kitsch, und sie reizte die Vorstellung, ein bisschen was Zwielichtiges zu machen.«[5] Auch die Sugababes ernteten Lobeshymnen der Boulevardblätter für ihren Einstieg in die Tanzkultur der Sexclubs: »Die Sugababes schauten diese Woche in einer Nackttanzbar vorbei – und schleuderten dann ihre Schuhe weg, um sich an den Stangen zu versuchen. Im Herrenclub Boutique wurden die Mädels nach ihrer After-Show-Party in den Manchester Red Rooms richtig heiß. Und es scheint, als seien sie große Fans des exotischen Tanzes. Die fabelhafte Keisha Buchanan erzählte einer Mitbesucherin, sie hätte in einem Lapdance-Club in Atlanta, USA, Tausende Pfund verpulvert.«[6]

Wie diese Beispiele zeigen, nutzen manche Frauen den mit »anrüchigen« Clubs assoziierten Tanz, um ihren Sex-Appeal in der öffentlichen Wahrnehmung zu steigern. Andere brüsten sich damit, den Lapdance in ihr Privatleben zu integrieren. Die Filmschauspielerin Emilia Fox, die in Jane-Austen-Verfilmungen mitwirkte, sagte 2008: »Ich beherrsche jetzt die Kunst, meinen Slip auszuziehen. Ich wollte ganz genau wissen, wie man es auf möglichst provokative Weise macht. Also nahm ich Striptease-Unterricht. Man kann nicht einfach einen Schlüpfer ausziehen. Das ist nicht sexy. Man muss ihn so ausziehen, dass jeder Mann im Raum hingucken muss. Man macht es langsam. Sorgfältig. Man hakt die Daumen unter den oberen Rand und lässt sie auf und ab gleiten, und dann immer ein bisschen tiefer. Das Heraussteigen ist der eigentliche Höhepunkt. Es ist wie ein Tanz. Erst ein Bein, dann das andere, ungezwungen, aber unanständig. Jede Frau sollte das lernen. Es ist erstaunlich, wie viel Selbstvertrauen man gewinnt, wie toll sich der eigene Körper anfühlen kann. Mein Mann hat den Unterricht bezahlt. Ich glaube, er war begeistert, dass er nun eine Frau bekam, die wissen wollte, wie man solche Sachen macht.«[7] Natürlich ist nichts ungewöhnlich daran, wenn eine Frau sich für den eigenen Partner auszieht. Bemerkenswert ist jedoch, dass diese Frau für ihren eigenen Mann strippen möchte, als würde sie vor einem Haufen ihr völlig unbekannter Männer auftreten. Es liegt auf der Hand, dass die neue Salonfähigkeit von Lapdance-Clubs sowohl das öffentliche als auch das private Leben von Frauen beeinflusst.

Während Strippen durch den Aufstieg der Lapdance-Clubs in die breite Masse vorgedrungen ist, gibt es auch sehr viel anspruchsvollere Stripshows wie die persiflierende Burlesque, die eher auf ein Mittelschichtpublikum abzielen. Dabei ist die enge Verbindung von Burlesque und Strippen eine Erscheinung der jüngeren Jahrzehnte – früher bedeutete Burlesque einfach eine klamaukige, die hehre Kunst parodierende Vorstellung. Doch heute haben Darstellerinnen wie Dita von Teese und Immodesty Blaize dazu beigetragen, dass die Burlesque unbestreitbar erotisch ist, auch wenn sie nicht bis zu vollständiger Nacktheit gehen muss. Während Lapdance im Allgemeinen als eindeutig zweideutig gilt, wird für die Burlesque der hohe Anspruch einer Kunst geltend gemacht. Die Kunst scheint oft lediglich darin zu bestehen, dass klassische Accessoires wie Federfächer und Nippelhütchen mit Quasten, riesige Martinigläser und Korsetts verwendet werden. Doch weil Burlesque-Tänzerinnen, was Figur und Größe betrifft, ganz verschieden sein dürfen und ungewöhnlichere Kostüme tragen können und weil sie ausgearbeitete Geschichten rund um den eigentlichen Striptease darbieten, gilt die Burlesque oft als eine für Frauen wirklich kreative Form des Entkleidens.

Kein Wunder, dass das Gerede vom Strip als Emanzipation gerade hier zeigt, was in ihm steckt. Tatsächlich scheinen diese Begriffe nie weit entfernt, wenn Burlesque-Tänzerinnen über ihre Arbeit sprechen. Immodesty Blaize sagte einmal: »Ich finde, die Burlesque stärkt Frauen, weil man uns nicht vorschreibt, wir müssten alle denselben Typ verkörpern, sondern weil die Revuegirls alle verschiedene Persönlichkeiten und Körperformen haben.«[8] Michelle Baldwin, die als Vivienne VaVoom auftritt, meinte: »Unsere Darbietung, Bühnenfigur, Kostüme, das stammt alles von uns. Vorher erhielten Frauen ihre Charaktere und sogar ihre Künstlernamen von Männern. Heute kontrollieren Frauen ihr eigenes Image, und das macht sie stark.«[9] Als das ehemalige Spice Girl Mel B in einer Burlesque auftrat, beschrieben die Veranstalter ihre Rolle als »freches, erotisches Idol der Emanzipation der Frau«.[10] Eine derartige Sicht der Burlesque kann sogar Feministinnen verführen.

Laurie Penny ist Autorin. Als sie 2005 an der Oxford University Englisch zu studieren begann, fand sie es sehr reizvoll, diese Art des Strippens als kreative Bühnennummer auszuprobieren. Seit dem Alter von zehn Jahren hatte sich Laurie als Feministin betrachtet – seit sie Germaine Greers *Die ganze Frau* gelesen hatte, wie sie mir sagte. Als Teenager jedoch war sie schwer an Magersucht erkrankt – so schwer, dass sie stationär behandelt werden musste – und immer auf der Suche nach einem positiven Verhältnis zu ihrem Körper. Sie schloss sich einer Burlesque-Gruppe unter der Leitung zweier männlicher Studenten an, und anfangs empfand sie es als erhebend und vergnüglich, ihren Körper auf einer Bühne zur Schau zu stellen. »Ehrlich gesagt, fühlt es sich manchmal schon gut an, wenn die Leute lauthals verlangen, dass du dich ausziehst«, gestand sie mir bei unserem Gespräch. »Wir waren alle jung, Amateure, und erkundeten verschiedene Möglichkeiten, spielerisch mit unserer Sexualität umzugehen. Wenn Männer und Frauen im Publikum das zu schätzen wissen, dann kannst du schon so etwas wie ein Machtgefühl empfinden. Es ist die einzige Macht, die Frauen zugestanden wird – die Macht, sexy zu wirken, Aufmerksamkeit auf deine erotische Ausstrahlung zu lenken –, und es kann sehr guttun, damit Erfolg zu haben.«

Doch nach und nach merkte Laurie, dass die Burlesque-Nummern keineswegs befreiend für sie waren, sondern sich mehr und mehr wie eine Zwangsjacke anfühlten. Die Reaktionen des Publikums bereiteten ihr immer tieferes Unbehagen. Einmal nahm sie am Edinburgh Festival teil und brachte eine Nummer nach dem englischen Kinderreim Little Bo Peep, bei der sie als kleine Schäferin am Schluss in quastenverzierten Nippelhütchen und einem Schafschwanz dastand. »Nach dem Auftritt kamen ein paar Typen hinter die Bühne und schrien: ›Wo ist Miss Bo Peep, sie ist echt heiß‹, und da merkte ich, dass mir die Art, wie sie mich sahen, überhaupt nicht gefiel. Es war gruselig. Ein andermal trat ich bei einem Ball in Oxford auf, und das Publikum sah bloß eine Stripnummer darin. Sie riefen während meines gesamten Auftritts ›Auszieh'n, auszieh'n‹, und ich fühlte mich beschissen. Danach habe ich mir furchtbar die Kante gegeben.« Mit der Zeit verschob sich der Schwerpunkt der Show weg von den kreativen, komischen Nummern hin zum bloßen Strippen. »Nur das wollten sie sehen. Das lockte das Publikum. Aber ich empfand das immer mehr als Einschränkung. Auch wenn Frauen diese Macht, durch Strippen über Aufmerksamkeit zu gebieten, genießen können, so ist das doch eine sehr begrenzte Art Macht. Am Ende fühlte es sich eher so an, als würden wir Frauenfeindlichkeit auftischen, garniert mit geschmackvollen Federbüschen.«

Wenn schon die Burlesque immer weiter in dieselben alten Muster wie der klassische Striptease zurückfällt, so ist der Lapdance noch problematischer für die ihn vorführenden Frauen. Ellie, die oben erwähnte junge Frau, glaubte anfangs, was uns der Zeitgeist weismachen will, dass nämlich dieser Tanz erotisch sei und Frauen sogar stark machen könne. Deshalb war sie geschockt von der dann vorgefundenen Realität. »Ich merkte genau, dass es mir von Anfang an zuwider war«, konstatierte sie, »aber ich dachte nicht weiter darüber nach. Als ich es dann doch tat, kündigte ich sofort. Ich glaube nicht, dass mein Gefühl des Widerwillens so selten ist. Trotz all des Wir-machen-es-gerne-, Es-macht-uns-stark-Geredes glaube ich, dass die meisten Frauen, die es tun, nichts Positives daran finden. Man hat einfach das Gefühl, dass das Wichtigste an dir die Tatsache ist, dass du ein Sexobjekt bist, und nur das wollen Männer, und das ist alles, was du bist.« Mit ihrer Freundin, die ebenfalls in einem Lapdance-Club gearbeitet hatte, hat sie nie ehrlich über die Arbeit gesprochen. »Ich finde, dass Frauen, die dort arbeiten, sehr viel Kraft brauchen, um so zu tun, als sei es in Ordnung, denn etwas anderes zu sagen ist peinlich«, meint Ellie nachdenklich. »Wenn man ausspricht, dass es eigentlich entwürdigend ist, und man hat es gemacht, dann besagt das viel über einen selbst, oder es kommt einem so vor. Aber es ist entwürdigend.«

In Ellies Augen funktionierte der Club im Grunde nur durch

Ausbeutung. Die Frauen wurden nicht bezahlt, sondern bekamen ausschließlich direkt von den Kunden Geld, und sie mussten an den Club quasi Miete bezahlen. Es gab also Nächte, nach denen Ellie ärmer heimging, als sie gekommen war. Sie erschien einfach in dem Club in der Hoffnung auf regen Betrieb, aber manchmal kamen auf jeden Mann zehn Frauen. »Wir saßen alle herum, tranken, und ein Mann kam rein und alle machten ›Ooooh, ein Mann‹, aber man musste warten, bis er einen Drink bestellte, und dann ging die Frau, die ihm am nächsten saß, zu ihm hin. Man führte dämliche, langweilige Gespräche – mit dem einzigen Ziel, ihn dazu zu bringen, dass er dich aufforderte, für ihn zu tanzen.« Die Frauen waren laut Ellie vor allem darauf erpicht, den Mann zu einer gemeinsamen Stunde für 250 Pfund zu überreden. Dieser Preis enthielt so viele Tänze, wie er wollte. Er konnte aber auch für 20 Pfund einen einzelnen Tanz bestellen. Zusätzlich musste jede Frau mindestens einmal pro Abend an die Stange, manchmal auch öfter. »Ich hab das nie nüchtern gemacht«, erzählte Ellie bekümmert.

Sie fühlte sich in dem Club nie bedroht, aber immer in ihrer Würde verletzt. »Das führte bald dazu, dass ich die reinkommenden Männer hasste oder verachtete – dass sie dafür Geld bezahlten, dieses Geschäft, und das ist wirklich nicht erotisch. Du wirst ständig betatscht – das gehört dazu, wenn du mehr Geld kriegen willst, und je mehr du anbietest, desto mehr kriegst du.« Ich bat sie, dies näher zu erläutern, denn angeblich soll doch in Lapdance-Clubs Anfassen nicht erlaubt sein. »Das stimmt«, erwiderte sie, »offiziell heißt es, dass alle Männer wissen, dass sie nichts anfassen dürfen, aber das Spiel läuft so, dass du es zulassen kannst und sagst, bei dir ist es in Ordnung, also nur für dich – und so glauben sie, was Besonderes zu sein.« Das Berührtwerden an Brüsten oder Genitalien war zwar eindeutig Sexarbeit, doch zu Ellies Erstaunen gab es der

Club als etwas Unschuldigeres aus, weshalb auch Männer in einen Lapdance-Club gingen, die nicht im Traum eine Prostituierte aufsuchen würden. »Es ist dasselbe, wie zu einer Prostituierten zu gehen«, meinte sie, »aber sie sehen es nicht so. Sie denken bloß, das tun Kerle eben, und ihre Freundin findet es in Ordnung, und in den Augen der Gesellschaft muss ein bisschen Spaß sein, ein bisschen frecher Spaß. Und das ist es eben nicht. Aber wenn alle das glauben, wie sollen sie dann merken, dass es nicht so ist?«

Immer wieder ist nachgewiesen worden, dass, wie auch Ellie sagt, viele Lapdance-Clubs sich nicht an das vorgebliche Berührungsverbot halten.[11] Und es wird immer deutlicher, dass manche schlicht und einfach in die Prostitution führen. So wurde einem Reporter 2008 bei Recherchen für einen Beitrag für das Magazin *Dispatches* auf Channel 4 in mehr als einem Lapdance-Club Sex angeboten.

Allein schon die Existenz solcher Clubs an den Haupteinkaufsstraßen scheint sich für die vor Ort wohnenden Frauen negativ auszuwirken. Lilith Project, eine Organisation, die sich gegen Gewalt gegen Frauen einsetzt, untersuchte das Phänomen in Camden Town in Nordlondon und stellte in ihrem Bericht fest, dass in den drei Jahren nach der Eröffnung von vier großen Lapdance-Clubs in der Gegend die Zahl der Vergewaltigungen in dem Gebiet angestiegen war.[12]

Untersuchungen, die den Zusammenhang solcher Etablissements mit Prostitution und Vergewaltigungen herstellen, führen dazu, dass die Ausbreitung dieser Clubs nicht ohne Widerstand hingenommen wird. In mehreren Orten Großbritanniens erhoben sich Proteste gegen die Eröffnung einschlägiger Clubs, und die Organisatoren, insbesondere die Gruppe OBJECT, haben vom Staat das Zugeständnis erzwungen, wonach zum Zeitpunkt der Niederschrift dieses Buches neue und geplante Lapdance-Clubs bald als »Veranstaltungsorte für sexuelle Begegnungen« neu eingestuft werden. Damit erhält die Anwohnerschaft ein größeres Mitspracherecht bei der Genehmigung solcher Clubs, und das dürfte in den kommenden Jahren zu einem Rückgang führen. Doch selbst mit dieser Neuregelung wird es extrem schwierig werden, die Nachwirkungen der Lapdance-Mode aus unserer Kultur zu verdrängen.

Die Verbreitung dieser Clubs in vielen Stadtzentren und ihre wachsende Akzeptanz unter Männern aller Alters- und Berufsgruppen haben die Einstellung zum Thema Frauen als Sexualobjekt verändert. Als die Journalistin Catherine Bennett die Reklame für einen Lapdance-Club sah – »ein Haufen überwiegend nackter Frauen« –, beschwerte sie sich bei der Advertising Standards Authority, der britischen Werbeaufsicht. In deren Richtlinien steht: »Anzeigen dürfen nicht gegen die Menschenwürde verstoßen.« Die ASA gab der Beschwerde nicht statt und erklärte: »Im Zusammenhang mit einer Anzeige für einen Tabledance-Club ist es unwahrscheinlich, dass das Bild als unangemessen freizügig oder provokativ betrachtet wird.«[13] Selbst wenn die Flut der Lapdance-Clubs derzeit eingedämmt wird, so scheint doch das massive Vordringen dieser Striplokale in die Stadtzentren der Sexbranche in einer früher undenkbaren Weise zu Normalität verholfen zu haben.

Die Folgen für die einzelne Frau, die sich von der angeblich einfachen und sogar emanzipatorischen Arbeit in einem Lapdance-Club verlocken ließ, können sehr tief gehen. Ellie erfuhr, dass das ganze Arrangement alles andere als aufbauend ist. »Du richtest dich ganz und gar nach ihnen – so läuft das Spiel, du sollst ihnen zu Füßen liegen. Darin sind nicht unbedingt die bestaussehenden Frauen am besten, sondern der Trick ist, wie sehr du ihnen glaubhaft machen kannst, dass sie das Sagen haben.« Und obwohl Ellie vor ein paar Jahren mit dem Strippen aufhörte, hat sie die Folgewirkungen immer noch nicht abgeschüttelt. »Du kriegst schon viel Bestätigung wegen deines Aussehens, von einer völlig oberflächlichen Art«, urteilte sie, »und das tut erst mal gut. Doch es ist eine Bestätigung von etwas, das ich schon wusste, nämlich dass ich ein Objekt bin, und jetzt werde ich wahrscheinlich immer darum kämpfen müssen, mich sexuell anders zu sehen.«

Als ich Ellie fragte, was sie denke, wenn sie andere davon reden höre, dass Lapdance oder Glamour Modeling freie Entscheidungen von Frauen und daher über jede Kritik erhaben seien, reagierte sie nachdenklich. Schließlich weiß sie, dass sie nicht zu dieser Arbeit gezwungen wurde, und sie hat mit anderen Frauen gearbeitet, die studierten oder sich in anderen Berufen bewähren wollten und denen sie keinen reinen Opferstatus zuschreiben will. »Ich möchte mich nicht als Opfer bezeichnen«, sagte sie. »Ich habe eine Entscheidung getroffen. Es war eine selbstzerstörerische, schädliche Entscheidung so wie etwa der Drogenkonsum, aber niemand hat mich gezwungen. Letzten Endes war ich noch gut dran, ich habe eine gute Ausbildung, ich komme aus der Mittelschicht, und tief in mir drin weiß ich im Grunde, dass ich was anderes machen kann, dass ich was anderes machen werde.« Aber ihr ist auch bewusst, dass andere Frauen sich nicht unbedingt so frei entscheiden können. »Es macht mich wütend, dass Frauen, die etwas anderes machen könnten, die helle und intelligent und ehrgeizig sind, aber nicht so gebildet, eingeredet wird, dass sie nichts Besseres tun könnten, dass man sie zu solchen Dingen anspornt und behauptet, dass sie nicht mehr wert sind.« Bei ihrem Vorstellungstermin im Club traf Ellie zwei Schwestern, die Glamour Models werden wollten. »Ihr Vater hatte sie zu dem Vortanzen gefahren, und sie machten mit in der Hoffnung, das wäre ein Karriereschritt. Es war der einzige Weg zu Reichtum, den sie sich vorstellen konnten, ihre einzige Chance.«

Ellies Ansicht nach wird Widerstand gegen die Gleichsetzung von sexueller Befreiung mit dieser hypersexualisierten Kultur im Keim erstickt. »Heute bekommen Frauen zu hören, sie seien prüde, wenn sie etwas dagegen haben, dass ihr Freund einen Club aufsucht, in dem er seine Finger in die Vagina einer anderen Frau stecken kann, oder wenn sie mit ihrem Freund keine Pornos gucken wollen. Aber sexuell befreit zu sein ...« Ellie hielt einen Augenblick inne und dachte nach. »Also, ich glaube nicht, dass das heißt, dass wir die Formen sexueller Unterhaltung genießen und akzeptieren müssen, die von Männern zu ihrem eigenen Vergnügen erfunden wurden.« Vor allem ist Ellie fest davon überzeugt, dass die überall propagierte sexuelle Befreiung weit von der Realität der Sexbranche entfernt ist. »Die Leute sagen, es ist cool, es ist emanzipiert, aber in meinem Lebenslauf wird die Arbeit im Club nicht auftauchen, und es wäre mir bei den meisten Leuten unangenehm, ihnen davon zu erzählen. Ich finde, die Frauen müssen anfangen, ihre Meinung dazu zu äußern, sich klüger gegenüber diesen Dingen zu verhalten. Wir hören viel von Entscheidungsfreiheit oder Befreiung, aber da herrscht einfach keine Gleichberechtigung – man braucht sich nur die Lapdance-Clubs anzuschauen, das sagt so viel über unsere Kultur aus. Die Männer darin sind ›seriös‹, sie tragen einen Anzug, sie haben ein Bankkonto, die Frauen sind ›unseriös‹, sie sind nackt, sie haben Schulden.«

Strippen in verschiedenen Spielarten ist nicht der einzige Bestandteil der Sexindustrie, der sich neuerdings viel mehr gesellschaftlicher Billigung erfreut. Auch die Prostitution hat sich von den Rändern in die Mitte unserer Kultur bewegt. Diese Entwicklung lässt sich beispielsweise auf dem Buchmarkt verfolgen, wo Memoiren von Prostituierten zu Bestsellern wurden.

Zwar lassen sich Menschen schon seit Jahrhunderten von fiktiven und echten Memoiren aus der Welt des käuflichen Sex faszinieren, doch heute gibt es ein neues, enorm populäres Genre, in dem sich ein auffallender Wandel in der Wahrnehmung solcher Werke niederschlägt. Beispiele für dieses Genre sind etwa *Nancy Chan* von Tracy Quan, *Die intimen Aufzeichnungen eines Londoner Callgirls* von Belle de Jour und Miss S' *Confessions of a Working Girl* oder *Fucking Berlin: Studentin und Teilzeit-Hure* von Sonia Rossi[14]. In der Massenkultur gab es zwar schon immer Hochglanzdarstellungen der Prostitution, doch der Unterschied zwischen Märchen à la *Pretty Woman* und den aktuellen Erzählungen liegt darin, dass letztere uns glauben machen sollen, sie seien ehrliche, ungeschminkte Darstellungen des Lebens von Sexverkäuferinnen. Sie kommen in nüchternem Tonfall daher und betonen meist, wie völlig normal diese Tätigkeit doch sei und wie sehr sie doch dem Sexualleben jeder beliebigen sexuell befreiten Frau nahekomme.

Diese Bücher bezeugen, dass sich das Prostituiertenbild im Verlauf der beiden vergangenen Jahrhunderte radikal geändert hat und dass dieser Wandel von Männern wie Frauen gleichermaßen getragen wurde. Man betrachte den Unterschied zwischen den fiktiven, von Männern gestalteten Kokotten des 19. Jahrhunderts und den Prostituierten, die heute in den erwähnten Bestsellern ihr Leben schildern. Die Huren der Vergangenheit mochten verherrlicht oder verachtet werden, ihre Erfahrungen unterschieden sich deutlich von denen anderer Frauen. Es gab glorreiche Femmes fatales wie die Nana in Emile Zolas gleichnamigem Roman, die er als Männer aussaugende und vernichtende Naturgewalt schildert: »Inmitten der angehäuften Schätze ihres Hauses blieb sie allein aufrecht stehen mit einem Heer von Männern, die zu ihren Füßen niedergestreckt waren … Und während ihr Geschlecht in einem Glorienschein emporstieg und gleich einer aufgehenden Sonne, die die Stätte eines Blutbades bescheint, über seinen hingestreckten Opfern strahlte, bewahrte sie … ihre Ahnungslosigkeit eines prächtigen Tieres, das nichts von dem weiß, was es angerichtet hat.«[15] Oder es gab tragische gefallene Frauen wie Nancy in *Oliver Twist*, die von dem Gefühl ihrer absoluten Erniedrigung gequält wird, als eine tugendhafte Frau sie zu retten versucht: »›Fräulein‹, rief das Mädchen und sank auf die Knie, ›liebes, süßes, engelsgleiches Fräulein, Sie sind die Erste, die mich jemals mit solchen Worten beglückt hat, und wenn sie mir vor Jahren zu Ohren gekommen wären, so hätten sie mich vielleicht vor einem Leben in Sünde und Kummer bewahrt – aber es ist zu spät – es ist zu spät!‹«[16]

Der Ton der modernen Autorinnen ist dagegen vollkommen kaltschnäuzig. Beispielsweise beurteilt Miss S, die als junge Studentin in einem Bordell arbeitete, die gewählte Arbeit so: »Zumindest betrank ich mich nicht bis zur Besinnungslosigkeit wie die übrigen Studentinnen in den Wohnheimen und ging nicht mit zu Fremden, um an merkwürdigen Orten zu erwachen, ohne eine Ahnung, wo sie waren und wie sie dahingekommen waren! Verdammt, ich konnte genauso viel Spaß haben. Ich brauchte mich nicht zuzusaufen, um meine Hemmungen zu überwinden – und ich wurde bezahlt.«[17] Zwar gibt es Prostitution schon immer, doch diese lockere Haltung zur Arbeit in der Sexindustrie ist eine unerwartete Entwicklung. Als eines der erfolgreichsten Bücher dieser Art, *Die intimen Aufzeichnungen eines Londoner Callgirls* von Belle de Jour, zu einer Fernsehserie[18] verarbeitet wurde, zeigte diese sowie die Werbung dafür, dass Prostitution in den letzten Jahren zu etwas ganz Normalem geworden ist. Eines der auffälligsten Merkmale dieser Serie war, wie wenig sie sich von allen anderen Fernsehspielen über das Leben junger Frauen unterschied. Da gab es eine junge Frau in schicken Klamotten, die Lattes in Cafés und Cocktails in Hotelbars trank, Sex mit Fremden hatte – manchmal guten, manchmal seltsamen, manchmal schlechten –, ohne emotional groß beteiligt zu sein. Es gab kaum etwas, worin sich die Produktion von der wegweisenden amerikanischen Serie über promiske Single-Frauen *Sex and the City* oder dem lesbischen Gegenstück *The L-Word* oder auch dem männlichen *Californication* unterschied. Prostitution gilt heute nicht mehr unbedingt als Schande, sondern als unter Umständen erstrebenswerte Beschäftigung für eine Frau. »Mein Körper ist der Rede wert« lautete der Werbetext für die Serie nach Belle de Jours Buch, quer über riesige Bilder der Hauptdarstellerin Billie Piper in Dessous gedruckt.

Es wäre naiv, davon auszugehen, dass die Propagierung einer solchen Sicht der Prostitution in den Massenmedien keine Auswirkungen auf das reale Verhalten von Männern und Frauen hätte. 2007 besuchte ich eine Frau, die ich Angela nennen will und die seit vier Jahren als Prostituierte arbeitete. Zwar war Angela in gewisser Weise recht förmlich, und es war ihr unangenehm, im Einzelnen über ihr Leben zu sprechen, doch von Zeit zu Zeit brach ihre Wut in einem Wortschwall aus ihr heraus. Im Wohnzimmer ihrer kühlen, peinlich sauberen Wohnung in Middlesex, in der es keine bequemen Stühle gab, aber eine Metallstange vom Boden bis zur Decke mit deutlich sichtbaren High Heels daneben, erklärte sie mir, wie sie in diese Lage gekommen war.

Sie dachte zum ersten Mal daran, sich für Sex bezahlen zu lassen, als ihre Ehe in die Brüche gegangen war. Als Frau Mitte 30, die seit langem kein Rendezvous mehr gehabt hatte, war sie versessen auf neue Erfahrungen. »Als mein Mann und ich uns trennten, musste ich wieder zu mir selbst finden«, sagte sie mit einem leichten Stirnrunzeln. Sie merkte bald, dass Selbstfindung für eine alleinstehende Frau in unserer Gesellschaft offenbar mit jeder Menge Sex verbunden ist. Ihre Freundinnen rieten ihr auszugehen, sich zu amüsieren, Männer aufzureißen und mit ihnen ins Bett zu gehen. Sie begann zu chatten, um Kontakte zu Männern anzubahnen. Wenn sie sich mit ihnen traf, stellte sie fest, dass sie in der Regel von ihr erwarteten, dass »ich die Sache weitertrieb, im Namen von sexueller Befreiung und Vergnügen«. Diese Erfahrungen in der schönen neuen Welt des Sex ohne Gefühle überraschten Angela, denn die Situation hatte sich seit ihrer Heirat tiefgreifend geändert. »Wenn ich früher Beziehungen mit Männern gehabt hatte, dann waren sie, das muss ich sagen, normalerweise gleichberechtigt und angenehm. Da gab es nicht diesen Raumklang, diesen Zwang, dass sich alles um Sex drehte, nur um Sex. Was die Männer alles von dir erwarten, hat sich wirklich geändert – Analsex, Dreier, auch wenn du sie grade erst kennengelernt hast.« Doch anfangs stellte Angela nichts in Frage. »Ich glaubte, was alle sagten, dass dieser ganze Sex mit wechselnden Partnern mich stärken und aufbauen würde.«

Angela war fasziniert von dieser neuen Sicht weiblicher Sexualität und auch ihrer Nähe zur Sexindustrie. »Ich interessierte mich für Poledance. Ich nahm an einem Kurs teil. Dort sagte die Lehrerin: ›Wir halten das Schmierige draußen‹, doch dann sagte sie wieder, das würde eine Stripperin so oder so machen. Ich dachte daran, selber Tänzerin zu werden. Ein Freund von mir besuchte ziemlich häufig einen Poledance-Club und sagte zu mir, seiner Meinung nach würde es mir Spaß machen. Ich dachte immer noch so was wie, dass ich doch eine supertolle Frau bin, weil ich das alles kann.«

Da Angela sich weiterhin in sexuelle Abenteuer ohne große gefühlsmäßige Beteiligung stürzte, glaubte sie zuerst, es sei kein sehr großer Schritt, nun für Sex Geld zu verlangen. Da keiner der Männer, mit denen sie sich einließ, eine Beziehung wollte, war sie der Meinung, sie seien ihr eine Gegenleistung schuldig. Außerdem war sie alleinstehend und brauchte das Geld. Zwar hatte sie eine gute Ausbildung absolviert und den Abschluss einer amerikanischen Universität in der Tasche, doch hatte sie jung geheiratet, war viele Jahre von ihrem Mann finanziell abhängig gewesen und verfügte über wenig Berufserfahrung. Obendrein litt sie unter gesundheitlichen Problemen, so dass sie gar nicht hätte Vollzeit arbeiten können. »Ich war ziemlich verzweifelt und suchte dringend nach einer Möglichkeit zu überleben, um ehrlich zu sein. Da dämmerte mir, dass ich mich doch dafür bezahlen lassen könnte. Ich glaubte, das würde Spaß machen – ich erinnere mich, dass ich im Fernsehen mal eine Dokumentation über Kinder reicher Hollywoodstars gesehen habe, und unter ihnen war ein Mädchen, das manchmal auf den Sunset Strip ging und sich aus Jux für Sex bezahlen ließ. Ich dachte, okay, da ist also nichts dabei. Als ich damit anfing, glaubte ich, es wäre ganz leicht. Das soll man doch auch glauben, nicht wahr? Ich dachte, wenn mich das stark macht, dann probieren wir's halt mal aus!«

Diese prosaische Art, auf die manche Frauen in die Prostitution hineinrutschen, hängt auch damit zusammen, dass Männer heutzutage viel ungenierter Sex kaufen. Viele Männer erzählen in aller Öffentlichkeit, dass sie Prostituierte aufsuchen. Beispielsweise schreibt der Komiker und Fernsehmoderator Russell Brand in seiner Autobiographie, dass er das Kaufen von Sex für ein Anzeichen normaler sexueller Reife hält. Sein Vater hatte ihn nach Thailand mitgenommen, als er 17 Jahre alt war. »Während dieses Urlaubs fickte ich massenhaft Nutten, bekam immer einen Ständer, benutzte nie ein Kondom und verliebte mich nie. Wenn in Bangkoks Rotlichtbezirk Patpong Barmädchen ihren Posten verließen und mir übers Haar streichend nachliefen, hatte ich das Gefühl, dass mein Dad das klar billigte. Als ich von Thailand zurückkam, fühlte ich mich in Gesellschaft von Frauen viel wohler – sicher in dem Wissen, dass ich ›als Mann zurückgekommen‹ war. Zu den Merkmalen eines Mannes gehörte unter anderem: ›Mir hat jetzt schon eine Nutte ihren Finger in den Arsch geschoben, während sie meinen Schwanz lutschte.‹ … Danach wurde ich etwas selbstsicherer, was Sex betraf.«[19] Brand besucht ein griechisches Striplokal, einen »frauenfeindlichen Sündenpfuhl«, und fordert seine Freunde zum Mitkommen auf. »Ich wichste und soff und fummelte, es war widerwärtig … Ich drängte ein paar von den anderen, es auch mal zu versuchen.« Für ihn ist nichts entwürdigend oder verbergenswert an käuflichem Sex; ganz im Gegenteil, er gehört schlicht und einfach zu seinen Urlaubsaktivitäten. Das mag zwar bei gewissen Männern schon immer so gewesen sein, neu daran ist jedoch, wie locker und beiläufig, ohne Angst vor Kritik, er diese Ansicht in die Öffentlichkeit trägt.

Obwohl die Massenmedien sich immer noch eher missbilligend über Männer äußern, die Lapdance-Clubs aufsuchen oder sich bei Prostituierten Sex kaufen, so hat doch ihr ständiges Herumreiten auf diesem Thema zur Folge, dass diese Verhaltensweisen bei jungen Männern als fast schon unvermeidlich erscheinen. Prominente wie der Fußballer Wayne Rooney und die Fernsehmoderatoren Jamie Theakston und Angus Deayton werden in diesem Zusammenhang genannt. Diese Männer mussten öffentliche Beschämung hinnehmen und Reue bekunden, als herauskam, dass sie Prostituierte aufgesucht hatten. Doch die Berichte über ihr Tun ließen häufig durchblicken, dass dieses Verhalten in ihren Kreisen als normal gilt. Es gilt auch unter nicht prominenten Männern, typischen Lesern der Boulevardblätter, als salonfähiger Teil des Lebens. Beispielsweise berichtete eine Prostituierte in einem neueren Artikel der *Sun*, sie habe sich von den Freiern im Bordell benutzt und missbraucht gefühlt. Gleich daneben jedoch stand ein Interview mit einem Mann zu lesen, der sich bei einem Junggesellenabschied Sex gekauft hatte. »Gemeinsame Freunde waren Monate zuvor in Riga in Litauen gewesen, und es hatte ihnen sehr gefallen. Sie sagten, es sei billig und noch wichtiger, dass die Mädchen einschließlich der Prostituierten toll seien … Keiner sagte es, aber wir hatten es auf Sex abgesehen, als wir hinfuhren … Ich dachte mir, das sei auch nicht anders als ein One-Night-Stand – außer dass ich sie bezahlte. Wir hatten geschützten Sex, und sie schien Spaß dabei zu haben … Ich habe in der Zeitung von Frauenhandel gelesen, aber das fiel mir nicht ein, als wir dort waren. Wir wollten uns nur amüsieren und haben die Mädchen nicht zu irgendwas gezwungen, was sie nicht wollten.«[20]

Das Internet hilft Männern besonders, eventuelle Schamgefühle über ihre Prostituiertenbesuche über Bord zu werfen. Dort gibt es Seiten, auf denen die Bewertung von käuflichem Sex so normal ist wie Buchrezensionen auf Amazon. Männer können sich ungehemmt darüber austauschen, wie sie ihre diversen Gelüste auf fülligere, ältere, jüngere oder kleinere Frauen befriedigen können und wo sie »es« bekommen wie bei einer Freundin – wo sie eine Prostituierte finden, die Küssen und echten Oralsex ohne Kondom bietet.

Forschungsarbeiten zeigen, dass diese lockere Einstellung zu käuflichem Sex mittlerweile sehr weit verbreitet ist. Ein Befragter erklärte kürzlich Wissenschaftlern in London: »Es ist wie in den Supermarkt zu gehen.« Ein anderer meinte: »Ich finde, wir leben halt in einer Konsumgesellschaft. Und ich glaube, es ist jetzt einfach eine Ware geworden, wirklich … dieses ganze Sexzeug. Weil es das Internet gibt und Läden da sind und man die ganze Zeit Bilder sieht.«[21] Auch Statistiken legen nahe, dass solche Entwicklungen in einen umfassenderen kulturellen Wandel eingebettet sind. Eine 1990 und 2000 durchgeführte Befragung von 11 000 britischen Erwachsenen ergab, dass die Zahl der Männer, die zugaben, für Sex zu bezahlen, in diesem Zeitraum von fünf auf fast zehn Prozent gestiegen war. Die stärkste Teilgruppe dieser Männer war alleinstehend, zwischen 25 und 34 Jahre alt und lebte in London.[22] Helen Ward, die Autorin der Studie, brachte das Phänomen mit der allgemeinen Etablierung der Sexindustrie in der Gesellschaft in Verbindung und nannte einen der Gründe für die gestiegene Bereitschaft von Männern, Prostituiertenbesuche zuzugeben: »Es besteht eine liberalere Einstellung zu käuflichem Sex und eine zunehmende Kommerzialisierung von Sex. Die Männermagazine werden mit Bildern bombardiert.«[23] Das klingt sehr einleuchtend. Als ich den Bericht auf der Website des *Guardian* las, fand ich unter den Links einen, der zu einer Site mit dem Titel »Sie müssen dafür bezahlen« führte, auf der sich wiederum Werbung für »Hardcore-Videos« und »Gratis-Porno« fand.[24]

Dieser kulturelle Wandel, der die Prostitution aus der Schmuddelecke holte, wird mancherorts als Fortschritt für die Frauen dargestellt. Das ist nachvollziehbar. Es gibt Sexarbeiterinnen, die auf die Freiwilligkeit ihrer Arbeit pochen und dieselben Rechte und Schutzbestimmungen für sich fordern, wie sie allen anderen Arbeitnehmern zustehen. Viele scheuen sich angesichts dieser Argumente, die Prostitution zu scharf zu verurteilen, damit diese Kritik nicht gleichgesetzt wird mit einer Kritik an Frauenrechten. Doch diese Einstellung zur Prostitution, in der mitschwingt, sie könne eine für Frauen erstrebenswerte Tätigkeit sein, kehrt die Realität dieser Arbeit größtenteils unter den Teppich.

Ein Umstand, den die gegenwärtig moderne Sicht der Prostitution beiseiteschieben muss, ist der, dass Belle de Jour für ihre Freier eben nicht »der Rede wert« ist. Würden wir uns tatsächlich auf eine seltsame neue Welt zubewegen, in der Männer und

Frauen beschlossen hätten, Sex zu kaufen, statt ihn sich großzügig zu schenken, würden wir erwarten, dass gewohnheitsmäßige Käufer von Sex sich mit dem üblichen Respekt über dessen Verkäuferinnen äußerten. Eine Befragung von Männern, die als Freier auf dem Straßenstrich von Middlesbrough verhaftet worden waren, ergab, dass mehr als drei Viertel von ihnen käufliche Frauen für schmutzig und minderwertig hielten.[25] Die Internetforen, auf denen Prostituierte bewertet werden, mögen den dort surfenden Männern wohlgesonnen erscheinen, doch jede Frau, die einmal hineinhorcht, wird wahrscheinlich einen anderen Eindruck gewinnen.

Dort herrscht Frauenfeindlichkeit der übelsten Sorte, wie die folgende Auswahl von »Erfahrungsberichten« – einschließlich Kontaktdaten der betreffenden Prostituierten – auf PunterNet verdeutlicht: »Müde alte ausgezehrte Nutte. Muss in den 40ern sein und hatte schlaffe Brüste und schlaffen Bauch. Auch haarige Möse … Scheißfick. Sie war nicht scharf darauf, hart gefickt zu werden. Holte mir schließlich einen runter, weil sie sagte, ich hätte ihr zu wehgetan … Geldverschwendung.« »Wählte Jessika, und kaum tat sich was im Schwanz, kam das Kondom drüber, immer noch ziemlich schlaff, aber sie machte oral weiter, bis er steif war. Kaum was gesagt, begann an ihren Brustwarzen zu saugen, und dann kreischte sie auf: ›Das tut weh – mag das nicht.‹ Von da an ging's den Bach runter, sie lag flach auf dem Rücken, Augen zu, ohne Laut oder Bewegung, bis ich meine Ladung abgeschossen hatte, wischte mich dann ab und weg war sie. Sie kam nicht mal tschüs sagen, als ich ging. Wieder ein osteuropäischer Scheißfick.« »Kleine zierliche Blondine. Größe 38, Titten Körbchengröße A. Sehr gut aussehend mit Haarverlängerungen. Was ein mieser Fick! Wollte die Beine nicht breit machen und mich nicht ganz eindringen lassen. Ich nagelte sie einfach, bis ich fertig war, machte mich sauber und ging.« »Ziemlich schlecht rundherum ... nicht sehr gesprächig und wirkte, als ob sie gar nicht da sein wollte. In Missionarsstellung – sie lag einfach auf dem Rücken und starrte ausdruckslos an die Decke, was sehr abturnend war, füllte schließlich das Gummi und ging.« Aus dem Blickwinkel der Männer, die diese Bewertungen verfassen, mag nichts beschämend daran sein, weibliche Körper in dieser Art zu sehen. Liest man jedoch ihre Texte aus der Sicht der Frauen, deren Widerwille, Schmerz und Traurigkeit von außen betrachtet wird, ist die Wirkung furchtbar. »Sie sagte, ich hätte ihr zu wehgetan«, berichtet ein Mann. »Sie wollte eigentlich gar nicht da sein.« »Das tut weh, ich mag das nicht«, schreit die Frau, doch er hört nicht auf, er »nagelt sie«, bis er fertig ist.[26]

Neben dieser gleichgültigen Frauenfeindlichkeit gibt es noch die reale Gewalt und Misshandlung, die sich wie ein vergessener Albtraum durch jede Umfrage unter realen Sexverkäuferinnen zieht. Einer Studie zufolge waren zwei Drittel der Prostituierten von Freiern tätlich angegriffen worden, doch weniger als ein Drittel dieser Vorfälle wurde zur Anzeige gebracht.[27] Andere Forscher untersuchten die Gewalt in der Familiengeschichte Prostituierter. In einer Studie berichteten nicht weniger als 85 Prozent der Prostituierten von körperlicher Misshandlung, 45 Prozent von sexuellem Missbrauch in der Familie.[28] Andere Wissenschaftler untersuchten, wieso Frauen schon in jungen Jahren – zu jung, um fundierte Entscheidungen zu treffen – in die Prostitution rutschen. Dabei stellte ein Forscher fest, dass die Mehrzahl der von ihm befragten Prostituierten beim Einstieg jünger als 16 Jahre war,[29] ein anderer ermittelte ein Alter von unter 17 Jahren.[30] In allen einschlägigen Studien stellte sich heraus, dass bei sämtlichen teilnehmenden jungen Frauen, die mit Prostitution zu tun hatten, Alkoholmissbrauch vorlag[31] und dass die Mehrheit harte Drogen konsumierte. Einer Studie in Merseyside zufolge nahmen 96 Prozent der Frauen auf dem Straßenstrich Heroin und 81 Prozent Crack; 84 Prozent nannten als Grund für die Prostitution Geldbeschaffung für Drogen.[32]

Wenn Befürworter der Prostitution überhaupt auf Gewalt, Missbrauch und Sucht, die sich durch das Leben von Sex verkaufenden Frauen ziehen, eingehen, bemühen sie sich nach Kräften, diesen Umstand vom Rest der Branche zu trennen. Im Augenblick herrscht große Nachfrage nach gehandelten Frauen, Frauen aus dem Ausland, die durch Betrug oder Gewalt in die Prostitution gezwungen werden. Ich will nicht eine Sekunde lang die Ausbeutung solcher Zwangsprostituierter kleinreden, ob die Frauen nun von Osteuropa oder sonst einer Weltgegend nach Westeuropa kommen. Es ist unerlässlich, dass Hilfsorganisationen und Aktivisten weiterhin auf die Lage der betroffenen Frauen hinweisen und ihnen beistehen. Wir sollten jedoch auch beachten, dass die Aufmerksamkeit, die wir den Opfern des Frauenhandels gegenwärtig widmen, uns nicht den Blick für die Gewalt verstellt, die Frauen erfahren, die sich scheinbar für diese Arbeit entschieden haben – die wissen, was von ihnen erwartet wird, wenn sie sich an eine Straßenecke stellen oder in einem Massagesalon arbeiten gehen: dass sie den Gebrauch ihres Mundes, ihrer Vagina und ihrer Hände verkaufen, damit Männer zum Orgasmus kommen. Obwohl diese Frauen nicht unbedingt in diese Arbeit hineingezwungen worden sind, sind sie keineswegs ausgenommen von einer Gewalt, die die »Normalisierung« der Prostitution zu einer bloßen Farce macht. In Großbritannien werden jedes Jahr etwa sechs Prostituierte ermordet, und die standardisierte Sterblichkeitsrate unter Sexarbeiterinnen ist sechsmal so hoch wie die der Allgemeinbevölkerung.[33]

2006 rückte die Nachricht, dass ein Serienmörder in Ipswich

fünf Frauen umgebracht hatte, ins Rampenlicht. Die Opfer waren allesamt Prostituierte im Alter zwischen 19 und 29 Jahren, Frauen wie Tania Nicol, eine junge Heroinabhängige, deren Mutter nichts davon ahnte, dass sie sich prostituierte. Dieser Fall war für die Presse eine Sensation, weil der Mörder mehr als eine Frau umgebracht hatte. Doch solche Berichte über Serientäter können darüber hinwegtäuschen, dass auch dann, wenn kein Serienmörder sein Unwesen auf dem Straßenstrich treibt, die dort anschaffenden Frauen immer von Gewalt bedroht sind. 1998 führte ich zum ersten Mal Gespräche mit Prostituierten über ihr Leben. Damals fuhr ich im Auftrag des *Observer* nach Hull, nachdem dort innerhalb von zehn Monaten drei Prostituierte tot aufgefunden worden waren. Ich wollte recherchieren, ob dort vielleicht ein Serienmörder frei herumlief. »Neue Ripper-Angst« und »Auf der Straße redet man von einem Serienmörder« lauteten ein paar Wochen lang die Schlagzeilen und Meldungen der Zeitungen.

Doch wie ich in Hull herausfand, hatte der verstümmelte Körper der 25-jährigen Natalie Clubb wenig mit den Leichen der 29-jährigen Samantha Class und der 20-jährigen Hayley Morgan gemein, die man alle innerhalb weniger Monate nacheinander aufgefunden hatte. Sie waren zwar alle eines gewaltsamen Todes gestorben, doch nicht von der Hand eines einzigen Mannes. Die schreckliche Wahrheit lautete, dass es lediglich Zufall war, dass drei Prostituierte in einem so kurzen Zeitraum in einer einzigen Stadt ermordet worden waren – oder vielmehr nicht Zufall, sondern Folge von Gewalt, der Sexverkäuferinnen fortwährend ausgesetzt sind. Sämtliche Frauen, die ich in Hull interviewte, bezeugten diese unablässige Bedrohung und berichteten mir von Freiern, die sie unter Druck gesetzt oder zusammengeschlagen hatten. Die Prostituiertenmemoiren aber, die zu Verkaufsschlagern geworden sind, erzählen von einer Lebensweise, die die Leser gerne als völlig getrennt von derartigen Gewalt- und Misshandlungserfahrungen sehen möchten. Die Autorinnen sind überdies Edelprostituierte, im Großen und Ganzen gebildete Frauen, die in kleinen Bordellen und auf Vermittlung von Hostessenagenturen arbeiten. Dennoch können selbst diese Bücher die Bedrohung durch Gewalt nicht in Abrede stellen. Und erschreckenderweise gilt die Fähigkeit, mit dieser Gewalt umzugehen – nicht etwa, indem sie abgewehrt oder unterbunden, sondern indem sie hingenommen und abgespalten wird –, als Erfolg. Beispielsweise wurden die *Confessions of a Working Girl* von Miss S als unterhaltsamer Bericht über das Leben einer Prostituierten vermarktet, mit einer hübschen Pastellzeichnung einer jungen Frau in Dessous auf dem Umschlag. Doch gleich zu Beginn der Lektüre merkt man, dass sich Gewalt wie ein hässlicher roter Faden durch ihre Arbeit zieht und dass Miss S lernen muss, diese Gewalt hinzunehmen, wenn sie weitermachen will. In ihrer ersten Schicht als Prostituierte bedient sie drei Freier, von denen einer »meinen Kopf auf sich herunterdrückte … ich würgte immer wieder«, während er schrie: »Lutsch ihn, Miststück!«, und ein anderer »auf meine Brüste schlug, bis sie ganz gerötet waren«, während sie entschlossen war, »ihn nicht merken zu lassen, dass es höllisch wehtat, weil er sonst wahrscheinlich darauf abgefahren wäre und weitergemacht hätte, bloß um mir eins auszuwischen«.[34] Allmählich erkennt man, dass man die Erinnerungen einer Frau liest, die sich antrainiert, sich selbst von ihrem Körper abzuspalten. An einer anderen Stelle erleidet Miss S bei der Arbeit so starke Verletzungen der Scheide, dass sie ein Krankenhaus aufsuchen und sich nähen lassen muss. »Die Ärztin schaute auf und sagte, ich hätte zahlreiche kleine innere Risse, und da alles noch so geschwollen sei, könne sie sie nicht nähen. Mit dem längeren in der Nähe des Eingangs sei das eine andere Sache und der sei offenbar die

Hauptursache für die Blutungen.« Doch Miss S nahm die Arbeit bald wieder auf: »Ich würde die roten Kondome benutzen, damit die Kerle keine Blutflecken sahen.« Dem Leser mag sich nach diesen Schilderungen sexueller Gewalt der Magen umdrehen, doch Miss S scheint ihre Fähigkeit, ihren eigenen Missbrauch fortwähren zu lassen, als Zeichen von Charakterstärke zu deuten.

Bei meinen Interviews mit den Prostituierten in Hull erschütterte mich, wie eng die Gewalt mit ihrem Leben verwoben war und dass sie ihnen bei der Arbeit auf Schritt und Tritt folgte. Doch die Gewalt bestand nicht nur in dem körperlichen Trauma, sondern auch in dem seelischen, das der erzwungenen Trennung von Sex und Gefühl entsprang. Ich unterhielt mich lange mit einer Prostituierten namens Melanie, die alle Mordopfer gekannt hatte und seit drei Jahren auf dem Straßenstrich arbeitete. Besonders prägte sich mir ein, wie sie gelernt hatte, ihr Erleben von sich selbst abzuspalten, um die Nächte durchzustehen. »Nach dem ersten Mal habe ich mich vor mir geekelt. Ich habe mich übergeben und bin dann ins Bad und habe mich stundenlang abgeschrubbt. Jetzt«, sagte sie traurig, »mache ich einfach weiter. Man lernt abzuschalten. Man schafft es. Ich kann es jetzt.« Ohne Zweifel half ihr Heroin beim Abschalten. Aber es waren nicht allein die Drogen. Sie war nun abgehärtet gegen eine Situation, in der sie sich eher aus ihrem Körper zurückziehen musste, als auf ihre eigenen Wünsche und Bedürfnisse zu hören.

Wenn die Prostitution so leichtfertig als hoffähiger Beruf für Frauen hingestellt wird, dann wird damit das psychische Trauma, das offenbar nicht nur gelegentlich, sondern zwangsläufig die Folge von Sexarbeit ist, heruntergespielt.

Auch Angela, die sich von der Vorstellung, Prostitution sei ziemlich einfach, dazu hatte verleiten lassen, musste erschüttert feststellen, welchen körperlichen und seelischen Tribut diese Arbeit forderte. »Ich merkte«, so gestand sie mir unumwunden, »dass sie keine Stärke verleiht, sondern dass sie einem alle Stärke nimmt. Sie ist schädlich. Sie schmälert das Selbstwertgefühl, das Selbstbild. Es ist sehr gefährlich, sich mit den Augen der Männer zu sehen, die deinen Körper kaufen. Ich sehe das jetzt ein – ich wünschte, ich könnte andere Frauen auch zu dieser Einsicht bringen. Diese ganze Sexualisierung der Gesellschaft – alle fallen drauf rein, und immer mehr junge Mädchen glauben, Prostitution hätte was damit zu tun, Billie Piper, Belle de Jour zu sein, und das hat es eben nicht. Es ist ganz und gar nicht so.«

Angela hat Sex hauptsächlich über das Internet verkauft oder mittels Anzeigen für »Massage«, die sie in kleinen Geschäften aufhängte. Sie hat auch für eine Begleitagentur in London sowie in einer Art »Bordell« gearbeitet, kleinen Apartments, die unter der Leitung einer »Puffmutter« standen. Ihrer Erfahrung nach besteht immer und überall die Möglichkeit konkreter Gewalt. »Viele Freier sind respektvoll, aber es geht quer durch das ganze Spektrum«, erzählt sie mir. »Die jüngeren wollen was ausprobieren, sie haben was im Internet gesehen, Brutalität und Vergewaltigung. Was vor fünf Jahren noch extrem war, ist heute gang und gäbe. Sie wollen gefesselt und gewürgt werden, sie wollen dich fesseln, sie wollen Dreier. Ich kriege allmählich den Eindruck, dass es manche Männer anmacht, wenn die Frau es nicht will. Im Grunde erklärt man sich damit einverstanden, manchmal gegen Geld vergewaltigt zu werden.«

Als ich Angela auf körperliche Gewalt anspreche, zieht sie ihre Jeans über die Hüfte herunter, und ich erblicke einen riesigen blauen Fleck auf ihrem Oberschenkel. »Ich ging letzte Woche zu einem Kerl nach Hause, zweimal – er war völlig zugekokst und auch betrunken. Er sagte, ich bin verliebt in dich, du bist so nett, aber unterschwellig war immer so was wie Gewalttätigkeit da, und dann biss er mich plötzlich ins Bein – er behauptete, in der Hitze der Leidenschaft. Es macht einem Angst.« Das Schrecklichste an ihren Erfahrungen sei jedoch nicht die körperliche Gewalt, sondern dass die Arbeit als Prostituierte sie dazu zwinge, ihre Gefühle von ihrem Körper zu trennen. »Selbst wenn sie gewalttätig sind und du Angst hast oder wenn es dich nur anwidert oder wenn du einfach nicht drauf stehst – du musst so tun, als würdest du es genießen. Das muss dir doch schaden. Das muss doch deine Psyche untergraben.« Angela glaubt, dass ihre Fähigkeit, intime Beziehungen einzugehen, durch den psychischen Druck für immer geschädigt wurde. »Ehrlich gesagt, glaube ich nicht, dass ich je wieder fähig zu einer Beziehung sein werde. Ich kann den Männern jetzt nicht mehr vertrauen, und ich kann sie nicht mehr anders sehen als durch ihr Verhalten Prostituierten gegenüber.«

Die Erfahrungen einer Prostituierten mögen in den Augen vieler Frauen als untypisch und daher als nicht sehr aussagekräftig für das normale Leben gelten. Doch in Angelas Worten schwingt etwas Wahres mit, als sie eine Gesellschaft betrachtet, die vielen Frauen erfolgreich eingeredet hat, die Arbeit in der Sexindustrie könne befreiend sein. »Wenn die Frauen jetzt Widerstand leisten und anfangen, sich zu wehren, und sagen, das ist keine Stärke, das ist Sklaverei, dann werden wir, glaube ich, gelyncht«, meint sie. »Diese ganze Kampagne, Frauen dazu zu kriegen, sich auf Porno und seine Werte einzulassen – das macht alle Frauen zu bezahlten oder unbezahlten Sexarbeiterinnen. Hat das wirklich was mit Emanzipation zu tun? Wenn das so wäre, wäre es das dann nicht für alle Frauen? Wo sind die 70-jährigen Stripperinnen? Hätte ich nicht gemacht, was ich gemacht habe, würde ich das vermutlich nicht so klar sehen. Aber jetzt sehe ich es, ich komme mir vor wie ein Goldfisch, der gegen einen Wal kämpft. Ich bin zu dem Schluss gekommen, dass der überwiegende Teil unserer Kultur wie am Fließband Frauen zur sexuellen Bequemlichkeit von Männern produzieren soll.«

3. Kapitel
Mädchen

Die Erfahrungen von Frauen, die sich tatsächlich zu Sexarbeit entschlossen haben, lassen sich natürlich leicht als marginal vom Tisch wischen, und Frauen, die sich darauf nie einlassen würden, haben für die Betroffenen möglicherweise nur Verachtung oder Unverständnis übrig. Doch selbst wenn wir diese Erfahrungen ignorieren, ist nicht zu leugnen, dass heute eine Kultur auf dem Vormarsch ist, die Frauen fast ausschließlich nach ihrer sexuellen Anziehungskraft bewertet.

Die Auswirkungen dieser Kultur sind nicht nur für viele junge Frauen spürbar, sondern beeinflussen schon das Leben ganz kleiner Mädchen – angefangen von den Vorbildern, zu denen sie aufschauen, über die Kleider, die sie tragen, bis zur Einstellung zu ihrem Körper, sogar bis hin zu ihrem Spielzeug. Die Formgebung eines beliebten Markenspielzeugs wie der Bratz-Puppen verdeutlicht exemplarisch, dass Mädchen heute schon in frühem Alter als erotische Wesen gesehen werden. Die Bratz-Puppen mit ihrem Schmollmund und ihren übergroßen Schlafzimmeraugen, ihrem Styling, ihren Miniröcken und ihren Stöckelschuhen, sehen genauso aus wie die jungen Frauen beim Babes-on-the-Bed-Abend im Club Mayhem. Die Vermarkter von Bratz hätten gern, dass Mädchen diese Puppen als Vorbild für ihr reales Leben betrachten. Lisa Shapiro, verantwortlich für die Bratz-Lizenzvergabe in Großbritannien, sagte in einem

Interview des *Guardian*: »Wir möchten, dass die Mädchen das Leben der Bratz führen – die Wimperntusche verwenden, das Haarprodukt benutzen, die Grußkarte verschicken … Bei Bratz geht es um das reale Leben. Das muss so sein.«[1]

Als 2007 der Bratz-Film anlief, ging ich in mein Kino um die Ecke, wo sich ein Pulk von Mädchen zwischen vier und 14 Jahren, mit Leggings und Miniröcken, Ballerinas und Plateausandalen, Rattenschwänzchen und Schnittlauchlocken im Foyer drängte. Ich sprach zwei von ihnen an. Taylay und Bobbijo waren fünf und sieben Jahre alt und trugen Jeans-Miniröcke und Silberballerinas. Bobbijo besitzt 13 Bratz-Puppen, Taylay hat fünf. »Sie gehen zusammen aus«, erklärte mir Taylay. »Und wir ziehen ihnen coole Kleider an.« »Sie gehen gerne shoppen«, ergänzte Bobbijo. Eine andere Gruppe Mädchen – die 14-jährige Joanne und ihre Freundin Jade sowie Jades Schwestern Courtney, sieben, und Demi, vier – schloss sich uns an. Courtney trug ein dunkelrosa T-Shirt mit der Aufschrift »95 Prozent süß, 5 Prozent Pose«. Was wollten diese Mädchen einmal werden, wenn sie groß waren, wollte ich wissen. »Ich möchte genauso werden wie die Bratz«, sagte Courtney. Ich fragte sie, was das bedeute. »Ich möchte in Filmen auftreten. Ich möchte solche tollen Kleider tragen und so aussehen.« Der Film zeigte, wie die Bratz-Mädchen shoppen gingen, sich stylten, flirteten und eine Popgruppe gründeten, um ihre Schulkameraden zu beeindrucken. Nach der Vorstellung zeigten sich die meisten Mädchen angetan von dem Film. »Es ist wie echt«, urteilte Jade, »und hat auch Spaß gemacht.« Nur die vierjährige Demi war nicht recht überzeugt: »Ich wollte, dass sie ein Abenteuer erleben.«

Aber es sind nicht viele Abenteuer im Angebot. In der Hauptsache wird von einem jungen Mädchen erwartet, dass es für sein Äußeres bewundert werden will. Ich war erstaunt, dass trotz der recht simplen Story das Streben nach Unabhängigkeit und Selbstdarstellung den gesamten Film durchdringt. Das Lied der Black Eyed Peas am Ende des Films, »Express yourself« (etwa: Zeig, wer du bist), fordert Mädchen zu Unabhängigkeit und eigenständigem Denken auf, denn »jetzt bist du dran« und »du stehst an erster Stelle«: »Baby, leb dein Leben, denn jetzt wollen wir dich daran erinnern, dass niemand zweimal lebt … Zeig, wer du bist.«[2]

Der moderne Feminismus hat das Bekenntnis zur Selbstdarstellung in den Vordergrund gerückt. Feministinnen ermutigten die Frauen zur Abkehr vom Rollenbild der braven, sich für andere aufopfernden Frau, das während des gesamten 19. Jahrhunderts vorgeherrscht hatte, und forderten sie auf, sich auf ihre eigenen Wünsche und ihre Unabhängigkeit zu besinnen. Doch dieses Ziel der Unabhängigkeit und Selbstdarstellung wird jungen Frauen heute in der aufs Äußerste verengten Form des Konsumdenkens und der Selbstverdinglichung verkauft.

Die Ansicht, dass sogar kleine Mädchen durch die Vervollkommnung ihres Äußeren »sich selbst darstellen« wollen, bedeutet, dass schon von acht-, neunjährigen Mädchen erwartet wird, ihr Augenmerk und ihre Anstrengungen auf Diäten, Kosmetik und Shoppen zu richten. Die Ansicht, dass Mädchen schon früh das »Körperprojekt«, wie die amerikanische Autorin Joan Jacobs Brumberg es nennt, in Angriff nehmen sollten, findet zunehmend Verbreitung. Brumberg ist Historikerin und hat die Tagebücher junger Mädchen daraufhin untersucht, wie sich die Vorstellung von Selbstverwirklichung im Lauf der Zeit verändert hat. Sie kam zu folgendem Ergebnis: »Vor dem Ersten Weltkrieg erwähnten Mädchen nur selten ihren Körper im Zusammenhang mit Strategien der Selbstverwirklichung oder dem Ringen um persönliche Identität. Ein besserer Mensch zu werden bedeutete, dem eigenen Ich *weniger* Aufmerksamkeit zu widmen, andere mehr zu unterstützen und sich mehr Mühe mit lehrreicher Lektüre oder im Schulunterricht zu geben.« Wenn also Mädchen im 19. Jahrhundert über persönliche Weiterentwicklung nachdachten, dann bezog sich das auf ihren Charakter und dessen Widerspiegelung in ihrem Verhalten nach außen. »1892 lasen sich die persönlichen Vorsätze einer Jugendlichen wie folgt: ›Entschlossen, nicht über mich selbst oder Gefühle zu reden. Vor dem Sprechen zu denken. Ernsthaft zu arbeiten. Im Reden und Handeln selbstbeherrscht zu sein. Meine Gedanken nicht abschweifen zu lassen. Würdevoll zu sein. Mehr auf andere einzugehen.‹« Ein Jahrhundert später dachten Mädchen Brumbergs Befunden zufolge ganz anders über persönliche Weiterentwicklung. Brumberg zitiert aus einem typischen Tagebucheintrag heutiger Mädchenjahre: »›Ich werde versuchen, mit Hilfe meines Taschen- und Babysittergeldes auf jede nur mögliche Weise besser zu werden. Ich werde abnehmen, neue Kontaktlinsen kaufen, hab schon einen neuen Haarschnitt, gutes Make-up, neue Kleider und Accessoires.‹«[3]

Dieser Wandel schlägt sich nicht nur in Tagebüchern nieder. Überall in unserer Kultur wird ständig suggeriert, der weibliche Weg zur Selbstverwirklichung führe einzig und allein über die Vervollkommnung des Körpers. Das reicht von Fernsehsendungen nach dem Motto »Vom hässlichen Entlein zum prächtigen Schwan« oder den diversen *Next-Top-Model*-Ausgaben bis zu Zeitschriften, die schon Leserinnen im Grundschulalter auffordern, sich für eine Umgestaltung ihres Typs zu bewerben. Der Imperativ lautet, sich nicht durch intellektuelles oder emotionales Wachstum weiterzuentwickeln, sondern durch eine »Überarbeitung« des Körpers. Diese Medien suggerieren jungen Mädchen, dass gutes Aussehen und nicht gute Taten ein gutes Leben ausmachen.

Was diese Botschaften besonders verführerisch für junge Frauen macht, ist, dass sie die Sprache von Emanzipation und Gleichberechtigung benutzen. So reden Modeexpertinnen Mädchen ein: »Wir zeigen dir, wie du zum Star deiner eigenen Show wirst«[4], während Diätgurus mahnen: »Akzeptiere dich selbst, trage den Kopf hoch und denke immer daran, wer hier das Sagen hat – du wirst es schaffen«[5], und Ratgeber wie *The Girls Book of Glamour* behaupten: »Sei selbstbewusst, sei toll, sei glamourös.«[6] Die Psychoanalytikerin Susie Orbach, die 1979 das einflussreiche *Antidiätbuch* veröffentlichte, befasste sich in ihrem jüngsten, 2009 erschienenen Buch *Bodies* erneut mit dem Verhältnis von Frauen zu ihrem Körper.[7] In einem Interview beschrieb Orbach, wie Frauen mittels einer Rhetorik der Macht dazu angespornt werden, nach körperlicher Vollkommenheit zu streben: »Es geht darum, das Gefühl der Machtlosigkeit in ein Gefühl von Macht zu verwandeln. Statt dich selbst als Opfer zu fühlen, entwickelt sich in dir der Gedanke: ›Oh, das ist eine echte Chance! Ich könnte es diesmal schaffen!‹«

Wenn ich auf dieses Phänomen aufmerksam mache, will ich damit keinesfalls sagen, dass junge Mädchen jeglichem Narzissmus abschwören sollten. Früher sahen Feministinnen häufig nur die negativen Seiten der Schönheits- und Modebranche. Ich bin immer noch überzeugt, dass all das auch viel Spaß machen kann, und wenn ich meiner Tochter dabei zusehe, mit welcher Hingabe sie in ihrer Verkleidungskiste kramt und sich erst von einer Katze in eine Meerjungfrau und dann in eine Kriegerprinzessin verwandelt, dann kann ich voll und ganz nachfühlen, welches Vergnügen äußerliche Verwandlung macht. Und wenn sie älter wird, macht es mir bestimmt Spaß mitanzusehen, wie sie die Freuden der Mode und Kosmetik entdeckt. Doch es besteht ein großer Unterschied zwischen dem Spaß an solchen Aktivitäten und der Überzeugung, der einzige Weg zu

Selbstvertrauen und Macht liege für eine Frau in unablässiger Wachsamkeit ihrem Körper gegenüber.

Wäre das Interesse an Mode und Schönheit spielerischer und freudvoller, wäre auch das Schönheitsideal für junge Mädchen vielleicht nicht so gnadenlos. Britischen Umfragen zufolge sind fast drei Viertel aller Mädchen unzufrieden mit ihrem Körper, und mehr als ein Drittel hält Diät.[8] Eine Studie ergab, dass sogar unter den Elfjährigen eine von fünf versucht abzunehmen,[9] eine andere, dass die meisten Sechsjährigen gerne dünner wären, als sie sind.[10] Es ist oftmals schockierend, wie eng die körperlichen Ideale definiert sind, die jungen Frauen vorgehalten werden. Seit meiner Kindheit liebe ich Illustrierte; ich fing an mit *Jackie* und stieg dann über *19* zu *Elle* und *Vogue* auf, doch wenn ich mir heute Zeitschriften für junge Mädchen anschaue, stelle ich eine deutliche Veränderung fest. Die Postillen, die ich in der Schule las, waren alles andere als feministische Kampfblätter, doch sie füllten wenigstens nicht wie die heutigen Mädchenmagazine Seite um Seite mit teuer ausstaffierten und geschminkten Mädchen, die magere, makellos geschönte Körper zur Schau stellen. Sie trichterten ihren Leserinnen nicht so penetrant die Botschaft ein, einer Riege von Promis nachzueifern, deren puppenhaftes Äußeres als Kult und deren strenge körperliche Disziplin als erstrebenswert hingestellt werden. Sie sezierten nicht so bösartig die Fehler anderer Frauen wie die heutigen Zeitschriften mit ihren peinlichen Paparazzifotos von moppelig gewordenen oder ungünstig angezogenen Promis. Und sie erwähnten nicht ein einziges Mal die Schönheitschirurgie als Mittel der Selbstvervollkommnung.

Die kosmetische Chirurgie erlebte in den letzten Jahren durch den Aufstieg von Stars wie Victoria Beckham oder Jordan, die so offensichtlich auf Nadel und Messer vertrauen, einen Boom. Angeheizt wird der Trend durch einschlägige Fernsehsendungen über Schönheitskliniken wie *10 Years Younger* oder *Extrem schön – Endlich ein neues Leben*, die eine Operation als einfache Reparatur eines vermeintlichen Makels anpreisen. Diese Serien argumentieren auch mit Entscheidungsfreiheit. Einer der Schönheitschirurgen, der gerne in solchen Sendungen aufzutreten pflegt, bringt das so auf den Punkt: »Was ist falsch an der Schönheitschirurgie? Das ist eine Frage der freien Entscheidung.«[11] Welchen Einfluss dieser Trend auf junge Frauen hat, lässt sich daran ermessen, dass heutzutage sogar Teenager in kosmetischen Operationen ein Mittel gegen ihre körperbezogenen Ängste sehen. Einer 2006 durchgeführten Studie zufolge erwog eines von vier 16-jährigen Mädchen eine Schönheitsoperation.[12]

Die Macht dieses Körperprojekts hängt eindeutig mit der Sexualisierung von Frauen zusammen. Natürlich sind sowohl junge Mädchen als auch reife Frauen sexuelle Wesen, und es ist gut, dass junge Mädchen nicht mehr die Scham und die Verlegenheit zu durchleiden brauchen, die früher mit sexuellen Empfindungen einhergingen. Doch die Befreiung, die nach den Vorstellungen der Frauenbewegung eine offene Anerkennung der Sexualität von Mädchen mit sich bringen sollte, hat sich heute in etwas weitaus weniger Rückenstärkendes verwandelt. Es besteht zwar ein echtes und verständliches Tabu um die sexuelle Betätigung Minderjähriger, doch paradoxerweise lastet auf Mädchen ein ganz realer Druck, sich schon in frühem Alter als sexuell attraktiv darzustellen. Auch wenn Entscheidungsfreiheit das Credo dieser Generation ist, hat sich das Spektrum der weiblichen Charaktere und Rollenmodelle für junge Mädchen in Wirklichkeit verengt. In der gesamten Massenkultur drohen sexualisierte Bilder junger Frauen alle anderen Frauenbilder zu erdrücken.

Selbst die Heldinnen einer sehr kindlichen Kultur nehmen

allmählich ein sexualisiertes Aussehen an. Vergleicht man beispielsweise Disneys Schneewittchen von 1937 mit dem 1950 entstandenen Aschenputtel, bewegt man sich von einem jungen Mädchen in einem hochgeschlossenen Kleid zu einer barbiefizierten Blondine. Geht man jedoch von der 1989 erfundenen Arielle zu der 1992 erschaffenen Jasmin weiter, ist der Typ sehr viel übertriebener erotisch geworden. Arielle und Jasmin haben offensichtlich geschminkte Gesichter und knappe Kostüme, die sehr viel von ihrem hervorstehenden Busen zeigen. Als meine Tochter sechs Jahre alt war, gehörten bei ihr und ihren Freundinnen zu den äußerst beliebten Figuren – Heldinnen, deren DVDs ausgetauscht und deren Abenteuer auf dem Spielplatz nachgespielt wurden – die Mädchen von W.I.T.C.H, fünf Schulmädchen mit Zauberkräften. Diese von Disney vermarktete TV-Serie kommt recht unschuldig daher, und tatsächlich bestehen die Mädchen wenigstens echte Abenteuer voll Zauberei und Dramatik, in denen Mut und Kameradschaft eine große Rolle spielen. Doch in dem Augenblick, da sie sich in ihr magisches Pendant verwandeln, nehmen sie auch eine absurd sexualisierte Gestalt an – ihnen wachsen Brüste und sie sausen in bauchfreien Tops und Miniröcken herum. Ich habe die Sendungen gemeinsam mit meiner Tochter und ihren Freundinnen angeschaut – mit Befremden und Verständnislosigkeit. Warum müssen diese Mädchen aussehen wie Lara Croft, um für Sechsjährige attraktiv zu sein?

Vielen Eltern mögen diese erotisch aufgeladenen Heldinnen auffallen, doch sie glauben vielleicht, dass es daneben immer noch eine Vielzahl anderer weiblicher Identifikationsmuster für unsere Töchter gibt. In der Tat existieren Alternativen, wenn man danach sucht. Doch die klugen, mutigen, körperlich unbefangenen Heldinnen sind oft nicht leicht zu finden, während das eingeengte Spektrum der Massenkultur immer mehr in den

Vordergrund tritt. Die folgenden Zahlen beispielsweise fand ich sehr erschütternd: In den 101 kommerziell erfolgreichsten US-amerikanischen Familienfilmen von 1990 bis 2004 waren 75 Prozent der mehr als 4000 darin auftretenden Figuren männlich, 83 Prozent der Komparsen waren männlich, 83 Prozent der Erzähler waren männlich und 72 Prozent der Figuren mit Sprechtext waren männlich. An diesen Zahlen änderte sich in dem untersuchten Zeitraum wenig. Der Psychologenverband American Psychological Association kommentierte diese Untersuchung wie folgt: »In dieser krassen Unterrepräsentation von Frauen oder Mädchen in Filmen mit familienfreundlichem Inhalt spiegelt sich eine versäumte Gelegenheit, ein breites Spektrum von Mädchen und Frauen in nicht-sexualisierten Rollen darzustellen.«[13] In diesem Kontext, in dem eine derart schmale Bandbreite weiblicher Figuren zur Identifikation zur Verfügung steht, wirkt sich die Sichtbarkeit erotisch aufgeladener Heldinnen – wie den Bratz oder den Mädchen von W.I.T.C.H. – unverhältnismäßig stark aus.

In ähnlicher Weise tragen die DVD- und Computerspiele für Kinder zu einer Weltsicht bei, in der Mädchen sexy sein müssen, um überhaupt wahrgenommen zu werden. Eine neuere wissenschaftliche Analyse von Videospielfiguren aus führenden amerikanischen Spielemagazinen ergab, dass männliche Figuren häufiger als weibliche als aggressiv (83 Prozent gegenüber 62 Prozent) und weibliche Figuren in weit höherem Maße als männliche sexualisiert dargestellt werden (60 Prozent gegenüber einem Prozent)[14]. Aber man braucht sich nicht erst die Zahlen anzuschauen, um zu merken, welch verengtes Frauenbild Computerspiele vermitteln. Die Journalistin Jess McCabe, eine leidenschaftliche Computerspielerin, schrieb 2008 in einem Artikel: »Jeder, der regelmäßig Videospiele spielt, dürfte wissen, dass das Figurendesign einer der Bereiche ist, in denen die Geschlechterstereotype Amok laufen. Die meisten vorgefertigten Figuren sind weiß, männlich und muskulös. Weibliche Figuren sind sehr dünn gesät, und wenn doch einmal welche auftauchen, sind sie gewöhnlich stark sexualisiert oder passiv oder beides. Die Spielekonstrukteure scheinen einfach außerstande zu sein, über aufgeblasene Brüste hinauszudenken.«[15]

Der sexuelle Inhalt des von der Musikindustrie produzierten Bildmaterials ist genauso verblüffend. In einer neueren Analyse populärer Musikvideos fanden Forscher sexuelle Bilder, gewöhnlich sehr aufreizend tanzende Frauen, in 84 Prozent der Videos. 71 Prozent der Frauen in den Clips tragen provokative oder kaum Kleidung, dagegen nur 35 Prozent der Männer.[16] Doch wiederum braucht man keine Zahlenspiele, um zu wissen, was man da in den Musikvideos im Fernsehen oder im Internet sieht. Die meiste Kritik an der Darstellung von Frauen in ihren Musikclips ernten die Hip-Hop-Musiker mit ihren immer wiederkehrenden Bildern von Frauen in Tangas. Am bemerkenswertesten ist jedoch, dass fast alle Sängerinnen, die von jungen Mädchen bewundert werden sollen, von Girls Aloud bis Britney Spears, massiv auf ihre erotische Ausstrahlung, ihre vulgäre Aufmachung und ihre anzüglichen Tanzbewegungen setzen. Ob junge Mädchen nun Cheryl Cole in Strümpfen und Korsett in ihren Musikvideos oder Beyoncé in einem Leder-Catsuit auf einer Pepsi-Werbung oder Britney Spears in Netzstrumpfhosen und Hotpants sehen, ihre Verehrerinnen lernen schnell, dass Musikerinnen sich an ein enges Bild weiblicher Sexualität anpassen müssen, wenn sie gehört und gesehen werden wollen.

Von den jungen Mädchen wird aber nicht nur eine Zuschauerinnenrolle erwartet, sie sollen sich auch selbst so früh wie möglich in ähnlicher Weise darstellen. Die sozialen Online-Netzwerke, die wesentlich zum Leben fast aller jungen Frauen dazugehören, beruhen auf sorgfältiger Selbstdarstellung, und diese entspricht oft einer Ästhetik, die vorgeformt ist von den semipornographischen Bildern, auf die die Teilnehmerinnen andernorts treffen. »Sie machen alle gegenseitig Fotos von sich«, erzählte mir die Mutter einer Halbwüchsigen, »und allzu oft sind es diese sehr erotischen, provokativen Fotos. Diese elf-, zwölfjährigen Mädchen – plötzlich sehen sie aus wie Sechzehnjährige, die sich selbst zum Sex anbieten.«

Viele Modemarken für junge Mädchen leisten diesem Trend zu erotischer Aufmachung Vorschub. Ein englisches Modelabel bot beispielsweise einen Rüschenminirock für Elfjährige mit dem Aufdruck »Golddigga« (etwa: nur aufs Geld aus) quer über dem Po an; in der Anzeige trug ihn ein Teenager in Stöckelschuhen, eine Hand auf der Hüfte, Kussmund in Richtung Kamera.[17] Eines der auffälligsten Anzeichen für die wachsende Akzeptanz der Sexualisierung junger Mädchen ist der neue Gebrauch des Playboy-Logos, das einmal das Symbol des sexuell erfahrenen Mannes war. Heute ziert es die Federmäppchen und Radiergummis junger Mädchen, die wissen, dass der Marke etwas Anstößiges anhaftet, aber ermutigt werden, sich auf deren provokative, vermarktbare Sexualität einzulassen. Schreibwarengeschäfte verkaufen alles Mögliche vom Federmäppchen bis zum Notizbuch mit dem Playboy-Logo darauf. Während es viele Eltern beunruhigt, dass ihre Töchter von einer Marke verführt werden, die für den Verkauf pornographischer Frauenabbildungen steht, lassen sich die Teenager darauf ein, weil diese Marke etwas Erstrebenswertes suggeriert. »Ich mag die Marke, weil sie edel ist«, erklärte die vierzehnjährige Tatiana der Journalistin Rachel Bell. »Das gibt dir das Gefühl, dass du was wert bist.«[18]

Gegenwärtig mehren sich Anzeichen echter Wut über diese Sexualisierung junger Mädchen. So gab es Wellen der Empörung, als eine britische Supermarktkette auf der »Spielzeugabteilung« ihrer Website eine Poledance-Stange offerierte,[19] als ein Laden wattierte BHs und Reizwäsche für unter Zehnjährige anbot[20] oder ein anderer T-Shirts mit dem Aufdruck »So viele Jungs, so wenig Zeit« für Mädchen unter sechs.[21] Ein jähes Unbehagen war auch zu spüren, als sich ein 15 Jahre alter Star halbnackt und in einer aufreizenden Pose für eine bestimmte Zeitschrift fotografieren ließ.[22] Doch obwohl sporadisch Bedenken angesichts dieser umfassenden Sexualisierung junger Mädchen geäußert werden, erhebt sich nirgends wirklich entschlossener Widerspruch. Meiner Einschätzung nach liegt das daran, dass diese Entwicklungen genau wie die Sexualisierung von Frauen häufig als Ergebnis von bewussten Entscheidungen statt von Ausbeutung gedeutet werden. Was jedoch die Sexualisierung junger Mädchen betrifft, so scheint die Argumentation der Entscheidungsfreiheit besonders unangebracht. Bei Mädchen, die noch herauszufinden versuchen, welches Verhalten ihnen Billigung und Bewunderung einträgt, dürfte die alleinige Ausrichtung ihrer Energien auf ihre körperlichen Reize die Bandbreite ihrer Alternativen eher verengen als erweitern.

Manche jungen Frauen macht es zum einen wütend, dass die Kultur um sie herum Frauen in erster Linie nach ihrer sexuellen Attraktivität bewertet, und zum anderen, dass diese Wut nicht umfassender wahrgenommen und unterstützt wird. Vereinzelt jedoch dringen ihre Stimmen durch. Beispielsweise schickte mir eine junge Frau namens Carly Whiteley eine E-Mail, nachdem sie einen Artikel gelesen hatte, in dem ich mich kritisch mit Männermagazinen auseinandergesetzt hatte. Sie war zu der Zeit 17 Jahre alt, und sie schrieb mir Folgendes: »Ich möchte Ihnen einfach nur danken. Ich war schon fast so weit zu glauben, es sei Zeit, aufzugeben und stumm dabeizusitzen, wenn meine Freunde einen Porno einlegten und losblökten, welches blonde, aufgestyle Stück Plastik diese Woche in *Nuts* war. Was Sie geschrieben haben, hat mir den Willen zurückgegeben, nicht vor all dem zu kapitulieren. Es ist gut, dass noch jemand das sagt, so komme ich mir nicht mehr vor wie eine prüde Irre, haha. Machen Sie weiter so.«

Carly und ich setzten das Gespräch per E-Mail fort, und eines Tages fuhr ich in ihre Heimatstadt, um sie zu besuchen. Am Bahnhof erwartete mich eine zierliche junge Frau mit einer lila Strähne im blonden Haar und einem silbernen Nasenstecker. Wir gingen durch die Stadt und suchten uns einen Ort, an dem wir ungestört reden konnten. Bei einem Orangensaft sprach sie ruhig, aber bestimmt und führte mich ein in die einsame Welt einer jungen Frau, die sich nicht auf die *Nuts*-Kultur in einer offenbar irre gewordenen Welt einlässt.

Seit sie elf ist, spürt Carly die Tyrannei einer Kultur, die Frauen und Mädchen nach ihrer sexuellen Attraktivität beurteilt. Sie weiß noch genau, wann und wie dieser Terror einsetzte. Es geschah mit dem Übergang von der Grund- in die weiterführende Schule. »Ich erinnere mich noch genau an meinen ersten Tag auf der höheren Schule«, berichtete sie mit einer Aufwallung von Zorn. »Alle Mädchen kamen plötzlich in kurzen Röcken und Make-up, nur ich trug immer noch Hosen und T-Shirt. Sofort bekam ich Ärger mit Jungs und Mädchen. Die Jungs gingen mir oft nach und spuckten mir in die Haare.« Sie vermutet den Grund für diese Schikanen darin, dass sie nicht bereit war mitzuspielen. »Sie haben nicht gesagt, dass es deswegen war weil ich mich nicht an das ganze sexuelle Zeugs angepasst habe, aber ich glaube, dass das nicht bewusst abläuft – es ist einfach so, dass wenn alle anderen Mädchen rumlaufen wie Achtzehnjährige, in Miniröcken und geschminkt, und ich nicht, dann passe ich nicht dazu, und sie wussten einfach, dass das nicht ging.«

Als Carly 13 war, zogen ihre Eltern nach Spanien, wo sie ein paar Jahre auf eine internationale Schule ging. Sie fühlte sich dort nach ihren eigenen Angaben sehr wohl, weil der Gruppendruck viel geringer war und sie zum ersten Mal eine gleichgesinnte Freundin fand. Doch als ihre Eltern nach England zurückkehrten und Carly eine Alternative kennengelernt hatte, wollte sie nicht zurück an ihre alte Schule. Dort war es in ihrer Abwesenheit noch schlimmer geworden. Also beschloss sie, sich selbst weiterzubilden, zu Hause. Mit 17 begann sie als Gärtnerin zu arbeiten und will nun Garten- und Landschaftsbau studieren. Sie wird zweifelsohne ihren Weg machen, aber ist es nicht eine unglaubliche Vergeudung der Jugend dieses Mädchens, dass es seine Schulbildung abbrechen musste, weil es dem Druck seiner Altersgenossen nicht standzuhalten vermochte?

Dieser Druck auf junge Frauen wie sie selbst geht Carlys Ansicht nach unmittelbar von der Magazin-, Model- und Musikbranche aus, die so begierig darauf ist, Frauen zu Objekten zu machen. »Das fängt ganz früh an«, meinte sie. »Ich weiß noch, als ich elf oder zwölf war, ging ich mal mit meiner Freundin zu ihrem Freund nach Hause – er war älter als wir –, und er guckte Pornos auf seinem Computer. Und dann hatte er immer so Zeug wie *FHM* daheim. Aber es ist überall. Ich meine, wenn man den Fernseher einschaltet, dann tanzen in jedem zweiten Musikvideo halbnackte Frauen rum. Es ist, als ob man keine Wahl hätte – man hat das Gefühl, dass man, wenn man erwachsen wird, sich so anziehen, sich so benehmen muss –, dass es gar keine andere Verhaltensmöglichkeit gibt.«

»Es ist, als ob man keine Wahl hätte.« Das war meines Erachtens der Kernpunkt von Carlys Erfahrungen. Die hypersexualisierte Kultur wird zwar ständig mit dem Hinweis auf die Entscheidungsfreiheit entschuldigt, doch junge Frauen erleben sie nicht unbedingt so. »Alles wird zu einem einzigen Zweck benutzt«, klagte Carly. »Es gab mal die Vorstellung, man könnte sich alternativ, unabhängig kleiden.« Aber Carly stellte fest, dass sie selbst dann, wenn sie sich so anzieht wie heute – weite Kampfanzughosen und schwarzes Top mit tiefem, rundem Ausschnitt, dazu ein silberner Nasenstecker –, damit kein Alternativsein mehr andeuten kann. »Ich drücke mich gerne aus in dem, was ich anziehe. Aber jetzt – jetzt gibt es diese neue Trash Society, die alternative Mädchen in Clubs schickt, wo sie Poledance machen und alles. Sie haben sich genommen, was die Alternativszene bot, und es einfach einverleibt. Ich bin neulich im Zug mit einem Typen ins Gespräch gekommen – es war cool, wir redeten über alles Mögliche, wissen Sie, über Gott und die Welt. Dann erwähnte ich, dass ich einen Job suche, und er sagte, du solltest Trash-Society-Mädchen werden. Als ob das ein Kompliment gewesen wäre: Du solltest deinen Busen herzeigen. Gibt es denn nichts anderes, was ein Mädchen tun darf?«

Der Zorn der jungen Frau war ansteckend. Für sie war das Gespräch ganz klar ein Ventil; endlich konnte sie ihrer schwelenden Wut Luft machen, denn in ihrem Freundeskreis konnte sie über diese Gefühle nicht sprechen. »Ich versuche es unter dem Teppich zu halten«, sagte sie. »Ich glaube, meine engen Freunde wissen, was ich denke, aber es wäre ihnen zu viel, wenn ich es aussprechen würde.« Carlys Schwestern haben sich beide im Glamour Modeling versucht, ebenso wie Freundinnen, die sogar in Pornofilmen mitwirkten. Mit anderen Worten, sie kennt kaum Frauen ihres Alters, die dem Einfluss der hypersexualisierten Kultur Widerstand geleistet hätten, und sie hat den Eindruck, in ihrem Umfeld gibt es keine Alternativen.

Carly ist sich schmerzlich bewusst, dass der Sexualisierungsdruck heute auf immer jüngeren Mädchen lastet. »Ich war neulich auf einer Website, dontstayin, und da war ein Bild von einem sehr jungen Mädchen, einem kleinen Mädchen im Schlafanzug, mitten in einem sexy Foto von Frauen in Dessous, die ihren Busen rausdrückten und ein Gewehr hielten. Es sollte ironisch sein, doch es ist einfach nur schockierend, dieser Druck auf junge Mädchen. Man schaue sich nur die Band Pussycat Dolls an – die Zielgruppe sind Kinder, es ist grotesk. Ich habe kleine Mädchen gesehen, fünf, sechs, die diese Lieder singen, sie wissen gar nicht, was sie da singen.« Carlys Nichte war damals erst vier und ahmte schon die Kultur um sie herum nach. »Sie steht auf Make-up, sie macht die Frauen nach, die sie bei der Castingshow *X-Factor* sieht. Das ist das einzige Ideal, das Mädchen noch bleibt.«

Während Carly lediglich eine unzufriedene Stimme darstellt, äußerten viele Erwachsene, die mit kleinen Mädchen arbeiten, in Gesprächen mit mir ähnliche Ansichten. Rachel Gardner beispielsweise macht Jugendarbeit in Harrow im Nordwesten von London, wo sie auch wohnt. Sie ist eine engagierte, redegewandte junge Frau in den Zwanzigern. Zu unserem Treffen kam sie modisch gekleidet in eine helle Tunika über hautengen Jeans. Sie betrachtet sich als Feministin. »Als Mädchenpower aufkam – das hat mir sehr gefallen«, erzählte sie. »Ich habe das für einen tollen Spaß gehalten – aber dann sah ich nach und nach eine andere, negative Seite davon. Ich veranstaltete in den 1990ern eine Kinderdisco in der örtlichen Kirchengemeinde, und eines Tages kam ein neunjähriges Mädchen, ich sehe es noch genau vor mir, in einem schwarzen Minirock, trägerlosem, bauchfreiem Top, mit hohen Stiefeln und dick geschminkt. Eine Neunjährige so zu sehen, ein Kind in der Aufmachung einer Frau, mit noch kindlichem Körper, das schockierte mich.« Wie Rachel sich erinnerte, sprach sie die Mutter an, als sie das Kind abholen kam. »Ich sagte: ›Ich möchte nur eine kritische Bemerkung darüber machen, was Ihre Tochter heute anhat, weil ich glaube, dass es heute Abend die Aufmerksamkeit der Jungen auf sich gelenkt hat, und ich nicht glaube, dass Ihre Tochter damit umgehen kann.‹ Ihre Mutter sagte ›Sehen Sie mal, ich trage so was schließlich auch‹, und ich sagte, ›ja, aber Sie sind erwachsen.‹ Für mich war es wie ein Schlag in die Magengrube, dass sie überhaupt nicht merkte, dass ihre Tochter damit nicht genauso umgehen konnte.«

Wie Rachel andeutete, mögen zwar erwachsene Frauen die hypersexualisierte Kultur in ihrem Umfeld durchaus im Zusammenhang mit Befreiung und Emanzipation sehen, doch von halbwüchsigen Mädchen lässt sich das schwerer behaupten. Es hat sicherlich nichts Befreiendes für Mädchen an der Schwelle zur Welt der Sexualität, wenn sie einzig und allein als Sexualobjekte gesehen werden. Möglicherweise trägt eine derartige Kultur eher dazu bei, dass viele junge Frauen heute immer noch glauben, über ihre ersten sexuellen Erfahrungen nicht selbst bestimmen zu können. 2006 führten die britische Kinderschutzorganisation National Society for the Prevention of Cruelty to Children (NSPCC) und die Teeniezeitschrift *Sugar* eine Leserbefragung durch. Dabei stellte sich heraus, dass fast die Hälfte der befragten Mädchen gegen ihren Willen an Busen oder Po begrapscht worden war. Mehr als die Hälfte der Mädchen, die Opfer unerwünschter sexueller Berührungen geworden waren, hatte diese mehr als einmal erlebt. Nach solchen Erfahrungen fühlten sich die Mädchen beschmutzt (47 Prozent), beschämt oder schuldig (39 Prozent), besorgt oder verunsichert (36 Prozent), wütend (34 Prozent), ohnmächtig (30 Prozent) und verängstigt (27 Prozent). Es spricht Bände, dass 200 Jahre nach dem Entstehen des Feminismus noch so viele junge Frauen erleben müssen, dass ihre frühen sexuellen Erfahrungen von negativen Gefühlen wie diesen begleitet sind.[23]

Sexuelle Belästigungen von Schulkindern nehmen zu. Michele Elliott von Kidscape, einer britischen Kinderschutzorganisation, erklärte kürzlich, dieses Problem habe sich deutlich verschärft. »In den vergangenen vier oder fünf Jahren gingen beim Kidscape-Notruf vielleicht ein oder zwei Anrufe im Jahr wegen sexueller Übergriffe ein, doch jetzt bekommen wir zwei bis drei Anrufe die Woche«, klagte sie 2009 in einer BBC-Dokumentation.[24] Manche Mädchen wissen recht genau, dass die Zunahme sexueller Belästigungen daraus resultiert, dass sie immer mehr als Sexualobjekte gesehen werden. Viele junge Frauen erzählten mir Geschichten wie die von der heute siebzehnjährigen Janine. Wie mir das Mädchen berichtete, brachten die Jungen an ihrer Schule etwa ab einem Alter von 13 Jahren Pornographie mit in die Schule – auf Handys oder als Computerausdrucke. Sie meinte, die Jungen würden dies benutzen, um die Mädchen zu provozieren und zu schikanieren. Auf meine Frage, was die Lehrer dagegen täten, erwiderte sie: »Sie sagen, macht das hier nicht, sie würden es wegnehmen, wenn sie es sehen. Doch wir haben nie darüber gesprochen, es war, als ob ihnen das Ganze ein bisschen peinlich wäre, was es für uns noch peinlicher machte. Wenn die Jungs dich also anfassten oder dich wegen deines Busens hänselten, dann hast du dich sowieso nicht mehr getraut, deswegen zum Lehrer zu gehen. Du hast einfach gelernt, hier reden wir nicht drüber.«

Die häufig vertretene Meinung, Frauen hätten sich mit sexueller Belästigung schlicht und einfach abzufinden, bestätigten mir andere Frauen, die damit zu tun bekommen. Hannah White leitet ein Projekt der Frauen- und Entwicklungshilfeorganisation Womankind Worldwide gegen sexuelles Mobbing. Sie erklärte mir: »Ich würde nicht sagen, dass das etwas Neues ist, ich glaube, Jungen haben sich schon immer so aufgeführt. Aber ich würde sagen, es ist in dieser Generation so sehr zur Normalität geworden, dass es sehr schwer ist, dagegen vorzugehen.« Die neuen technischen Möglichkeiten der Verbreitung sexualisierter Bilder von jungen Mädchen haben eine solche Entwicklung erst ermöglicht und machen eine Eindämmung auch so schwer. So bezeugt die Zunahme des »Sexting« – das Verschicken erotischen Materials per Handy – den traurigen Umstand, dass aus der Sexualisierung junger Mädchen häufig die Beschämung junger Mädchen wird. Helen Penn vom Child Exploitation and Protection Centre berichtete 2009 der BBC: »Wir bekommen zunehmend Meldungen, dass weibliche Jugendliche vor der ganzen Schule tyrannisiert, beschimpft und gedemütigt werden.«[25]

Solche Berichte belegen, dass die Sexualisierung junger Frauen in einer Welt stattfindet, in der immer noch das alte Machtgefälle wirkt, und zwar oftmals in brutaler Weise. 2009 brachte die NSPCC gemeinsam mit Forschern der Universität Bristol wirklich erschütternde Tatsachen über die sexuellen Erfahrungen junger Frauen ans Licht. Eine Befragung junger Leute zwischen 13 und 17 Jahren ergab, dass neun von zehn eine intime Beziehung gehabt hatten und dass dabei ein Drittel der Mädchen sexuelle Gewalt seitens ihres Partners erlebt hatte.[26]

Manche Erwachsene, die Mädchen vor sexueller Belästigung und Gewalt schützen wollen, dürfte es verwirren, dass die Mädchen offenbar zuweilen selbst an ihrer eigenen Sexualisierung mitwirken. Bei einem kürzlich angelaufenen Prozess gegen drei Jungen, die der Vergewaltigung zweier Mädchen im Teenageralter angeklagt waren, argumentierte die Verteidigung, man müsse berücksichtigen, dass Mädchen heutzutage den erotisch aufgeladenen Bildern in Medien und Mode nacheifern wollten. »Ich fürchte, die kalte, harte Realität ist, dass die Dinge nicht mehr so sind wie früher«, sagte die Verteidigerin Sheilagh Davies. »Die für junge Mädchen angebotene Kleidung ist sehr provokant. Mädchen ab acht Jahren stehen unter dem Druck, diese bauchfreien Outfits, diese hautengen, hüfttief geschnittenen Jeans zu tragen. Sie lernen, sexuell attraktiv zu sein, vielleicht vorzeitig. Es geht nach dem Motto ›Probieren wir's mal, machen wir so weiter.‹ Ich fürchte, die Medien vermitteln uns, dass manche Mädchen tatsächlich mitspielen, vielleicht um Aufmerksamkeit zu gewinnen, vielleicht um Zuneigung zu gewinnen, und ganz willig mitmachen.«[27] In der Verwechslung von sexueller Befreiung mit sexueller Verdinglichung wurzelt die Gefahr, dass junge Mädchen nicht mehr als schutzbedürftig gegenüber unerwünschter Aufmerksamkeit und sogar Übergriffen gelten.

Ginge es bei dieser frühen Sexualisierung junger Frauen um ihre Befreiung und hätten sie sie in der Hand, würden nicht so viele Frauen die Art ihrer ersten sexuellen Erfahrungen bereuen. Doch in dem Maße, wie die Anzahl der schon früh sexuell aktiven Mädchen gestiegen ist, nahm auch die Zahl derer zu, die mit Bedauern zurückblicken. 80 Prozent der Mädchen, die mit 13 oder 14 Jahren Geschlechtsverkehr hatten, gaben in einer 2000 durchgeführten Befragung an, dies zu bereuen; 1990 waren es nur 50 Prozent gewesen.[28] Da eines von vier Mädchen vor dem 16. Geburtstag Sex hat, kommt da ziemlich viel Reue zusammen. Rachel Gardner versucht mit ihrem Projekt Romance Academy Mädchen und Jungen zu einer kritischen Haltung zu befähigen. In dieser »Liebesakademie« sollen junge Leute gemeinsam eine alternative Vorstellung von Intimität erarbeiten. »Ich spreche nicht von Enthaltsamkeit«, betont Gardner, »das hat einen so negativen Beiklang. Wir sprechen über den Aufschub sexueller Erfahrungen.« Enthaltsamkeit weckt in der Tat sehr negative Assoziationen. Alle Stimmen, die in jüngerer Zeit Einwände gegen unsere hypersexualisierte Kultur erhoben, kamen im Allgemeinen von der religiösen Rechten, was es Liberalen erschwert, in dasselbe Horn zu stoßen.

Eine Teilnehmerin der Romance Academy erklärte sich zu einem Gespräch mit mir bereit. Wir trafen uns in einem Café in Harrow. Grace ist eine gesprächige junge Frau, die mit 14 zum ersten Mal Verkehr hatte; sie war zuvor drei Monate mit ihrem Freund zusammen gewesen. Heute, mit 18, hat sie einige Sexualpartner gehabt, sagt aber nicht, wie viele genau. Sie wünscht sich, sie hätte nicht so früh und nicht mit so vielen Partnern Sex gehabt. »Es gehört heute dazu, so jung schon Sex zu haben. Die meisten meiner Freunde hatten im selben Alter Sex. Der Druck ist da, weil du so durcheinander bist. Du glaubst, alle anderen sind es auch. Wenn ich heute zurückblicke, denke ich, das war zu jung, aber ich wusste nicht, dass ich noch nicht dafür bereit war.«

Grace empfand auch den von den Medien ausgehenden Druck. »Es wird so viel über Sex geredet. In diesen Zeitschriften – denen ist nicht klar, dass junge Mädchen Frauenzeitschriften lesen – du wirst damit zugeschüttet – zehn Tipps für guten Sex, alles sagt dir, dass du es tun sollst – selbst in den Jugendzeitschriften steht nichts, was dir sagt, tu es nicht, sei bei deinen Freunden einfach ein Teenager.« Doch sie erlebte auch sexuelle Übergriffe von Seiten ihrer Altersgenossen. »Ich würde es heute sexuelles Mobbing nennen, aber damals fehlten mir die Worte dafür. Auf diese Weise habe ich meine Jungfräulichkeit verloren, weil mein Freund immer darauf herumritt und seine ganzen Kumpel, und dann denkst du, na gut, ich sollte es tun. Es setzt dich unter Druck, manches von dem, was sie immer sagten, das war nicht schön, sie geben dir das Gefühl, nur ein Stück Fleisch zu sein. Sogar kleine Bemerkungen wie, na, treibst du's heut Abend, die geben dir kein gutes Gefühl, weil du verletzlich bist, es tut ein bisschen weh. Aber weil du jünger bist, gibst du keine Widerworte. In diesem Alter bist du eigentlich noch nicht mit Jungens befreundet, und für Jungen bist du so was wie ein Sexualobjekt.«

Grace beobachtete, dass anderen Mädchen in ihrem Umfeld

Ähnliches widerfuhr. Sie sah, dass der Druck sowohl von Mädchen als auch von Jungen ausgeübt wurde. »Meine Freundin, die war ein sehr liebes Mädchen, sie war nicht selbstbewusst bei Jungens und so, aber sie hatte einen Freund, und sie war nicht bereit, ihre Jungfräulichkeit zu verlieren, doch eine von unseren Freundinnen setzte sie unter Druck und sagte, wenn er es will, musst du es ihm geben, du bist ja frigide, und machte sie runter, weil sie nicht mit ihm schlief. Wenn du wirklich stark bist, wirst du als schwach gesehen, als ob was mit dir nicht stimmen würde.« Graces Ansicht nach hat die Unterstützung durch die Romance Academy ihr geholfen, selbstbewusst ihre Meinung zu äußern. »Heute gebe ich ihnen die richtige Antwort«, erklärte sie. »Ich sage, sie sollen das Maul halten, ich komme allein zurecht, aber das ist so, weil ich jetzt älter bin und die Academy mitgemacht habe. Das hat mir viel mehr Sicherheit darin gegeben, dass man keinen Sex haben muss und dass man stark sein kann, auch wenn man keinen Sex hat. Aber in der Schule war ich die Freundin, die dasaß und lächelte und kicherte. Ich hatte keine Stimme, um zu sagen, redet nicht so über mich. Ich wusste nicht, dass das nicht in Ordnung war. Ich wusste nicht, dass ich meine Meinung sagen konnte.«

Eine »Liebesakademie«, die junge Frauen dazu ermutigt, keinen Sex zu haben, mag so absurd wirken wie die Junioren-Anti-Sex-Liga aus George Orwells *1984*, doch an dem Konzept ist etwas Wahres dran: Mädchen brauchen wieder Führung und Leitung von ihren Altersgenossinnen oder Rollenmodellen, damit sie lernen, sich selbst nicht nur nach ihrer erotischen Ausstrahlung zu bewerten. Da ist es nicht mit noch mehr Sexualkundeunterricht für Kinder getan, wie ihn manche Feministinnen fordern. Wissen über die praktischen Details von Sex ist wichtig, aber wir müssen unseren Kindern auch die Werkzeuge an die Hand geben, die Kultur um sie herum in Frage zu stellen.

Das erfordert nicht nur, die im Klassenzimmer oder von den Eltern vermittelte Sachinformation zu verändern, sondern auch grundsätzlicher und breiter die Frage zu stellen, warum wir unsere Töchter zu der Annahme verleiten, ihr Wert hänge schon in so frühem Alter von ihren körperlichen Reizen ab, und warum ihnen so wenig Alternativen geboten werden. Feministinnen mag die Einsicht nicht leichtfallen, dass liberale Botschaften junge Frauen an der Schwelle zur Sexualität nicht in jedem Falle stark machen, doch es scheint so, als sei das, was früher einmal sexuelle Befreiung war, für junge Mädchen eher zu einem sexuellen Gefängnis geworden ist. Rachel Gardner drückt das so aus: »Einige Botschaften der sexuellen Befreiung haben es jungen Frauen in Wirklichkeit schwerer gemacht, zu sexueller Erfüllung zu finden. Je früher ein Mädchen sexuell aktiv wird, insbesondere wenn es eine negative Erfahrung ist, desto schwerer fällt es ihm herauszufinden, was Sexualität bedeutet, und desto wahrscheinlicher wird es, dass es sich selbst als Objekt sieht.«

Eine Welt, in der auf junge Mädchen solcher Druck ausgeübt wird, sich selbst nur nach sexueller Attraktivität zu bewerten, ist nicht das, was sich die Frauenbewegung für den Beginn des 21. Jahrhunderts vorgestellt hatte. Es ist schlimm, ein Mädchen wie Carly sagen zu hören, dass sie sich mit diesem Problem völlig alleingelassen fühlt. »Niemand spricht sich dagegen aus«, äußerte sie mir gegenüber mehr als einmal. Sie irrt sich darin, dass niemand seine Stimme erhebe, richtig jedoch ist, dass die Kritik oft abgewürgt und an den Rand gedrängt wird. In den Augen vieler junger Frauen, mit denen ich sprach, wird Kritik an dieser hypersexualisierten Kultur nur als Prüderie betrachtet, denn inzwischen wird Befreiung mit offen sexualisiertem Verhalten in einen Topf geworfen. »Wenn du sagst, dass dir das nicht gefällt, dann sagst du damit, dass du verklemmt und unattraktiv bist«, erklärte mir Carly. »Das ist das Problem. Niemand sagt, dass es ihm nicht gefällt, und wenn du es tust, dann hörst du dich an wie eine alte Oma – dann wirkst du wie ein alter Sack, der sagt ›Huch, ich finde nicht, dass du das tragen solltest, Liebes‹.« Wir brauchen das Rad nicht neu zu erfinden – der feministische Kampf gegen die Degradierung von Mädchen zu Sexualobjekten hat eine große Tradition. Wenn wir unseren Widerspruch wieder mitten hinein in die Gesellschaft tragen könnten, würde das den Mädchen, die einen anderen Weg einschlagen möchten, den Rücken stärken – Mädchen wie Grace oder Carly, die traurig zu mir sagten: »Es gibt keine Alternativen. Niemand sagt etwas dagegen. Du bist bloß ein Sexobjekt, und dann bist du Mutter, und das war's dann. Es gibt keine Alternativkultur. Es gibt keine Stimme, die sagt, dass Mädchen etwas anderes sein können oder etwas anderes machen können.«

4. Kapitel
Liebe und Sex

Eines der Hauptziele der Frauenbewegung der 1970er Jahre bestand darin, Frauen den Weg zu einer lustvollen Sexualität zu ebnen, die sie ungehindert von althergebrachten gesellschaftlichen Erwartungen leben konnten. Nach dem Erscheinen ihres Buches *Der weibliche Eunuch* von 1970 erklärte Germaine Greer einer Journalistin der *New York Times*: »Frauen wurden irgendwie getrennt von ihrer Libido, von ihrer Fähigkeit zu begehren, von ihrer Sexualität. Jetzt begegnen sie ihr mit Misstrauen.«[1] Aus diesem Grund wollte Greer die Frauen von den Hemmungen befreien, die ihrer Ansicht nach das natürliche weibliche Begehren bremsten. Dies sollte zum Teil durch die Befreiung der Frauen aus der Falle der Monogamie geschehen. Greer sah die Zukunft der Frauen in einer von Schuldgefühlen freien Promiskuität. Diese würde ihnen, da war sie sich sicher, größere Erfüllung verschaffen. In *Der Weibliche Eunuch* schrieb sie: »Besitzergreifende Liebe ist zwar verführerisch, sie zerbricht aber dieses persönliche Gleichgewicht und lässt ihre Opfer umso verletzlicher zurück … Liebhaber, die die Freiheit haben zu gehen, wenn sie ruhelos sind, kommen immer wieder zurück.«[2] Und bei einem Gespräch über ihre eigenen Sexualbeziehungen bezeichnete sie sich stolz als eine nicht besitzergreifende Frau: »Supergroupies brauchen nicht in Hotelfluren rumzuhängen. Wenn Sie eines sind, wie ich es war, werden Sie hinter die Bühne gebeten. Ich halte Groupies für wichtig, weil sie Sex entmystifizieren; sie akzeptieren ihn als etwas rein Körperliches, und sie sind nicht besitzergreifend gegenüber ihren Eroberungen.«[3,4]

Auch wenn nicht alle Autorinnen der zweiten Welle der Frauenbewegung in Greers Cheerleader-Tonfall einstimmten, wenn es um Promiskuität ging, so war dies doch eine Zeit, in der Frauen mit mehr als einem Sexpartner häufig als entschieden ehrlicher und mutiger galten als Frauen, die sich für die Monogamie entschieden. Die Ehe, die so vielen Frauen seit so langem als höchstes Ziel verkauft worden war, wurde nun ernsthaft in Frage gestellt. Es hatte zwar schon immer unabhängige Frauen gegeben, die dem gesellschaftlichen Druck zur Eheschließung widerstanden hatten, doch vor den 1970er Jahren waren diese Frauen immer erfolgreich marginalisiert worden. Zum ersten Mal tauchte sogar im Mainstream das Argument auf, Frauen könnten auch ohne Ehe Erfüllung finden, und Frauen, die in der Ehe ausharrten, wurde vorgehalten, dass sie einen faulen Kompromiss eingegangen seien.

Diese Kritik an Ehe und Monogamie fand ihren Niederschlag in Zeitschriften, in Selbsterfahrungsgruppen, im Alltagsverhalten und in der Literatur dieser Zeit. Als Doris Lessing 1962 *Das goldene Notizbuch* veröffentlichte, schrieb sie nicht mit dem enormen Optimismus wie Germaine Greer in *Der weibliche Eunuch* – im Gegenteil, sie vermittelte ein zutiefst verstörendes Bild sexueller Beziehungen. Doch selbst damals verlieh sie Frauen eine Stimme, die mit Stolz von sich sagen konnten, dass sie nicht aufgegeben hatten und irgendwo in Sicherheit, in »eine sichere Ehe gekrochen« waren.[5] Sie zeichnete ihre sexuellen Begegnungen auf, gute wie schlechte, ohne Scham oder Beschönigungsversuch. Marilyn Frenchs 1978 erschienenes Buch *Frauen* betrachtete eheliche Beziehungen mit einem ähnlich kritischen Blick. Das Scheitern der Einehe wurde zwar nicht einhellig freudig begrüßt, galt jedoch gemeinhin als ein notwendiges Scheitern. Der Weg fort von der bürgerlichen Ehe und hin zu freieren sexuellen Beziehungen galt, auch wenn er durch ein Tal der Tränen führte, als Fortschritt.

Indem die frauenbewegten Autorinnen der 1960er und 1970er Jahre die Monogamie in Frage stellten und für sexuelle Freiheit eintraten, brachten sie bei den Frauen zweifelsohne eine echte Änderung ihrer Einstellung zur eigenen Sexualität auf den Weg. Dies war eine Veränderung zum Positiven, insofern Frauen nun über körperliche Aspekte sprechen und Anspruch auf ihre eigenen Wünsche und Lüste erheben konnten. Die weibliche Sexualität wurde nun in noch nie dagewesener Offenheit diskutiert; ohne Scham wurde über Orgasmus, Masturbation, Menstruation und Positionen geschrieben. Und mit dieser Rückforderung der sexuellen Lust einher ging ganz klar ein moralisch aufgeladener neuer Imperativ, sich nicht auf die Monogamie festlegen zu lassen. Zu lange, sagten die Feministinnen der zweiten Welle, und das zu Recht, waren Frauen von romantischen Wunschbildern dazu verleitet worden, ihr eigenes sexuelles Begehren dem ihres Partners unterzuordnen. Sie waren in der Ehe untergegangen, statt Lust mit mehr als nur einer Person einzufordern. Nun mussten sie lernen, ihre Lust in die eigene Regie zu nehmen und sie zu erkunden, und dazu gehörte zwangsläufig auch Sex außerhalb fester Beziehungen.

Diese Art der sexuellen Befreiung wird heute nicht immer mit Feminismus in Verbindung gebracht, da er häufig enger mit der grundlegenden Kritik an der Heterosexualität verbunden ist, die einige Feministinnen später, in den 1970er und 1980er Jahren, formulierten. Doch die Feministinnen, die das Ideal freierer sexueller Beziehungen entfalteten, gehörten zu der Gegenkultur der 1960er und 1970er Jahre, und sie trugen zu einer Revolution im weiblichen Verhalten bei, deren Auswirkungen wir heute noch spüren.

Ich unterhielt mich einmal mit Oberstufenschülerinnen eines Londoner Colleges. Wir sprachen über ihre Vorstellungen von ihrem künftigen Sexualleben, und ich staunte, wie klar sie ein Ideal vertraten, dem sich vor den 1960er Jahren nur wenige Frauen verschrieben hätten. »Mein ganzes Leben mit einem einzigen Mann zu verbringen, diese ganze Ehegeschichte, also darauf bin ich nicht scharf«, meinte Ruby, eine redegewandte junge Frau mit feinen Gesichtszügen und rauer Sprache zu Beginn unseres Gesprächs.

An jenem Tag in dem College saß ich einem Dutzend heranwachsender Mädchen gegenüber, einer bunten Mischung aus schwarz und weiß, Mittel- und Unterschicht, Einheimischen und Immigranten. Sie alle hatten zweifelsohne verschiedene Erfahrungen mit Liebe und Sex gemacht. Ich möchte die Veränderungen in unserer Gesellschaft nicht übertreiben, indem ich behaupte, das reale Leben aller Menschen bewege sich im Rahmen der herrschenden kulturellen Stimmung. Genau wie es zur Zeit Jane Austens Frauen gab, die vorehelichen Sex und nach der Heirat Liebhaber hatten, so gibt es heute Frauen, die sich für die eine, wahre Liebe ihres Lebens aufsparen und diesem Mann auf immer die Treue halten möchten. Doch genau wie zu Austens Zeit die promiske Frau in der herrschenden Kultur als randständig und verurteilenswert galt, so kann heutzutage ein Mädchen, das erst dann sexuell aktiv werden will, wenn es eine echte emotionale Bindung eingeht, an den Rand gedrängt und mundtot gemacht werden.

Hin und wieder schimmerte augenblicksweise ein ganzes Spektrum von Erfahrungen durch, etwa als ein Mädchen den Druck zu sexueller Betätigung erwähnte und ein anderes sich zustimmend einschaltete: »Ja, Druck gibt es – wenn du Jungfrau bist – und du bist auf einer Party und der Superstecher des Colleges ist interessiert, dann gibt es Druck, es zu tun, es einfach zu tun.« Doch es war klar, dass die Erfahrungen bestimmter Mädchen in der Gruppe mehr gebilligt und eher besprochen wurden als die anderer. Diese dominanten Erfahrungen trugen vor allem drei Mädchen bei – drei schlanke, gut angezogene, hübsche, weiße Mädchen. Ihre Stimmen waren lauter als die der anderen und ihr Gelächter oft herablassend. »Fiese Mädchen«, kritzelte ich in mein Notizbuch, als ihr Lachen diejenigen Mädchen verstummen ließ, die zögerlich schilderten, dass sie sich zu früh zu Sex gedrängt fühlten. Nicht dass die drei wirklich böse gewesen wären, doch genau wie die Mädchen in dem Film *Girls Club – Vorsicht bissig*! waren sie so von sich überzeugt, dass die anderen Mädchen in der Gruppe neben ihnen unterdrückt wirkten. Und ihre Selbstsicherheit erwuchs unübersehbar zum Teil aus ihrem sexuellen Selbstvertrauen. Während man vor 200 Jahren unter den unverheirateten jungen Frauen denjenigen den höchsten Status zuerkannt hätte, die als Inbegriff der reinen Jungfrau auftraten, haben heute unter Umständen die Mädchen den höchsten Rang inne, die sich, wie eines der drei obigen Mädchen, damit brüsten können, mit 18 Jahren bereits 22 Sexualpartner – 13 Männer und neun Frauen – gehabt zu haben.

Später unterhielt ich mich mit diesen drei Mädchen allein in einem Café. Ganz locker erzählten sie einer Fremden, wie fröhlich und ungehemmt sie sich sexuell auslebten. Bella, das Mädchen mit den 22 Partnern, war eine selbstsichere Achtzehnjährige mit langem, geglättetem, braunem Haar und glänzenden Augen, noch betont durch ihr makelloses Make-up. Sie erzählte mir zunächst, sie müsse Männern zuweilen immer noch beweisen, dass sie nicht auf der Suche nach Liebe und Romantik sei. Am Abend zuvor hatte ein Freund sie besucht und sich zusammen mit ihr betrunken. »Irgendwie kamen wir drauf, dass ich so viel Sex habe. Er versuchte mir einzureden, dass ich eine schlimme Kindheit gehabt und deshalb jetzt so viel Sex hätte. Ich musste immer wieder sagen, nein, ich bin wirklich glücklich. Ich mag es, so viel Sex zu haben. Ich liebe es.«

Doch im Großen und Ganzen glaubte sie, dass ihr Verhalten von ihren Freunden und Freundinnen akzeptiert wurde. Ihre Freundin Ruby stimmte ihr zu: »Ich habe keinen Freund. Ich schlafe mit Männern, aber ich würde sie nicht als Freunde bezeichnen«, meinte sie. Ob das heutzutage so sei, fragte ich sie neugierig, oder ob sie ihr Leben so leben wolle? Ruby blickte mich etwas abschätzig an: »Ja, so möchte ich mein Leben leben«, sagte sie und nahm einen weiteren Schluck von ihrem Eiskaffee. Für Mädchen wie diese ist das romantische Ideal, das früheren Frauengenerationen so viel bedeutete –, der Glaube, dass eines Tages ein Mann kommen werde, der die große Liebe für sie sei und sie für ihn, gestorben. »Ich hatte mich in meinen ersten Freund verliebt«, gestand Ruby. »Aber es ging in die Hose. War total für 'n Arsch.« Damals war sie 13 gewesen, aber jetzt mit 18 fühlen sich diese Mädchen viel älter und klüger.

»Wir sagen immer, irgendwann sollten wir mal losziehen und in einer Woche so viele aufreißen, wie wir können, und so verschiedene wie nur möglich – nach Alter, Geschlecht, Beruf, Herkunft …«, sagte Ruby. Anna, ihre etwas ruhigere Freundin, lächelte und nickte. »Das sollten wir wirklich mal machen.« Diese Mädchen fühlten sich mit ihrem Wunsch nach häufig wechselnden Sexualpartnern alles andere als isoliert, sondern durch ihr Umfeld bestätigt und ermutigt. Ihnen gefiel die offen sexuelle Kultur, in der sie sich bewegten. »Das heißt, dass wir über alles reden können, was wir wollen, wenn es um Sex geht«, sagte Anna, »und niemand kommt uns damit, wir sollten uns schämen oder so was.« Sie unterhielten sich über die

Fernsehserien und Bücher, in denen sie sich und ihre ungebundene Lebensweise wiederfanden. *Sex and the City* war die erste Serie, die sie billigend erwähnten. »Bei der Stelle, als Miranda eine Geschlechtskrankheit kriegt und sämtliche Leute, mit denen sie je geschlafen hatte, anrufen musste, und sie sie zusammenzählte und gar nicht glauben konnte, wie viele es gewesen waren – ich dachte, das bin ich eines Tages«, lachte Bella. Sie nannten auch *The L-Word*, das *Sex and the City* für Lesben, und Bücher wie *Nancy Chan* und *Die intimen Aufzeichnungen eines Londoner Callgirls*, in denen es um bezahlten Sex ohne Gefühle geht.

Für diese Frauen ist das ganze Geheimnis um die Jungfräulichkeit und das erste Mal gestorben. »Ich hatte beim ersten Mal keinen Orgasmus«, erinnerte sich Ruby, »aber es fühlte sich gut an. Wirklich gut. Ich war die Erste in meinem Freundeskreis, die Sex hatte. Es war einer, auf den ich wirklich stand, aber ich war nicht verliebt in ihn. Ich wusste, dass er ein Bock war und massenweise Sex hatte. Ich hatte regelrecht Angst vor einem romantischen ersten Mal mit einem Freund, also, dass wir lange darüber reden würden und dann würde es überhaupt nichts Besonderes werden oder so. Das wollte ich wirklich nicht. Ich wollte Sex. Es fühlte sich wirklich toll an. Ich fühlte mich stark.«

Bella brauchte ein Weilchen, bis ihr ihr erstes Mal einfiel. Dann lächelte sie: »Es war mit einem meiner Freunde, wir trafen uns jeden Sommer, auf dem Campingplatz, wo ich immer hinfuhr. Einmal dann sah ich ihn und dachte, wow. Wir waren plötzlich erwachsen geworden – wir tranken und rauchten beide. Wir saßen am Strand, wir zogen uns die Hacke zu, und dann war es irgendwie, was machen wir jetzt. Er war nur zwei Tage lang da.« Machte sie es traurig, dass der Erste, mit dem sie geschlafen hatte, nach nur zwei Tagen wieder verschwand?

»Nein, überhaupt nicht. Ein anderer Typ, auf den ich stand, kam an dem Tag an.« »Du hast ihn einfach ersetzt?« »Ja genau. Es fällt mir echt schwer, mich an irgendwas davon zu erinnern, ehrlich gesagt.«

Weil diese jungen Frauen so erfolgreich jedes Gefühl aus ihrem Sexualleben verbannt hatten, befanden sie sich vollkommen im Einklang mit der Einstellung ihres Umfelds. Als ich sie fragte, was sie darüber dachten, dass Zeitschriften Frauen als bloße Objekte darstellen, runzelte Ruby die Stirn und prustete heraus: »Was ich denke? Ich denke, wow, ist die heiß. *Oder auch nicht.*« Auf meine Frage, ob sie sich vorstellen könnten, etwas wie Aktfotos, Pornofilme oder Lapdance zu machen, wenn sie Geld bräuchten, intervenierte Ruby erneut: »Ja, würde ich, und ich würde es nicht für Geld tun. Ich brauche keine Entschuldigung. Ich würde es aus Spaß machen. Mir würde das gefallen.«

Diese drei Mädchen störte beim ungehemmten Ausleben ihrer sexuellen Wünsche nur eines: der unglückliche Umstand, dass die meisten der Männer, mit denen sie schliefen, mehr wollten. Als ich sie, ganz in *Sex and the City*-Manier, fragte, ob sie der Meinung waren, dass Frauen Sex haben konnten wie ein Mann, lachten sie und missverstanden mich absichtlich. »Ich habe keinen Sex wie die Männer. Die Männer werden bei mir immer gefühlsduselig«, seufzte Ruby, und Bella hieb in dieselbe Kerbe. »Es ist erbärmlich. Sie reden immer von Liebe.« »Das stimmt«, pflichtete ihr Ruby bei. »Immer quatschen die Jungs von Liebe. Sie sind immer so emotional und gefühlsduselig.« Warum das schlimm sei, wollte ich wissen. »Es macht es mir schwer, mein Sexleben so zu führen, wie ich will«, antwortete Ruby. Bella stimmte zu: »Es ist einfach … ich lernte neulich abends in einer Kneipe einen Kerl kennen. Wir schliefen einmal miteinander, und … es ist erbärmlich. Wir liegen so da … und er sagt, schläfst du noch mit anderen? Ich dachte, was fällt dir denn ein, warum fragst du mich das? Natürlich habe ich Sex mit anderen. Er meinte, er liebe mich, und schickte mir tagelang SMS und rief mich an. Nach einmal Sex! Was soll das?«

Ob es nicht möglich sei, dass er wirklich etwas empfunden habe? Die Mädchen schauen mich kopfschüttelnd an – so funktionierte Sex nicht. »Nach einer Nacht wird's nicht gleich so heftig«, erklärt Ruby. »Ja, bei den ersten drei Dates oder so, im ersten Monat, gibt es keine Regeln, so läuft das … das ist das Minimum, dann kann man mal drüber reden, ob man will, dass mehr draus wird.« »Ich stehe vielmehr auf die Typen, denen es scheißegal ist«, wirft Anna ein. »Gottchen, ja, ein Typ, der dir mit Gefühlen kommt, turnt echt ab«, stimmt Bella zu.

Diese Frauen bezeugen einen ganz realen kulturellen Wandel. Die britische Langzeitstudie National Survey of Sexual Attitudes and Lifestyles verfolgte die Veränderungen von 1990, als die erste Umfrage stattfand, bis 2000, dem Jahr der Zweitbefragung. Die durchschnittliche Anzahl von Partnern über die Lebensspanne stieg in diesem Zeitraum von 8,6 auf 12,7 bei Männern und von 3,7 auf 6,5 bei Frauen. Die durchschnittliche Partnerzahl in den letzten fünf Jahren betrug vier bei Männern und zwei bei Frauen. Die Befragten unter 25 Jahren jedoch wiesen ein anderes Muster sexueller Aktivität auf. Die unter Fünfundzwanzigjährigen gaben höhere Partnerzahlen in den zurückliegenden fünf Jahren an, 14,1 Prozent der Männer und 9,2 Prozent der Frauen zehn und mehr. Der Anteil der Männer und Frauen, die mehr als einen Partner zur selben Zeit hatten, stieg ebenfalls. 2000 hatten über 14 Prozent der Männer und neun Prozent der Frauen im letzten Jahr solche Beziehungen unterhalten, 1990 dagegen nur 11,4 beziehungsweise 5,4 Prozent. Zudem war der Anteil von Personen mit mehreren Partnern zugleich in jüngeren Altersgruppen weit höher. Bei fünfzehn- bis vierundzwanzigjährigen Männern machte er mehr als 20 Prozent und bei fünfzehn- bis vierundzwanzigjährigen Frauen 15 Prozent aus.[6] Zwar sind bekanntlich Selbstauskünfte als Beurteilungsgrundlage des realen Verhaltens unzuverlässig, doch eines geht aus solchen Umfragen – oder aus Gesprächen mit Mädchen wie Bella und Ruby – klar hervor: Die Leitbilder haben sich verändert. Auch die Einstellungen zu One-Night-Stands haben sich stark gewandelt. 1990 hielten 53 Prozent der Männer und 79 Prozent der Frauen solche Kontakte für falsch. Zehn Jahre später dachten nur noch ein Drittel der Männer und die Hälfte der Frauen so. Heute, noch einmal fast zehn Jahre später, könnten diese Zahlen durchaus nochmals um 30 Prozent gefallen sein.

Mein Gespräch mit Ruby, Bella und Anna führte mir den Reiz dieses Umgangs mit Sexualität deutlich vor Augen. Da ist zum einen der Sex als solcher. Für diese Frauen ist er weder das angsteinflößende Tabu noch die unangenehme Pflicht wie für so viele ihrer Geschlechtsgenossinnen früherer Generationen, sondern eine verlässliche, frei gewählte Quelle körperlicher Lust. Und der um sich selbst errichtete Schutzpanzer, der nicht zu viel Emotionalität nach außen dringen lässt, macht offenbar einen Teil des Gefühls von Stärke und Emanzipiertheit aus. Alle drei jungen Frauen hatten nach eigenem Bekunden aus der Verletzlichkeit der Frauen früherer Generationen gelernt. »Mein Vater hat meine Mutter verlassen«, erzählte mir Ruby, »und seitdem hat sie eigentlich keine Beziehung mehr gehabt. Er hatte massenweise Freundinnen. Ich wollte nie in diese Lage kommen. Nie.« Das nahm ich ihr ab; in dieser Frauengeneration haben viele aus den Tränen ihrer Mutter gelernt und den Entschluss gefasst, sich niemals so wehtun zu lassen.

In vielen Büchern, Filmen und Fernsehserien schlägt sich die gesellschaftliche Neubewertung einer lockeren Einstellung zu Sex nieder. Fasziniert stellte ich fest, dass die mediale Darstellung von Sex, die nach Ansicht dieser jungen Frauen ihrem eigenen Sexualleben am nächsten kam, *Sex and the City* war. Ich hatte geglaubt, diese Serie sei bei meinen Altersgenossinnen, den Dreißig- bis Vierzigjährigen, viel populärer als bei Jugendlichen, die gerade erst ihre sexuelle Anziehungskraft entdecken. Doch es liegt auf der Hand, warum diese Mädchen die Serie so attraktiv fanden. Zwar haben schon viele andere Filme und Romane die sexuell erfahrene, sogar lüsterne Frau in den Mittelpunkt gestellt, doch meist als ziemlich einsame und bedrängte Figur. Letzten Endes bleiben Mrs. Robinson oder Scarlett O'Hara allein. Und tatsächlich war dies die Botschaft von Candace Bushnells ursprünglicher Kolumne im *New York Observer* – dass Frauen in New York sich in einem feindseligen sexuellen Umfeld bewegten, in dem sie wahrscheinlich den Kürzeren zogen. Die Fernsehserie jedoch änderte das; sie machte diese Frauen mit ihrem glanzvollen gesellschaftlichen Leben und engen Freundinnen populär, und sie gestaltete sie nach dem Schönheitsideal des 21. Jahrhunderts mit einem knochigen Körper und einer ausufernden Designergarderobe. Nicht nur, dass die Serie sexuell ungehemmten und sexuell erfahrenen Frauen eine Stimme gab, sie machte diese Stimme auch zu der, die die Zuschauerrinnen selbst gerne gehabt hätten. Die Hauptfiguren waren die Frauen, deren Clique man sich gerne angeschlossen hätte. Der Tisch, an dem witzige, redegewandte, erfahrene Frauen ihre One-Night-Stands oder Experimente mit Bisexualität oder Gruppensex schilderten, war der Tisch, an dem man gerne gesessen hätte – und nicht bei langweiligen Ehefrauen oder unerfahrenen Mädchen.

Obwohl die meisten Heldinnen aus *Sex and the City* nichtsdestotrotz auf der Jagd nach einer festen Beziehung waren, hat sich die Einstellung zu Sex ohne emotionale Bindung in der Gesellschaft zum Positiveren gewandelt. Das lässt sich an der plötzlichen Popularität sexueller Memoiren von Frauen ablesen. Frauen schreiben zwar seit Generationen über Sex, doch diese Bücher sind insofern anders, als es in ihnen kaum oder gar nicht um eine emotionale Beziehung geht; sie machen in der Regel das ganze Spektrum sexueller Erfahrungen von Sexspielzeug bis zum flotten Dreier, von Orgien bis zu Sex mit Unbekannten durch, mit extremer Detailversessenheit bezüglich technischer Spielereien und körperlicher Eigenheiten, aber praktisch ohne gefühlsmäßige Erinnerungen an die einzelnen Begegnungen. Und dennoch stellen sie keine Pornographie dar; sie wurden nicht in der Absicht geschrieben, Phantasien anzuregen und weiterzugeben, sondern um die sexuellen Erfahrungen der Erzählerin ehrlich und realistisch darzustellen.

So erschien 2007 *Immer nur das eine*, ursprünglich ein Blog mit dem Titel *Girl with a One-track Mind*, als Buch und wurde zum Bestseller. Die Autorin Abby Lee, ein Pseudonym, hinter dem sich, wie sich bald herausstellte, Zoe Margolis verbarg, schildert sich selbst auf der Suche nach einem möglichst vielfältigen Menü sexueller Begegnungen, und obwohl sie verlangt, dass diese von wechselseitigem Respekt getragen sind, scheinen sie nie aus einer tieferen emotionalen Bindung hervorzugehen. Lee gibt eine Reihe von Tipps und Ratschlägen, die uns nicht nur einiges über ihr Sexualleben verraten, sondern auch darüber, wie wir uns ihrer Meinung nach alle verhalten sollten. Auffällig daran ist, dass sie die Trennung von Sex und Gefühl zum Normalfall erklärt. So rät beispielsweise ihr »Top-Ten-Leitfaden für One-Night-Stands – für Frauen« unter Punkt 4: »Entspann dich, um Himmels willen. Es ist doch nur Sex. Es muss überhaupt nichts bedeuten« und unter Nummer 10: »Wenn er sagt: ›Wir sind füreinander geschaffen‹ – lauf weg.« Der anschließende »Top-Ten-Leitfaden für One-Night-Stands – für Männer« ist fast identisch, beigefügt ist die strenge

Anweisung, auf keinen Fall total verknallt herumzuturteln. »Intimität«, so schreibt Zoe Margolis kurz und bündig, »kann zu einer verworrenen Situation führen.«[7]

Genau wie die jungen Frauen, mit denen ich in Nordlondon sprach, schildert die Erzählerin, dass sie bei dem Versuch, dieses ungebundene, unkomplizierte Sexualleben zu führen, häufig auf ein Hindernis stößt – und dieses Hindernis ist der emotionale Nachhall, den manche Männer im Sex finden. Beispielsweise willigt sie eines Tages in völlig anonymen Sex mit einem Journalisten ein, der einen Artikel über Sex mit Fremden schreibt. Das Ganze wird über eine Freundin und ein paar E-Mails organisiert. »Ich machte mich gut bewaffnet auf nach Ladbroke Grove«, schreibt sie, »durchscheinende Schößchenjacke, schwarze Strümpfe, winziger String-Tanga, kniehohe Stiefel, Kondome und Gleitcreme.« Er öffnet die Tür, sie gehen sofort in sein Schlafzimmer und ziehen sich aus. »Ich ging auf die Knie und lutschte seinen Schwanz. Er streifte ein Kondom über, stieß mich nach vorne auf den Bauch, drang in mich ein und begann mich von hinten zu ficken. Ich war so erregt, dass ich sofort kam.« Nach zwei weiteren Orgasmen von ihr verliert er seine Erektion. »Ich erinnerte ihn an seine Ex, und er sei zu betroffen, um weiterzubumsen.« Sie liegen noch eine Zeitlang da und reden, »nicht unbedingt das Aphrodisiakum, das ich wollte«, wie die Erzählerin missfällig sagt. »Ich fragte mich ernsthaft, was ich hier tat, zuhören, wie ein Kerl, den ich überhaupt nicht kannte, mir sein Herz ausschüttete … wo er es mir doch hätte richtig besorgen sollen.«[8]

Immer nur das eine ist kein Einzelfall. Zoe Margolis holte sich ihre Anregungen vom Blog von Belle de Jour, der anonymen Prostituierten (die sich später als Brooke Magnanti zu erkennen gab), deren *Intime Aufzeichnungen eines Londoner Callgirls* nach ihrem Erscheinen 2005 ebenfalls zum Bestseller wurden.

Diesem Buch gingen andere Lebenserinnerungen an ein promiskuitives Sexualleben voraus, von *Bevor ich 67 werde* von der siebenundsechzigjährigen Jane Juska bis zu *One Hundred Strokes of the Brush before Bed* von der sechzehnjährigen Melissa P. Ihm folgten andere, darunter *Die Gigolo-Diät* von Wendy Salisbury und *Das erotische Tagebuch der Catherine T.* von Catherine Townsend, beides 2008 erschienen. Häufig folgen sie demselben Muster wie *Immer nur das eine* – zunehmend experimentierfreudige Begegnungen mit wenig Intimität. Zwar redet Catherine Townsend zuweilen davon, eine feste Beziehung einzugehen, doch wie die anderen Autorinnen des Genres ist sie im Grunde nicht davon überzeugt: »Vielleicht löst bei Mädchen wie mir nach so vielen Jahren sexueller Begegnungen à la carte der Gedanke an ein festes Menü für den Rest unseres Lebens Panik aus. Vielleicht sind es nicht die Männer, denen wir misstrauen; vielleicht trauen wir uns selbst nicht zu, uns an den Speiseplan halten zu können«, vermutet sie und stellt fest: »Es sind zunehmend Frauen, nicht Männer, die Bindungsangst haben. Ich würde zwar gerne jemanden Tolles finden, aber alles in allem ziehe ich kurze Affären der Monogamie vor. Ich giere nach dem Rausch der ersten drei Monate.«[9]

Dass neuerdings die Promiskuität auf den Sockel gehoben wird, tut der weiterbestehenden Bindung an die Monogamie keinen Abbruch. Wir leben in einer Gesellschaft, die immer noch die monogame Ehe und die stabile Familie als den Ort der Kinderaufzucht preist. Für unverheiratete Frauen jedoch gilt die Lebensweise mit vielen Sexualpartnern ohne große emotionale Bindung häufig als die authentischste. Überdies werden Frauen, die sich zur Promiskuität bekennen, oft als die wahren Feministinnen gesehen. So schrieb eine Journalistin über das Werk von Zoe Margolis: »Zu schlafen, mit wem auch immer es ihr gefällt, und Männer zum Objekt zu machen, statt darauf zu warten, selbst zum Objekt gemacht zu werden … Ich glaube, sie ist die Stimme der dritten Welle der Frauenbewegung.«[10]

Es ist sehr gut zu wissen, dass viele Frauen heute selbstbewusst genug sind, um genau wie viele Männer ihre Sexualpartner und ihr sexuelles Verhalten frei zu wählen. Und es ist gut zu wissen, dass alte Vorstellungen von angemessenem weiblichen Verhalten sie nicht mehr mit Schamgefühlen bedrohen. Ein Blick auf Gesellschaften, die immer noch traditionelle Ehrbegriffe hochhalten, genügt, um zu erkennen, wie wichtig dieser Wandel für die Freiheit der Frauen ist; Frauen, die sich nicht für die Monogamie entscheiden, dürfen nicht mit Scham bestraft werden. Andererseits bin ich überzeugt, dass es sich lohnt, die heute so oft vorgenommene Gleichsetzung von Befreiung und Promiskuität nochmals unter die Lupe zu nehmen.

Dieser häufig behauptete Zusammenhang vermittelt uns nicht nur, dass Frauen sich für unverbindlichen Sex, bei dem beide Partner die Investition in emotionale Nähe ablehnen, entscheiden *können*, sondern auch, dass sie sich für solchen Sex entscheiden *sollten*. Früher einmal bekundeten viele Feministinnen genau die entgegengesetzte Vorstellung; sie erklärten, dass Frauen und Männer sich im Bett auf Augenhöhe begegnen sollten. Doch statt diese Gleichheit am Fehlen von Gefühlen festzumachen, erklärten sie vielmehr frei gewählten Sex, der sich durch Intimität und emotionale Bindung auszeichnet, zum Ideal. Emotionsloser Sex galt in den Augen von Feministinnen nur kurzfristig als Quelle von Stärke und Freiheit.

Der westliche Feminismus entstand ursprünglich aus dem Zusammenfließen zweier kultureller Bewegungen. Das war zum einen die Aufklärung des 18. Jahrhunderts, für deren Vorkämpfer der Fortschritt vor allem auf Vernunft und Wissenschaft gründete. Zum anderen war es die Romantik zu Beginn des 19. Jahrhunderts, deren Protagonisten dem Gefühl und der

Einbildungskraft Vorrang einräumten und ihr Vertrauen auf die Authentizität der Leidenschaften und Wünsche des einzelnen Menschen setzten. Mary Wollstonecraft, die Begründerin des modernen Feminismus, schrieb ihre zukunftsweisenden Werke, als das 18. Jahrhundert endete und das 19. anbrach, und sie gab sowohl der Vernunft der Aufklärung als auch der Leidenschaft der Romantik in ihrem Leben und Werk klaren Ausdruck. Sie schrieb die einflussreiche Streitschrift *Plädoyer für die Rechte der Frauen*, in der sie argumentierte, Frauen könnten nur durch Vernunft Fortschritte erreichen. Frauen sollten dieselbe Bildung wie Männer erhalten und ihre Geisteskräfte dazu nutzen, gleichwertige und gleichberechtigte Mitglieder der Gesellschaft zu werden. In dieser Schrift übte Wollstonecraft vernichtende Kritik an der Ansicht vieler Frauen, ihr Leben sei von der Liebe bestimmt. In ihrem eigenen Leben jedoch steckte Wollstonecraft enorm viel Energie und Idealismus in ihre Liebesbeziehungen. Als ihr erster Liebhaber sie verließ, zerbrach sie fast daran und versuchte, sich das Leben zu nehmen. Doch schließlich fand sie ihren Seelengefährten William Godwin und glaubte an ihre Beziehung zu ihm. Sie wurde zu Lebzeiten und danach dafür verurteilt, dass sie bewusst unehelich mit Männern zusammenlebte, doch sie tat es, weil sie an das romantische Ideal absoluter Intimität glaubte. Sie schrieb Godwin, bei ihm fühle sie, dass »die Sinne von der wachsenden Zärtlichkeit des Herzens exakt gestimmt« würden.[11] Sie stand nicht allein mit dem Wunsch, die Frauenrechte voranzubringen und zugleich eine authentische, intime Beziehung mit einem Mann anzustreben.

Gleich zu Beginn des 20. Jahrhunderts trat die Anarchistin Emma Goldman, die für das Recht der Frauen auf Verhütung sogar ins Gefängnis ging, selbstbewusst für die freie Liebe ein, auch wenn ihre Haltung sie für die gute Gesellschaft unmöglich machte. Sie verließ ihren Ehemann und unterhielt Beziehungen zu mehreren Männern, ohne sie zu heiraten. Sie strebte jedoch nach freier Liebe, nicht nach freiem Sex. In ihrer Autobiographie schrieb sie: »Ich habe Freiheit beim Sex propagiert. Ich habe selbst viele Männer gehabt. Aber ich liebte sie; ich bin nie fähig gewesen, wahllos mit Männern zu schlafen.«[12]

Es stellt die zweite Welle der Frauenbewegung sogar weitgehend verzerrt dar, wenn man behauptet, die Frauen damals hätten ungebundene Promiskuität gewollt. Die Romanautorin Michèle Roberts war schon in jungen Jahren eine überzeugte Feministin und schrieb vor kurzem ihre Memoiren *Paper Houses*. In diesem Buch legt sie dar, wonach sie und ihre Weggefährtinnen in ihrem Gefühlsleben suchten. »Wir glaubten an leidenschaftliche sexuelle Liebe zwischen Männern und Frauen, als Ebenbürtige«, schreibt sie nostalgisch.[13] Ihre Erinnerungen illustrieren, wie schwierig das zu erreichen war, doch man gewinnt nie den Eindruck, anders als bei den Memoiren sexuell freier Frauen heute, auf diesem Weg sei gefühlsmäßige Beteiligung nebensächlich. Als sie sich in Jim, mit dem sie 17 Jahre zusammen war, verliebte, beschreibt sie das so: »Wenn ich einen neuen Roman beginne, ist das wie der Sprung von einer Klippe in der Hoffnung, dass ein Engel herabschwebt und mich auf seinen starken Schwingen hinaufträgt, und ich glaube, sich zu verlieben, ist ähnlich. Du stürzt dich ins Unbekannte. Und dennoch stürzt du dich zugleich ins Bekannte. Dein Geliebter kennt dich, befriedigt den tiefen Wunsch in dir, erkannt zu werden, und du tust dasselbe für ihn. Du erkennst, dass du aus demselben Holz geschnitzt bist … Unsere Seelen strömten aus und berührten sich. Wir erwählten einander. Ich spürte tief in mir, dass wir wesensverwandt waren. Wir waren gleich. Wir waren Seelengefährten. Wir gehörten zusammen.«[14] An anderer Stelle schreibt sie: »Unser Glaube an die freie Liebe war verbunden mit einer Wertschätzung von Sex, die heutzutage, wo Sex mehr als je zuvor kommerzialisiert und pornographiziert ist, vielleicht hoffnungslos romantisch wirkt.«[15]

So wie heute über absolut gefühllose sexuelle Begegnungen gesprochen wird, könnte man annehmen, dass der Weg zur Befreiung eine ziemlich kalte Promiskuität auf die Tagesordnung setzt. Manche Frauen sehen diese Veränderung nicht unbedingt als positiv. Carly Whiteley, die Siebzehnjährige, die im dritten Kapitel ausführlich zu Wort kam, ist wütend, dass sie in diesem Milieu aufwächst. »Es geht jetzt nur noch um unverbindlichen Sex, niemand spricht mehr von Liebe«, klagte sie mir gegenüber. »Ich wünschte, ich könnte eine wirkliche Beziehung zu einem Mann haben. Aber es gibt keine Verliebtheit, keine Sehnsucht mehr. Das ist alles tot. Es muss alles immer sofort passieren. Man lernt sich nicht mehr allmählich kennen, es wird erwartet, dass du an jemandem rauf- und runterschaust und einfach so entscheidest, schläfst du mit ihm oder nicht. Es bleibt keine Zeit mehr, eine Verbindung aufzubauen. Grundgedanke ist, zuerst Sex zu haben, aber wie soll man danach noch diese Erregung, diese emotionale Bindung aufbauen? Ich möchte eine emotionale Bindung zu einem Mann haben. Ich möchte das haben und zugleich das Gefühl, dass ich genauso viel wert bin wie er. Ich bin überzeugt, dass ich genauso gut bin wie ein Mann. Aber ich will diese Bloß-Sex-keine-Bindung-Kiste nicht.«

Dieses resignierte Urteil bekomme ich neuerdings von vielen Feministinnen zu hören. Eine vierundzwanzigjährige Frau, die ich Esther nennen möchte und die Sexualkunde unterrichtet, ist ebenfalls der Meinung, es sei an der Zeit, sich kritisch gegenüber einer Kultur, in der Sex nur mit Leistung und nichts mit emotionaler Bindung zu tun hat, zu äußern. Dass sie sich etwas anderes wünscht, gibt ihr das Gefühl, damit allein auf weiter Flur zu stehen. »Meine Schulfreundinnen waren alle schon in sehr frühem Alter sexuell aktiv«, berichtete sie. »Ich weiß noch, wie eine meiner Freundinnen ihre Jungfräulichkeit verlor. Es passierte auf einer Parkbank. Sie war 14. Auf mir lastete ein massiver Druck, es ähnlich zu machen, aber ich tat es nicht. So wollte ich keinen Sex. Solche zufälligen, flüchtigen Beziehungen sind nichts für mich, aber ich kam mir deswegen während der gesamten Schul- und Unizeit wie ein Freak vor.« Über die jungen Frauen, mit denen Esther heute arbeitet, sagt sie: »Wenn sie über Sex reden, geschieht das völlig abgeschottet von jeglichem Gefühl. Ich erinnere mich noch an ein junges Mädchen in meinem Unterricht, das mir erzählte, es habe seine Jungfräulichkeit eines Tages während der großen Pause auf dem Schulsportplatz verloren. ›Es wird gleich klingeln‹, hatte es sich gedacht, ›da kann ich es jetzt gleich tun, oder ich tue es nie.‹ Das Mädchen war innerlich völlig distanziert von dem Akt selbst und seiner Bedeutung. Das ist weder Vergewaltigung noch sexueller Missbrauch, aber eine positive Erfahrung ist es auch nicht. In gewisser Weise finde ich das zutiefst beunruhigend. Doch diese Art sexueller Aktivität ist so normal geworden. Beim eigentlichen Akt geht es nicht mehr um Intimität, es geht nicht mehr um Kommunikation.«

Esther sieht im Verhalten ihres Umfelds keineswegs die Erfüllung dessen, wofür die Frauenbewegung in den 1960er Jahren gekämpft hat. »Man hört oft, dieses Verhalten hätte damals angefangen, aber ich bin mir da nicht so sicher. Ich habe den Eindruck, dass das Ideal der freien Sexualität in den 1960ern darauf abzielte, den eigenen Körper wirklich zu lieben und zu schätzen und stolz auf ihn zu sein. Heute stecken junge Mädchen in einem ungesunden Mischmasch; einerseits haben sie das Gefühl, sexuell aktiv sein zu müssen, andererseits eine sehr kritische Einstellung zu ihrem eigenen Körper. Also haben sie viel Sex, aber ohne Vergnügen oder Stolz.«

Esther selbst hat derzeit keine Beziehung, weil sie sich nicht auf Sex ohne Gefühle einlassen will. »Ich will einfach keine Beziehung, die auf einem solchen entwerteten sexuellen Tauschgeschäft beruht. Ich weiß, dass einige meiner Freundinnen meine Ansichten für extrem halten, einfach weil ich mich nicht darauf einlasse. Wenn ich Autorinnen früherer Zeiten lese, werde ich richtig neidisch auf sie. Ich meine Autorinnen, die ihre Sexualität erkunden konnten, ohne sie abwerten zu müssen. Man denke nur an eine Schriftstellerin wie Anaïs Nin – für die damalige Zeit hatte sie viele Partner, doch in jeder sexuellen Begegnung ging es auch um emotionale Kommunikation. Wenn sie mit jemandem zusammen war, dann nahm sie ihn körperlich und emotional ganz an, und dieser ebenso sie. Ich glaube, das ist es, wonach ich suche. Nicht weil ich prüde wäre, möchte ich keinen unverbindlichen Sex, sondern weil ich mit dem Sex etwas Emotionales erleben möchte. Ich habe den Eindruck, die Menschen um mich herum kommen aus einer völlig anderen Welt.«

Esthers Argument machte mich neugierig; man würde sich als persönliche Heldin vielleicht nicht unbedingt die gehemmte Anaïs Nin aussuchen, die ihre sexuellen Erfahrungen in ihren ausführlichen Tagebüchern ab den 1930er Jahren endlos sezierte, doch nichtsdestotrotz hat ihr emotionales Engagement in ihrem Liebesleben etwas Beeindruckendes. So betont Anaïs Nin, dass jede Begegnung mit ihrem Liebhaber Henry Miller einzigartig sei, »weil ich … das Wunder begreife, das uns streift (das Wunder, ach, das Wunder, daß ich unter dir liege), und ich bringe es dir nahe, ich atme es um dich herum. Nimm es. Wenn du mich liebst, fühle ich mich mit meinen Gefühlen wie eine Verschwenderin, so unverbraucht, so neu, Henry, nicht verloren in Ähnlichkeit mit anderen Augenblicken, sondern ganz und gar unser, dein, mein, du und ich zusammen, nicht irgendein Mann und irgendeine Frau.«[16] Dass sie so leichthin Wörter wie Ekstase und Wunder gebraucht, wirkt für uns heute neben den kühlen, emotionslosen Darstellungen der zeitgenössischen Memoirenschreiberinnen übertrieben. Man lese im Gegensatz dazu den Rat von Zoe Margolis an Männer, wie sie zu einem One-Night-Stand kommen: »Es ist bloß Sex … Wenn du es wie mit einer Freundin treiben willst, dann engagiere eine Prostituierte.«[17] Während für Margolis Sexualpartner austauschbar sind, ist für Nin ihr Geliebter unersetzlich: »Du und ich zusammen, nicht irgendein Mann und irgendeine Frau.« Um eines klarzustellen: In früheren Generationen mussten viele Schriftstellerinnen um gesellschaftlicher Konventionen willen ihre körperlichen Bedürfnisse und Erfahrungen unterdrücken, und um die Frauen von dieser Unterdrückung zu befreien, musste erst der Feminismus kommen. Die Frauen mussten also erst einmal aus dem Gefängnis von Sitte und Anstand ausbrechen. Heute jedoch berichten mir so manche Frauen von ihrem Eindruck, dass es ein neues Gefängnis gibt und sie an der angestrebten Befreiung hindert, ein Gefängnis, in dem die Unterdrückung der Gefühle an Stelle der Unterdrückung körperlicher Bedürfnisse tritt.

Viele junge Frauen, mit denen ich sprach, empfinden ihr Leben heute offensichtlich als verarmt, weil Sexualität anstelle gemeinsam erfahrener Intimität zu einem bloßen Tauschhandel herabgewürdigt wird. Lange hing unsere Kultur der Idealvorstellung an, es sei keine Reduzierung des Selbst, sondern dessen volle Entfaltung, sich ganz auf die Wünsche und Gefühle eines anderen einzustimmen, und es liege große Macht, sogar Heiligkeit im Sex zwischen zwei durch eine tiefe emotionale Beziehung verbundenen Personen. Die neue Kultur der Ficks und Dreier, der Orgien und des Sex mit Unbekannten tritt offenbar an Stelle einer Kultur, in der Sex und Entfaltung von Intimität zusammengehörten. Erstere wird zwar häufig mit Befreiung gleichgesetzt, doch ich bin nicht überzeugt, dass sie dem entspricht, was alle Feministinnen anstrebten, damals wie heute. Immer wieder hörte ich aus den Worten der interviewten jungen Frauen Frustration heraus, was umso trauriger ist, weil diese häufig unter den Teppich gekehrt wird. Esther formulierte das so: »Ich möchte mit einem Mann zusammen sein, der Sex als intensive Erfahrung betrachtet, als Einheit, und das tun die Leute heute einfach nicht – Sex ist vollkommen entwertet worden.« Oder mit den Worten von Rachel Gardner, der Jugendsozialarbeiterin aus dem dritten Kapitel: »Feminismus heißt heute sexuelle Promiskuität, und das ist eine sehr enge Sicht von Emanzipation. Befreiung dreht sich nicht bloß um Promiskuität. Für manche Frauen mag Befreiung heißen, jede Woche einen neuen Sexualpartner zu haben, doch für viele Frauen geht es darum, jemanden zu finden, der das ganze Leben mit einem verbringt, um sich im Lauf der Jahre gemeinsam zu entwickeln, und das hört man heute überhaupt nicht mehr. Für mich bedeutet Befreiung, dass man in einer sexuellen Beziehung wertgeschätzt wird und selbst wertschätzt.«

5. Kapitel
Pornographie

Fast alles bislang Diskutierte hat auf die eine oder andere Weise damit zu tun, dass Pornographie neuerdings sehr leicht zugänglich ist und sich sehr weit verbreitet hat. Der enorme Zuwachs der Pornographie durch das Internet macht einen Großteil der Softpornographie in Zeitschriften, Zeitungen, Musik und Kino erst möglich; es ist schwer, sich gegen die allgegenwärtigen Erscheinungen der hypersexualisierten Kultur, von Männermagazinen bis zu Lapdance-Clubs, zu wehren, wenn man bedenkt, auf welche Auswüchse der Obszönität jeder jederzeit mit ein paar Mausklicks an seinem Computer Zugriff hat. Wer Hefte mit nackten Frauen auf der Titelseite auf das höchste Regal im Zeitschriftenladen zurückverbannt oder Striplokale aus den Stadtzentren vertrieben sehen möchte, stößt auf einen Fatalismus, der aus dem Wissen erwächst, dass das Internet all diese Bilder und noch viele, viele mehr jedermann direkt auf den Schreibtisch liefert.

Viele bekennende Feministinnen haben sich damit abgefunden, dass sie in einer Welt aufwachsen, in der Pornographie allgegenwärtig ist und zu den sexuellen Erfahrungen fast aller Menschen dazugehört. Anna Span ist die berühmteste und produktivste Pornoregisseurin in Großbritannien, und ihrer Meinung nach hat es sich für Frauen positiv ausgewirkt, dass die Pornographie in der Mitte der Gesellschaft angekommen ist. In

Spans Augen hat diese Entwicklung Frauen zu offenerem, ehrlicherem Umgang mit ihrer eigenen Sexualität ermutigt. Als ich sie in ihrem Büro in Tunbridge Wells aufsuchte, traf ich auf eine sachliche Frau in den Dreißigern, die mich unbedingt von den befreienden Möglichkeiten der Pornographie überzeugen wollte. »Frauen erkunden heute ihren Körper in höherem Maße«, erklärte sie mir selbstgewiss. »Sie lernen, öfter zum Orgasmus zu kommen. Sexshops sind sehr viel frauenfreundlicher geworden; die Frauen finden Sextoys und Bücher und Videos, die sich an ihrer Sexualität orientieren.« Span selbst entschloss sich, in der Pornographiebranche zu arbeiten, als ihr in jungen Jahren bei einem Abstecher nach Soho auffiel, dass es zwar ein breites Angebot sexueller Unterhaltung für Männer gab, für Frauen aber so gut wie nichts. Sie bezeichnet sich selbst als »Nietzschesche Feministin«, weil sie sich weigert, sich als Opfer zu sehen, und stattdessen Männern als Pornoproduzentin Konkurrenz macht.

Anna Spans Ansicht fällt heute nicht mehr aus dem Rahmen. Die Massenmedien greifen die Stimmen von Frauen, die sich positiv über Pornographie äußern – einschließlich Frauen, die in der Pornographie arbeiten –, oft nur allzu begierig auf. Beispielsweise erscheint im *Guardian*, wie in vielen deutschen Zeitungen, jeden Samstag eine Beilage zu Arbeit und Karriere, die Ratschläge und Tipps für verschiedene Berufe enthält. Partnerin des Aufmacher-Interviews war an einem Samstag 2007 der britische Pornostar Daisy Rock. Sie berichtete über ihre Arbeitszeiten – »ich höre nie auf zu arbeiten, außer zum Schlafen oder Ausgehen« –, über ihren Verdienst – »zwischen 350 und 500 Pfund« pro Szene, insgesamt rund 64 000 Pfund jährlich – und den einzigen Nachteil ihrer Arbeit: »Abendfüllende Filme zu drehen, kann manchmal anstrengend und monoton sein … genauso wie das Drehen eines Popcornkinofilms.«[1] Ein derartiger Artikel wirkt, als könnte es für eine intelligente, fleißige junge Frau keine bessere Berufswahl geben, als in die Hardcore-Pornographie zu gehen.

Wo Einsprengsel von Pornographie in etablierten Kunstformen auftauchen, sieht man sie heute tendenziell als ziemlich normalen Bestandteil des Sexuallebens von Frauen wie Männern. In einer Episode von *Sex and the City* beispielsweise dreht Samantha ihr eigenes Pornovideo vom Sex mit ihrem Freund; in Adam Thirlwells erstem Roman *Strategie* schauen Paare gemeinsam Pornos und stellen das Gesehene eifrig nach: »Anjali und Nana hatten eine als Fisting bekannte Sexpraktik in ihr häusliches Repertoire integriert … [Sie] versuchten sich, Anjali vorneweg, an Tipps, die sie von Pornoseiten im Internet … hatten.«[2] In einem kürzlich angelaufenen Kinofilm *Zack and Miri Make a Porno* überredet der Held die Heldin – beide notorisch in Geldnöten –, mit ihm einen Pornofilm zu drehen. Solche toleranten Bezugnahmen auf Pornographie kommen in der etablierten Kunst recht häufig vor; ungleich seltener findet man mittlerweile verurteilende Stimmen.

Wir leben also heute in einer Welt, in der sogar viele Feministinnen es aufgegeben haben, die Pornographie zu verdammen. Dies stellt eine regelrechte Kehrtwende im feministischen Denken dar. In den 1980ern schien es, dass sich die Hauptstoßkraft der Frauenbewegung gegen die Pornographie richtete. Die klassische feministische Kritik daran sah Frauen ausschließlich als Opfer einer männerbeherrschten Pornoindustrie, die auf der Entwürdigung von Frauen beruhte und zur Gewalt gegen sie anstiftete. Die amerikanische Radikalfeministin Robin Morgan drückte es 1974 so aus: »Pornographie ist die Theorie und Vergewaltigung die Praxis.«[3] Andrea Dworkin schrieb 1981, Pornographie mache Männer »zunehmend gefühllos gegenüber Grausamkeit, Zufügung von Schmerz, Gewalt gegen Personen, Missbrauch von Frauen und Kindern«[4]. 1987 initiierte Alice Schwarzer, unterstützt von Dworkin, in Deutschland die Kampagne PorNO. Vom Einsatz Dworkins und der amerikanischen Juristin Catharine MacKinnon für ein gesetzliches Verbot der Pornographie bis zu den Demonstrationen britischer Frauengruppen vor Sexshops in Soho[5] machten die Feministinnen lautstark klar, dass sie in der Pornographie die Feindin der Befreiung sahen.

Doch schon damals gab es Feministinnen, die diesen Standpunkt nicht teilten. Sie betonten, es gebe keinen eindeutigen Zusammenhang zwischen Pornographie und Gewalt gegen Frauen. Zwar sprachen einige Forschungsergebnisse dafür, dass Pornofilmkonsum Männer zur Bagatellisierung sexueller Gewalt verleitete, andere Befunde jedoch deuteten im Gegenteil auf einen Zusammenhang mit aggressionsreduzierten sexuellen Einstellungen und Verhaltensweisen hin.[6] Diesen Feministinnen zufolge lässt sich das sexuelle Begehren nicht gesetzlich regeln; was für einen Menschen erregend und lustvoll ist, kann für einen anderen ausbeuterisch sein und für einen dritten lächerlich.[7] Je mehr Feministinnen mit divergierenden Ansichten sich in die Debatte einschalteten, desto klarer zeichnete sich ab, dass die klassische feministische Kritik an der Pornographie einen gewichtigen Punkt unberücksichtigt gelassen hatte: Sie unterstellte, dass Frauen unter keinen Umständen Spaß an Pornographie haben. Das ist eindeutig falsch. Es gibt kluge, selbständig entscheidende und denkende Frauen, die Spaß an Pornographie haben, und manche sogar an deren Produktion und der Mitwirkung daran. Wir können die starke sexuelle Macht der Pornographie über Frauen genau wie über Männer nicht mehr länger in Abrede stellen.

Seit zahlreiche Frauen offen über die Lust an Pornographie reden, hat es keinen Sinn, wieder an die klassische feministische

Kritik anzuknüpfen, die alle Frauen auf die eine Seite und alle Männer auf die andere Seite der Pornographie stellt. Für einige Feministinnen folgt daraus, eher für Gleichberechtigung in einer bereits pornographiegesättigten Welt zu kämpfen als gegen die bloße Existenz von Pornographie allein anzugehen. Wie bei Anna Span hören wir heute von Feministinnen nicht so sehr den Wunsch, die Flut der Pornographie zurückzudrängen, als vielmehr den, mitten hineinzuspringen. Charlotte Roche, die Verfasserin von *Feuchtgebiete*, äußert als Feministin: »Es gibt eine so schöne Bandbreite für Männer, sie haben so viele Gelegenheiten – Porno im Internet, Wichskabinen ... es ist eine Riesenschande, dass wir das für Frauen nicht haben.«[8] Oder hören wir Zoe Margolis, die Autorin von *Immer nur das eine*: »Wenn wir uns auf die Sexindustrie einlassen sollen (und machen wir uns doch nichts vor, so übel uns ein Großteil davon auch aufstoßen mag, sie wird in nächster Zukunft nicht verschwinden), dann ist es vielleicht an der Zeit, dass Frauen als Konsumentinnen Forderungen stellen, statt einfach nur Lieferantinnen zu sein.«[9]

Ich kann die Argumentation mancher Frauen verstehen, es gebe nur den Weg nach vorn, und das heiße, mehr Möglichkeiten für Frauen in der Pornographie zu schaffen. Dennoch lohnt sich meines Erachtens ein Blick auf die Gründe, warum einige von uns immer noch tiefes Unbehagen angesichts der derzeitigen Lage empfinden. Das Verstummen der Kritik an der Pornographie fällt genau in eine Zeit, in der sie sich massiv ausbreitet. Ich hegte lange Skepsis gegenüber der Behauptung, das Internet habe den Zugang und die Einstellungen der Menschen zu Pornographie verändert. Schließlich kam, wer wollte, immer an das gewünschte pornographische Material heran, ob er im Athen des fünften Jahrhunderts oder in den 1950er Jahren lebte. Doch meine Recherchen für dieses Buch haben mich überzeugt, dass das Internet tatsächlich für viele Menschen eine Veränderung herbeigeführt hat, insbesondere für junge Leute. Wenn früher ein echter Pornographieanhänger unter Schwierigkeiten vielleicht zehn, 20 oder 100 Bilder auftreiben konnte, um sich zu befriedigen, so kann heute jeder auf eine einzige Website klicken und unter 20, 100, 1000 Videos und Bildern wählen, wobei der speziellste und gewalttätigste Sex gleich neben dem zärtlichsten und einvernehmlichsten steht.

Die Zahlen sprechen eine kaum zu ignorierende Sprache. Eine 2006 durchgeführte britische Studie stellte fest, dass einer von vier Männern zwischen 25 und 49 Jahren in den vorausgegangenen vier Monaten im Netz Hardcore-Pornographie gesehen hatte und dass fast 40 Prozent der Männer im Jahr zuvor Pornographie-Websites besucht hatten.[10] Das Auffälligste jedoch ist der Pornographiekonsum von Kindern. Nach einer 2000 durchgeführten Studie hatten 25 Prozent der Kinder zwischen zehn und 17 Jahren unerwünschte Online-Pornographie in Form von Popups oder Spam gesehen. Doch die Anzahl der Kinder, die auf diese Weise an Pornographie kommen, steigt sehr rasch. 2005 fand eine ähnliche Studie, dass 34 Prozent beim Surfen auf unerwünschte Pornographie gestoßen waren.[11] In dieser Studie hatten 42 Prozent der Zehn- bis Siebzehnjährigen Pornographie gesehen, ob erwünscht oder unerwünscht. Doch diese Zahl wurde von den Ergebnissen anderer Studien weit in den Schatten gestellt. Einer kanadischen Untersuchung zufolge hatten 90 Prozent der 13 und 14 Jahre alten Jungen und 70 Prozent der gleichaltrigen Mädchen Pornographie gesehen, das meiste davon im Internet, und mehr als ein Drittel der Jungen gab an, Porno-DVDs oder -Videos anzuschauen, und zwar »zu oft, um es noch zu zählen«[12]. Während ein Mensch früher sein ganzes Leben lang meist ausschließlich sich selbst und den Partner beim Sex zu Gesicht bekam, ist heute der Blick des Voyeurs die Regel, sogar unter Kindern. Für eine wachsende Zahl junger Leute geht Pornographie nicht mehr mit Sex einher, sondern ihm voraus. Noch bevor sie einen anderen Menschen sexuell berührt haben oder irgendeine Form von sexueller Beziehung eingegangen sind, haben viele Kinder Hunderten fremder Erwachsener beim Sex zugeschaut.

Ich unterhielt mich einmal mit einem Jugendlichen kurz vor dem Sekundarschulabschluss und nannte ihm Zahlen, wonach die Mehrzahl der Heranwachsenden Pornographie gesehen hat. Luke lachte. »Wohl eher 100 Prozent«, meinte er. »Wenn man 13 oder 14 ist, dann fangen alle irgendwie an, es anzugucken und in der Schule darüber zu reden – bevor man Sex hat, schaut man zu. Ich glaube, dass diese Männerhefte nur von einer bestimmten Sorte Jungs gelesen werden, meine Freunde würden sie nicht lesen, ehrlich gesagt, genauso wenig wie sie die *Sun* kaufen würden. Aber Pornographie – das geht quer durch alle Schichten, alle kulturellen Hintergründe. Alle gucken Porno. Und ich glaube, das liegt voll und ganz am Internet – nicht nur auf dem PC, sondern mit allem, mit dem du dich einloggen kannst, Handy, BlackBerry, was du auch hast – überall kannst du Pornos gucken. Die Erwachsenen müssen doch wissen, was die Jugendlichen treiben, und wenn du erwischt wirst, kriegst du den Kopf gewaschen. Aber ich hatte noch nie eine ernsthafte Diskussion darüber mit einem Lehrer oder sonst jemandem.«

Nachdem die klassische feministische Kritik an der Pornographie aus dem Blickfeld verschwunden ist, stoßen junge Leute, wie Luke feststellte, kaum noch irgendwo auf eine kritische Analyse oder gar Debatte über die Auswirkungen von Pornographie. Doch diese massive Kolonisierung des Liebeslebens von Heranwachsenden durch kommerzielles pornographisches Material bietet wohl kaum Anlass zu Optimismus. Dass sich die Pornographie in einer immer noch von mangelnder

Gleichberechtigung gekennzeichneten Welt so stark ausgebreitet hat, verstärkt und spiegelt die Benachteiligungen in unserem Umfeld.

Das bedeutet, dass der überwiegende Teil des pornographischen Materials Männer immer noch dazu auffordert, Frauen als Objekte zu sehen, und Frauen meist dazu, sich auf ihre erotische Ausstrahlung zu konzentrieren statt auf ihre Phantasie oder Lust. Kein Wunder, dass die Vorstellung um sich greift, Sexualkontakte seien für Frauen zwangsläufig mit Leistung und Beurteilung ihres Äußeren verbunden. Als ich junge Frauen nach ihren Einstellungen zu Sexualität befragte, verblüffte mich ein anscheinend banaler Umstand – dass sie übereinstimmend erklärten, sie würden nie mit jemandem schlafen wollen, wenn sie sich nicht vorher die Schamhaare entfernt hätten. »Ich würde mich vor keinem Mann sehen lassen, wenn ich mich nicht kürzlich rasiert hätte«, sagte eine junge Frau von der Cambridge University unter bestätigendem Nicken ihrer Freundinnen. »Ich muss nicht sämtliche Haare entfernen lassen, aber es muss gepflegt aussehen«, erklärte eine zweite. »Das kommt definitiv von der Pornographie«, verriet eine andere. »Wir wissen, was die Männer gesehen haben und was sie erwarten.«

Wenn die Erwartungssteigerung durch die Pornographie nur zur Intimrasur führt, mag das noch angehen. Eine weit besorgniserregendere Entwicklung jedoch ist die wachsende Nachfrage nach Schamlippenoperationen. Die Zahl der in Großbritannien durchgeführten Operationen zur Anpassung der Labien an eine vorher festgelegte Norm steigt derzeit steil an.[13] Zeitschriften und Fernsehen haben ausführlich über diese Tendenz berichtet, oft in einer Weise, die darauf angelegt ist, unter den Rezipientinnen Besorgnis zu wecken. In einer Folge der Gesundheitsratgebersendung für Jugendliche *Embarrassing Teenage Bodies* auf Channel 4 konsultierte eine junge Frau einen Arzt, weil ihre inneren Schamlippen ein wenig über ihre äußeren hervorstanden und ihr dies peinlich war. Statt ihr zu versichern, dass dies völlig normal ist, empfahl ihr der Arzt eine Operation an ihren Schamlippen und führte sie auch durch. Aus den Kommentaren auf der Website der Sendung ging hervor, dass diese Entscheidung bei anderen jungen Frauen massive Ängste auslöste. »Ich bin 15 und habe immer gedacht, bei mir sei alles in Ordnung, aber seit ich die Sendung gesehen habe, mache ich mir Sorgen, weil meine noch größer sind als bei dem Mädchen, die sich ihre hat chirurgisch verkleinern lassen! Mir macht es nichts aus, aber ich mache mir jetzt Sorgen, dass ich, wenn ich älter bin und mit Sex anfange, Probleme kriegen könnte!«, schrieb ein Mädchen.[14] Die Vorstellung, dass es nur eine einzige »richtige« Form des weiblichen Genitales gebe, hat zweifellos mit dem Aufstieg der Pornographie zu tun. Die Website eines auf diesen kosmetischen Eingriff spezialisierten Arztes macht dies deutlich: »Eine Reduktionslabioplastik mit Laser kann die verlängerten oder ungleichen Labia minora (kleine oder innere Schamlippen) nach Ihren Angaben modellieren ... Viele Frauen bringen uns den Playboy mit und sagen, sie wollten so aussehen. Mit der Labioplastik möchten wir gemeinsam mit den Frauen an der Erfüllung ihrer Wünsche arbeiten.«[15] Hätte der Aufstieg der Pornographie wirklich etwas mit der Emanzipation der Frauen zu tun, würde sie kein Verlangen danach schüren, in ein eng definiertes körperliches Ideal zu passen.

Bei meinen Interviews zu Pornographieerfahrungen ging mir überdies auf, dass viele Frauen mit dem Einfluss der Pornographie auf ihr Privat- und Gefühlsleben zu kämpfen haben, obwohl öffentlich kaum über dieses Problem geredet wird. Auch wenn sie sich der klassischen feministischen Kritik, dass Pornographie in jedem Fall den Missbrauch von Frauen einschließt oder dazu anstachelt, nicht anschlossen, so äußerten doch viele Besorgnis darüber, dass Pornographie ein die Würde des Menschen verletzendes Bild von Sexualität propagiert. In der Pornographie gibt es kein Vorher und kein Nachher; Sex geschieht völlig isoliert. In der Pornographie gibt es kaum Individualität; alle Beteiligten sind austauschbar. In der Pornographie findet keine Kommunikation zwischen den Beteiligten statt; es geht nur um die Leistung im Auge des Betrachters. In der Pornographie ist Sex nicht mit Gefühlen verbunden; alles geschieht äußerlich. Wenn Menschen ihre Phantasie von der Pornographie vereinnahmen lassen, dürfte sich deren entmenschlichtes Bild von Sex mit Sicherheit auf ihre eigenen Beziehungen auswirken.

In einer Kleinstadt in Essex redete ich mit einem selbsterklärten Pornosüchtigen. Jim, ein stiller Mann Anfang 40, wand sich in den folgenden Stunden oft vor Verlegenheit, war jedoch auch begierig darauf, eine Geschichte zu erzählen, die seines Erachtens vielleicht weniger ungewöhnlich ist, als man meinen könnte. »Ich weiß, dass ich nicht der Einzige bin, der so ist«, sagte er immer wieder. Jim machte erstmals Bekanntschaft mit Pornographie, als er gerade fünf Jahre alt war. »Mein Dad stand echt auf Pornographie. Ich war fünf, als ich über eines seiner *Mayfair*-Hefte stolperte. Ich fand es sehr faszinierend, ehrlich gesagt.« Mit etwa sieben Jahren entdeckte Jim im Kleiderschrank seines Vaters Hardcore-Pornographie, und er hat bis heute einige dieser ersten Bilder vor Augen. »Ich fand sie sehr verstörend. Ich konnte natürlich mit niemandem darüber reden, denn der springende Punkt ist ja, dass es etwas Heimliches ist, du weißt, dass du eigentlich nichts davon wissen darfst.« Sein Fund zog ihn immer stärker in Bann. Ab da stand er auf, bevor seine Eltern erwachten, vor sechs Uhr morgens, um die Aktentasche seines Vaters nach Pornoheften zu durchsuchen. »Dann schaffte sich mein Dad einen Super-8-Projektor an, als ich ungefähr elf, zwölf war, und lieh sich Pornofilme aus – er schloss sich immer im Esszimmer ein, um sie sich anzuschauen. Doch der eigentliche Knackpunkt kam, als er einen Videorecorder kaufte. Ich suchte so lange, bis ich die Filme fand. Ich war etwa 14, und ich holte sie und schaute sie mir an, wenn ich allein im Haus war. Ständig.«

In diesem Alter hatte Jim seiner Obsession keine realen Beziehungen entgegenzusetzen. Er ging auf eine Jungenschule und hatte keinerlei Umgang mit Mädchen. »Ich war besessen von Pornographie, ich wollte Pornographie sein, ich wollte Pornographie leben«, beichtete er. »Es tat mir nicht gut, das weiß ich heute. Ich wusste das, glaube ich, damals schon, aber es war von Anfang an eine Sucht. Sie hatte mich fest im Griff. Sie hatte einen enormen Einfluss auf mein Verhalten gegenüber Frauen. Ich war unfähig, Frauen anders denn als potentielle Pornodarstellerinnen zu sehen. Ich sah sie rein sexuell. Ich erinnere mich noch, dass ich eines Tages, ich war 15, auf dem Schulweg mit einem ungefähr achtzehnjährigen Mädchen ins Gespräch kam. Ich sagte sofort, dass ich ihre Brüste befummeln wollte. Ich konnte mit Frauen als Menschen überhaupt nicht umgehen.«

Obwohl Jim ab 19 schließlich doch Freundinnen hatte, gelang es ihm nie, sich aus seiner Phantasiewelt zu befreien. »Die Macht der Pornographie hat mein gesamtes Erwachsenenleben beherrscht. Nichts hat sich für mich wirklich mit der Welt der Pornos messen können. Ich habe Tausende Fremder beim Sex gesehen. Wenn also ich Sex habe, beobachte ich mich selbst beim Sex – er ist eine Leistung.« Jim zufolge zerstörte die Dominanz der Pornographie in seinem Leben seine Fähigkeit, intime Beziehungen aufrechtzuerhalten. »Ihr Einfluss auf mein Leben war sehr destruktiv. Ich glaube, mein Leben wäre ohne Pornographie ganz anders verlaufen.«

Mit etwa 30 ging Jim eine Beziehung ein, die sieben Jahre

hielt. Nach dem Gespräch mit Jim unterhielt ich mich mit Jims Exfreundin Ali, einer belesenen Frau, die kein Blatt vor den Mund nahm. »Er sagte mir gleich zu Beginn unserer Beziehung, wie sehr er Pornos mochte«, erzählte sie mir. »Er war in dieser Hinsicht ganz ehrlich – zumindest am Anfang. Pornographie war damals etwas ganz Neues für mich – das ist jetzt zehn Jahre her. Es war vor der Internet-Pornographie. Aber ich war bereit, mir das anzusehen, wissen Sie, wenn es für ihn so wichtig war.«

Jim lieh sich Videos von Freunden oder kaufte welche, und er und Ali schauten sie sich in den ersten Tagen ihrer Beziehung an. »Ich begriff schon, dass ein gewisser Reiz darin lag«, gesteht Ali. »Ich begriff, dass man davon high werden konnte. Aber es dauerte nicht lange, bis ich merkte, dass das nichts für mich war. Ich bin als Kind missbraucht worden. Ich konnte nicht aufhören, Zusammenhänge zu sehen. Ständig habe ich mich gefragt, ob diese Frauen wirklich damit einverstanden waren und was sie das gekostet hatte und ob sie dabei Lust empfanden. Ich wollte etwas über ihre Herkunft und ihre Gefühle erfahren. Mir war sehr unbehaglich zumute. Ich redete mit Jim darüber, und wir kamen überein, dass er versuchen würde, eine Weile ohne Pornographie auszukommen.« Als jedoch das Internet in ihr Leben trat, konnte er seinen Drang nach Pornographie nicht länger beherrschen und fing wieder mit dem Konsum an. Die Beziehung zerbrach schließlich. »Die Pornographie hat dazu geführt, dass er Sex nur in einer Weise sehen konnte«, konstatiert Ali. »Er hat Sex immer als etwas betrachtet, das geleistet und nicht empfunden werden muss. Ich würde sagen, dass seine Pornographiesucht der Hauptgrund für das Scheitern unserer Beziehung war.« Ali glaubt, dass es kaum eine öffentliche Auseinandersetzung mit Erfahrungen wie den ihren gibt. »Pornographie ist so sehr Normalität geworden, dass jeder, der etwas dagegen hat, einfach nur ausgelacht wird. Ich glaube, wir müssen uns wieder ins Bewusstsein bringen, dass Pornographie die Intimität bedroht.«

Ali steht mit ihrem Kampf gegen die Auswirkungen von Pornographie auf ihre Beziehung sicherlich nicht alleine da. Als ich eines Tages auf eine Website ging, auf der sich Eltern über Erziehungs- und Familienprobleme austauschen können, fand ich die Postings einer Frau, die ich Lara nennen möchte. Sie brachte ihre Sorge darüber zum Ausdruck, dass ihr Mann so viel Pornographie konsumierte. Wir begannen eine private E-Mail-Korrespondenz. Lara ist seit sieben Jahren mit ihrem Mann zusammen und seit fünf Jahren verheiratet. »Mein Mann und ich lebten seit etwa sechs Monaten zusammen, als ich sein Versteck mit den Pornoheften entdeckte«, schrieb mir Lara. »Ich schnüffelte nicht mal herum, es war einfach in einer Schublade unter seinem Bett. Ich war schockiert und irgendwie seltsam berührt – er sammelte eindeutig schon seit geraumer Zeit, angesichts des Alters einiger Hefte.« Da sich dies in der Zeit abspielte, bevor in jeder Wohnung ein Computer stand, hatten sie keinen Internetzugang. »Zu diesem Zeitpunkt war unsere Beziehung phantastisch, wir waren bis über beide Ohren verliebt, hatten ein tolles Sexleben. Ich war so verliebt, dass ich nicht hätte gehen können, selbst wenn ich es versucht hätte. Schließlich sprach ich ihn darauf an, und ihm schien es peinlich zu sein. Er behauptete, er habe seit Ewigkeiten nichts mehr gekauft und werde auch nichts mehr kaufen.« Lara glaubte zuerst, dass es damit erledigt sei. Sie heirateten und hatten immer noch keinen Computer, deshalb gab es keine Probleme, fürs Erste. Aber als sie sich dann doch einen zulegten, begannen die Schwierigkeiten. »Ich war schwanger, als ich herausfand, dass er online Pornos guckte. Ich ertappte ihn eines Abends, und ich war zutiefst bestürzt und traurig. Ich fand auch heraus, dass er Telefonsexnummern anrief. Ich war am Boden zerstört. Ich begann seine Mails zu lesen, um herauszufinden, was er tat, und meine Entdeckungen führten unweigerlich zu heftigen Auseinandersetzungen.«

Zunächst versuchte Lara, ihren Mann zu einer Paartherapie zu bewegen, doch er weigerte sich, und ihre Beziehung verschlechterte sich weiter. »Was unsere Intimität angeht – die wurde ganz sicher beeinträchtigt«, schrieb sie. »Ich bringe es einfach nicht mehr fertig, ihn so nahe an mich heranzulassen wie sonst. Ich frage mich immerzu, was in seinem Kopf vorgeht, wenn wir zusammen sind – ob er an eine Pornoseite denkt, eine bestimmte Frau oder was auch immer. Er sagt ganz offen und genau, was ihn erregt, und ich glaube, das kommt von den Portalen, die er so gerne benutzt. Ich versuche, mich davon nicht stören zu lassen, aber es stört mich doch.« Lara hat sich mit ihrem Mann Pornos angeschaut, aber wie Ali kann sie wegen deren entwürdigenden Charakters keinen Geschmack daran finden. »Ich sehe die Frauen als Menschen mit Gefühlen und einem eigenen Leben. Ich frage meinen Mann immer, ob er glaubt, dass ihre Eltern stolz auf sie wären, oder ob er weiß, dass diese Frauen wahrscheinlich mit Drogen und Prostitution zu tun haben und dass das bestimmt keine wohlüberlegte Berufswahl ist. Ich frage ihn, was er denken würde, wenn unsere Tochter später in diese Branche geraten würde, und diesen Gedanken kann er nicht ertragen. Ich versuche, sie als Menschen zu sehen, nicht bloß als Sexobjekt.«

Lara hat ihren Mann wegen seiner Gewohnheiten zur Rede gestellt, doch wenn sie stritten, versuchte er sich auf allerlei Weisen herauszuwinden: Er gelobte, nie wieder Pornographie zu konsumieren, oder verlangte von ihr, ein Auge zuzudrücken und sich um ihre eigenen Angelegenheiten zu kümmern. Oder er kam ihr mit dem, wie sie es nennt, »alten Lieblingsspruch«, dass alle Männer es täten und dass doch nichts dabei sei. »Letztlich läuft das darauf hinaus, dass es keine Rolle mehr spielt, was er zu mir sagt«, schrieb mir Lara traurig. »Ich glaube ihm einfach nicht mehr. Ich habe nie mit Freundinnen darüber gesprochen – ich schäme mich zu sehr. Ich habe das Gefühl, dass er mich irgendwie benutzt, wenn wir zusammen sind, um Phantasien nachzuspielen, die er in den Pornos gesehen hat. Ich frage mich, ob er sich eine Frau aus dem Internet vorstellt, statt auf mich einzugehen.«

Frauen wie Ali und Lara stehen nicht alleine da. Bemerkenswerterweise ließen sich ihre Partner zwar schon vor den Zeiten des Internets in den Bann der Pornographie ziehen, doch erst das Netz ermutigte diese Männer dazu, sich den Wünschen ihrer Partnerinnen nach einem Liebesleben ohne Pornographie zu verweigern. Ich glaube nicht, dass Pornographie Frauen immer und unweigerlich in ihrer Würde verletzt, und ich meine, dass die klassische feministische Kritik an der Pornographie als Gewalt gegen Frauen zu kurz greift, als dass sie auf die gesamte Palette freizügigen erotischen Materials und der Reaktionen der Menschen darauf zuträfe. Doch ist es nicht von der Hand zu weisen, dass der übermäßige Konsum von Pornographie tatsächlich viele erotische Beziehungen bedroht, und das ist zunehmend ein Problem. Darüber hinaus beruht ein zu großer Teil der Pornographie tatsächlich auf der Ausbeutung oder dem Missbrauch von Frauen oder fördert sie. Auch wenn man im Internet pornographisches Material für Frauen und Paare finden kann, so zeichnet sich doch der Löwenanteil durch eine frauenverachtende Einstellung aus.

Das gilt für die Otto-Normalverbraucher-Pornographie und erst recht für all die – nicht wenigen – Seiten, die ganz offen Bilder von Vergewaltigungen, Inzest und Missbrauch an den Mann bringen. »Ich finde das Internet ziemlich beunruhigend«, urteilte sogar Jim. »Ich interessiere mich seit Jahren für Pornographie, ich habe alles gesehen. Aber das Internet hat alles viel weiter vorangetrieben.« Obwohl er seit 30 Jahren so begeistert Pornographie konsumiert, ist er entschieden der Meinung, dass sie viel frauenverachtender geworden ist als ehemals. »Heute ist die Pornographie viel brutaler als früher«, konstatierte er. »Da gibt es diese unglaubliche Besessenheit von Analsex – Bilder, auf denen das Arschloch einer Frau vom Sex mit zwei Männern maßlos überdehnt ist – das muss doch schmerzhaft sein. Das ist noch viel entwürdigender für Frauen als in der Vergangenheit.« Man sollte meinen, dass einen Mann, der so viel Pornographie gesehen hat wie Jim, nichts mehr erschüttern kann, doch ihn schockiert es ganz eindeutig, dass, je salonfähiger die Pornographie wird, desto mehr ein menschenverachtendes Frauenbild in der breiten Masse befördert wird. »Die Leute nehmen das jetzt für ganz selbstverständlich«, entrüstete er sich. »Der Typ von gegenüber sagte zu mir, ich bring dir 'ne DVD vorbei – darin ging es nur um Analsex, die Kerle schlugen die Frau, zwangen sie zum Analsex mit zweien auf einmal und einem riesigen Dildo, alle zugleich in ihrem Arsch drin. Dann fragte er mich, wie findest du das? Ich sagte, das ist wirklich nicht mein Ding. Er grinste und sagte, ja, es ist grässlich, nicht wahr? Gott, ich weiß noch, als ich das erste Analsexbild sah, so ungefähr mit 16, das war richtig verschämt im Vergleich dazu. Keine Bilder von klaffenden Löchern, keine Bilder von Frauen, die sich vor Schmerzen winden. Es scheint auch einen großen Markt für echt brutale Texte zu geben. Was ich als Kind gesehen habe, nannten wir damals Hardcore, aber der Grundtenor im Text dazu war doch, dass es auf wechselseitigem Einverständnis – wechselseitiger Lust – beruhte. Aber bei dem, was ich heute zu sehen kriege, geht es eher um männliche Dominanz.«

Pornographie ist in der Grundtendenz nicht nur sehr häufig realer oder vorgestellter Missbrauch von Frauen, sondern wird auch, wie oben dargelegt, in immer größerem Umfang von jungen Leuten konsumiert, die ihr wenig reale Erfahrung entgegenzusetzen haben. Jims Einschätzung nach werden in den Augen sehr junger Männer allmählich Bilder normal, die früher absolut indiskutabel gewesen wären. »Sehr viele Typen, die ich kenne, stehen da drauf. Ich spiele oft Golf, und als ich einmal draußen war, sah ich junge Kerle von 15, 16 Jahren, die auf ihren Handys Videoclips von einem Mädchen anschauten, das es mit einem Pferd treibt, und einer von ihnen sagte: ›Sie starb einen Tag später an inneren Verletzungen.‹ Ich weiß nicht, ob das stimmt oder nicht, aber das ist das Zeug, das sie sehen wollen. Es ist wie eine Mutprobe, sie wollen immer schlimmere Sachen sehen. Als ich ein Kind war, hielt sich das, was man sah, im Rahmen dessen, was man physisch auf Papier gedruckt kaufen konnte. Heute breitet sich alles rasend schnell aus, und es gibt keine Tabus mehr.« Jim zufolge verändert der zufällige Kontakt mit diesen Bildern die sexuellen Einstellungen auch solcher junger Männer, die nicht aktiv danach suchen. »Ich glaube, dass diese mit Sex verknüpfte Gewalt sich in unser Denken eingräbt und dass man es nie vergisst, so sehr man sich das auch wünscht. Es ist immer da.«

Da die alte feministische Position gegen die Pornographie so diskreditiert ist, scheint es häufig so, als seien nur wenige Menschen bereit, sich gegen Pornographie auszusprechen. Bei den Frauen, die ihre negativen Auswirkungen am eigenen Leib erfahren hatten, spürte ich denn auch oft echte Hoffnungslosigkeit. Ali, Jims Expartnerin, hat einen Sohn. Sie sorgt sich, dass sich das, was Jim widerfuhr, bei ihrem Sohn wiederholen könnte. »Ich merkte zum ersten Mal, dass er Pornographie guckte, als er 14 war. Aber wie sollen Jungen sich dem entziehen? Nur wenn sie bewusst beschließen, keine Pornographie anzuschauen, sie auf ihrem Handy oder aus ihrer E-Mail zu löschen, wenn sie welche geschickt bekommen. Sie würden dann eine beispiellose, wahrscheinlich einzigartige Entscheidung treffen. Früher einmal fiel einer wie Jim aus dem Rahmen, heute hat jeder Junge das alles gesehen. Ich weiß, was das in jungen Seelen anrichtet, und heute verbreitet sich das immer mehr. Gott weiß, wie wir uns dem entgegenstellen sollen. Früher einmal konnten die Kinder experimentieren, also, im Geheimen, aber heute ist jede Unschuld dahin.«

Die Flut der Pornographie ist so breit und so leicht zugänglich, dass jeder Versuch, sie zurückzuschlagen, fast unmöglich scheint. Dennoch glaube ich nicht, dass wir auf verlorenem Posten stehen. Es kursiert zwar der Gedanke, dass die einmal verlorene »Unschuld« für immer verloren sei, dass, wie Jim es ausdrückte, man einmal gesehene Pornographie »nie vergisst, so sehr man sich das auch wünscht«. Es stimmt, dass wir die Uhr nicht zurückdrehen und Pornographie aus unserem individuellen oder kollektiven Gedächtnis tilgen können. Dennoch gibt es Möglichkeiten zum Widerstand gegen die Pornographie. Dazu gehört, Menschen zu unterstützen, die gegen den entwürdigenden Einfluss von Pornographie auf ihre eigenen Beziehungen ankämpfen. Sowohl Ali als auch Lara meinen, dass es ihnen in ihrem persönlichen Kampf helfen würde, erhielte die Kritik an der Pornographie in der Gesellschaft verbreitet Gehör. Lara schrieb mir: »Aus Diskussionen, die ich online geführt habe, weiß ich, dass viele Ehefrauen Probleme mit dem Pornokonsum ihrer Männer haben. Wenn die Medien genauso offen über Pornosucht berichten würden wie über Drogensucht, Spielsucht oder Alkoholismus, dann würde mein Mann vielleicht merken, dass er nicht der einzige auf der Welt mit diesem Problem ist, und einsehen, dass er etwas dagegen unternehmen sollte.« Auch von Teenagern hörte ich den Wunsch nach mehr Gelegenheit zu ernsthafter Auseinandersetzung mit Pornographie; offenbar haben sie das Gefühl, dass ihnen einerseits diese Welt völlig offensteht, andererseits aber kaum offen darüber gesprochen wird.

Selbst wenn wir Pornographie nicht zensieren und das Internet nicht abschalten können, so müssen wir wenigstens versuchen, wieder pornographiefreie Räume zu schaffen, sowohl öffentliche wie private. Sogar Anna Span schließt sich dem an: »Es scheint, als hätten die Frauen durch ihr Vordringen in die Pornographie den Männern die Entschuldigung dafür gegeben, Frauen in vielen anderen Zusammenhängen ... zu sexualisieren oder um mit Hilfe von erotischen Frauen alles Mögliche von Mineralwasser bis zu Kameras zu verkaufen. Das sehe ich wirklich nicht als Fortschritt.« Wenn wir bereit sind, etwas gegen die schleichende Pornifizierung unserer Kultur zu unternehmen, fängt es damit an, dass wir verhindern, dass an Zeitungskiosken pornographische Bilder in Augenhöhe von Kindern zum Verkauf angeboten werden, und geht weiter damit, dass wir gegen die Medienunternehmen vorgehen, die in anderen Zusammenhängen semipornographische Bilder verwenden.

Es bedeutet auch, daran zu glauben, dass wir ein Bild von Sexualität zurückfordern können, dessen Kern Intimität ausmacht und nicht Tauschhandel. Natürlich erleben sehr viele Menschen Sexualität in ihrem Privatleben so. Inspiration können uns auch Schriftsteller und Künstler geben, die Sexualität wieder als emotionale Bindung und nicht als Leistung darstellen. Literarisches Schaffen kann selbst in dieser zynischen Welt ein überraschendes Echo hinterlassen. Um nur ein – besonders schönes – Beispiel zu nennen: In ihrem dritten Roman *Über die Schönheit* schreibt Zadie Smith kraftvoll und bewegend über eine sexuelle Begegnung zwischen einer jungen Frau und einem älteren Mann. Dabei steht das Skript, das die junge Frau von der Pornographie übernommen hat, jeder Art von Intimität eklatant im Wege. »Bei der kleinsten Berührung stöhnte sie heftig auf und erzitterte vor präorgasmischer Leidenschaft, trotzdem war sie, wie Howard beim zweiten Versuch feststellte, vollkommen trocken.«[16] Gegen Ende des Romans kehrt der Mann jedoch wieder zu seiner langjährigen Partnerin zurück. Ihn verlangt es nach wie vor nach einer Sexualität, die auf der Kommunikation der Körper beruht. »Und wen kümmern schon diese technischen Details«, lässt Smith ihren Protagonisten sich fragen, »wenn Lust und Liebe und Schönheit in diesem Urknall verschmelzen?«[17]

6. Kapitel
Entscheidungen

Die hochgradig sexualisierte Kultur in unserem Umfeld wird toleriert und sogar begrüßt, weil sie auf der Illusion von Gleichberechtigung gründet. Da sich die Vorstellung durchgesetzt hat, Frauen und Männer seien heute in allen gesellschaftlichen Bereichen gleichgestellt, gilt es als unproblematisch, Frauen unablässig einzureden, sie sollten ihrer sexuellen Attraktivität Vorrang einräumen. Es wird unterstellt, dies sei eine freie Entscheidung von Frauen, die in jeder anderen Hinsicht den Männern gleichgestellt sind. Nehmen wir jedoch die derzeitige Lage genauer unter die Lupe, dann erweist sich, auf wie schwachen Füßen diese Argumentation in Wirklichkeit steht. Ich möchte hier einige der grundlegendsten Fakten wiederholen: Frauen besitzen immer noch nicht die Teilhabe an der politischen Macht, um die sie schon so lange kämpfen. Beispielsweise ist in Großbritannien nur ein Fünftel der Abgeordneten weiblich, in Deutschland sind etwas über 30 Prozent der Abgeordneten im Bundestag Frauen. Frauen sind auch wirtschaftlich nicht gleichberechtigt. Sie verdienen immer noch nicht nur weniger, sondern die Einkommensschere geht sogar weiter auf. Auch leben Frauen noch nicht in der gewünschten Sicherheit vor Gewalt, und da die Verurteilungsrate bei Prozessen wegen Vergewaltigung bei nur sechs Prozent liegt, wissen sie, dass Vergewaltiger in unserer Gesellschaft praktisch Straffreiheit genießen.

Natürlich lebt eine Frau, die Poledance macht, strippt, mit zahlreichen Partnern schläft oder Pornographie konsumiert, nicht von Natur aus in Erniedrigung oder Elend. All diese Verhaltensweisen können prinzipiell mit Genuss, Erotik und Vergnügen verbunden sein. Im aktuellen Kontext jedoch, in dem der Wert von Frauen nahezu ausschließlich an einer wirksamen erotischen Ausstrahlung festgemacht wird, werden sie in bestimmten Entscheidungen offensichtlich bestärkt, während sie durch andere an den Rand gedrängt werden. Natürlich beeinflusst dies das Verhalten vieler Frauen und Männer.

Die hypersexualisierte Kultur wurzelt nicht nur in der nach wie vor bestehenden Ungerechtigkeit, sondern produziert auch noch mehr Ungerechtigkeit. Bei meinem Gespräch mit Carly Whiteley, der jungen Frau im dritten Kapitel, verblüffte mich ihr Scharfblick: Wenn die individuelle Entscheidungsfreiheit in den Mittelpunkt gestellt werde, würden häufig die Auswirkungen dieser Entscheidungen nicht beachtet. »Ich meine, die Sache ist doch die, merken sie denn nicht, selbst wenn sie das für sich selbst richtig finden, was sie damit anderen Frauen antun?«, bemerkte sie über Frauen, die sich für Strippen oder Sexarbeit entscheiden. »Wir haben lange gebraucht, um dahin zu kommen, wo wir heute sind, also im Prinzip da, wo die Männer schon immer waren – dass wir jetzt in der Lage sind, Respekt zu verlangen. Und diese Frauen machen das alles kaputt. Sie bringen uns wieder dahin zurück, wo wir früher waren. Wenn man heute in einen Club geht, kommt es nicht selten vor, dass dir zum Beispiel irgendein Fremder auf den Arsch haut. Natürlich darfst du dich nicht beschweren, du darfst nichts sagen – alle Medien sagen, das ist okay, schließlich bist du nur Titten und Arsch.«

Diese Reduktion von Frauen ausschließlich auf ihre körperlichen Attribute reicht weit über die hier betrachteten Bereiche unserer Kultur hinaus. Schaut man sich den Umgang mit

Frauen im politischen Leben an, wird deutlich, wodurch ihr Status häufig eingeschränkt wird. Man meint, beurteilen – oft grausam beurteilen – zu dürfen, ob sie die Maßstäbe nicht für ihre Arbeit, sondern für sexualisiertes weibliches Äußeres erfüllen. Als beispielsweise 2007 in der politischen Quizshow *Have I Got News For You* die konservative Politikerin Ann Widdecombe auftrat, wurden sehr viele Witze über ihr wenig erotisches Äußeres gemacht. Die Teilnehmer ließen sich darüber aus, wie sie sich wohl bei einem Poledance machen würde, sagten, ein Blick von ihr, und ihr bestes Stück würde schlappmachen, und gaben ungehemmt weitere gehässige Bemerkungen über ihr Äußeres zum Besten. Oder als die stellvertretende Labourparteichefin Harriet Harman 2009 für mehr Frauen in Machtpositionen eintrat, reagierte ein Artikelschreiber im Magazin *Spectator* folgendermaßen: »Also – Harriet Harman. Würden Sie? Ich meine, nach ein paar Bierchen, natürlich nicht in nüchternem Zustand … ich glaube, Sie würden nicht.«[1] Die Online-Fassung dieses Artikels rief Dutzende Kommentare hervor, viele etwa in folgender Manier: »Rod, ich würde die scheinheilige Schlampe nicht mit deinem berühren, geschweige denn mit meinem.«[2]

Entspricht aber eine Frau in der Politik den Normen für Attraktivität, so wird sie dadurch keineswegs immun gegen derartige Niederträchtigkeiten. Sarah Palin, die republikanische Kandidatin für das Amt des US-amerikanischen Vizepräsidenten im Jahr 2008, rief viel berechtigte Kritik an ihren politischen Ansichten hervor. Nichts jedoch rechtfertigte die Sturzflut sexueller Anspielungen, der sie sich gleichzeitig ausgesetzt sah. Ein Hersteller brachte eine Sarah-Palin-Puppe auf den Markt, das »unartige Schulmädchen« mit einem roten BH, der unter der Schuluniformbluse hervorlugte,[3] ein anderer sogar eine aufblasbare Sexpuppe mit ihren Zügen. Eine Kommentatorin schrieb in der *Sunday Times*: »Sie sieht aus wie ein Pornostar, insbesondere wie ein Pornostar, der das ›brave‹ Mädchen spielt, das drauf und dran ist, etwas sehr, sehr Unartiges zu tun. ›Sie ist die ultimative MILF (Mom I'd Love to Fuck)‹, sagte eine Freundin.«[4] Und schließlich kam ein Pornofilm über eine fiktive Palinfigur heraus; Titel: *Who's Nailin' Palin?* (Wer nagelt Palin?)[5] Wie sollen junge Frauen selbstbewusst am öffentlichen Leben teilnehmen, wenn sie wissen, dass sie sehr wahrscheinlich nicht nach ihren Kompetenzen und Fähigkeiten, sondern nach ihrer Ähnlichkeit mit einem Pornostar beurteilt werden?

Trotzdem bleibt der sexistische Terror gegen Frauen im öffentlichen Leben heute praktisch unbemerkt, so selbstverständlich ist er geworden. Ein Teil dieser Schikanen erinnert an die von Ellbogenstößen begleitete, augenzwinkernde Belustigung der 1950er Jahre, als ob die beteiligten Kommentatoren baff darüber wären, dass Frauen mit Frauenkörpern sich ins öffentliche Leben wagten. So verursachte die britische Innenministerin Jacqui Smith 2007 einen bizarren Aufruhr, als sie bei einer Rede im Parlament ein kleines Dekolleté sehen ließ. Die Zeitung *Sun* meinte daraufhin, in einem Feature mit dem Titel »The Best of Breastminster« eine Riege von zehn weiblichen Abgeordneten für die Größe ihres Busens auszeichnen zu müssen.[6] Auch das Dekolleté der deutschen Kanzlerin bei der Eröffnung der neuen Osloer Staatsoper 2009 bot reichlich Anlass zu medialer Häme.

Diese Gehässigkeiten wirken wie ein Rückfall in alte Zeiten, doch selbst Comedians und Künstler, die sich als »Avantgarde« betrachten, haben diese Einstellung zu Frauen aufgegriffen. Wenn Schauspielerinnen und Sängerinnen ihren Bekanntheitsgrad steigern wollen und daher an Talkshows wie der von Jonathan Ross in der BBC teilnehmen, müssen sie sich Kommentare über ihre Oberweite oder anzügliche Bemerkungen des Talkmasters über seine davon ausgelösten sexuellen Phantasien schlichtweg gefallen lassen. So glaubte die Journalistin

India Knight, als sie den Radiomoderator Russell Brand interviewte, ihre übliche journalistische Arbeit zu machen. Später schaltete sie seine Radiosendung ein und war »schockiert, meinen Namen im Rundfunk genannt zu hören, und zwar als Vorspiel zu einer Diskussion über meinen Busen zwischen Brand und irrerweise Noel Gallagher von Oasis, der ihn wiederholt fragte: ›Haben Sie mir ihr geschlafen?‹. Diese Frage veranlasste Brand dazu, detaillierte Überlegungen darüber anzustellen, wie es wohl gewesen wäre, mit mir zu schlafen … es war völlig daneben und reduzierend: Frau, ergo ein Stück Fleisch, Freiwild, Lachnummer, Unperson.«[7]

Die Grundannahme, dass eine Frau vorwiegend um ihrer erotischen Erscheinung willen geschätzt werden sollte, wirkt sich ganz real auf die Sichtbarkeit von Frauen in unserer Kultur aus. Im Fernsehen flog 2009 in der Unterhaltungsshow der BBC *Strictly Come Dancing*, in Deutschland als *Let's Dance* bekannt, eine ältere und erfahrenere Frau, Arlene Phillips, zugunsten einer bildhübschen, aber unerfahrenen jungen Frau und Gewinnerin des Wettbewerbs namens Alesha Dixon aus der Jury. Solche Fälle belegen, was die Betonung der körperlichen Eigenschaften von Frauen bedeutet: Ihre anderen Eigenschaften, von sportlichem Können über Ausdrucksfähigkeit bis hin zu Erfahrung, werden entwertet. Die Gleichsetzung von hypersexualisierter Kultur mit Frauenemanzipation ist also falsch. Diese Kultur setzt alles andere als Kräfte frei; sie schränkt vielmehr ein und grenzt aus.

Dies gilt insbesondere für Frauen, denen vielleicht keine anderen Wege zu Erfolg und gesellschaftlichem Ansehen offen stehen. Die hypersexualisierte Kultur lastet auf Frauen mit wenig Chancen besonders schwer. Aus diesem Grund können Vertreter der Mittelschicht sie offenbar häufig als irrelevant für sich selbst oder ihre Töchter abtun. Mir wurde klar, dass einige der männlichen Erbauer und Förderer dieser Kultur dies in dem Glauben tun, sie könnten ihre eigene Familie vor ihren Auswirkungen schützen. Bei meinen Gesprächen mit einigen Mächtigen der Branche fragte ich sie, ob sie sich diese Arbeit für ihre eigenen Töchter vorstellen könnten. Dave Read, der schon erwähnte Chef der Modelagentur Neon Management, ist Vater einer Tochter. Was würde er sagen, wenn sie die nächste Jodie Marsh werden möchte, wollte ich von ihm wissen, und er antwortete freimütig: »Ich würde sterben bei der Vorstellung, dass sie in ihre Fußstapfen treten will. Ich wünsche mir andere Möglichkeiten für sie.« Phil Edgar-Jones, der Kreativdirektor von *Big Brother*, hat ebenfalls eine kleine Tochter. Er zeigte zunächst Überraschung, als ich ihn fragte, was er empfände, wenn sie bei *Big Brother* mitmachen oder Busenmodel werden wollte. »Ich bin ein Mittelschichtvater, also wäre ich –« Er stockte. »Wenn sie das wirklich machen wollte …« Er brach erneut ab und sagte dann schnell: »Ich hoffe, sie wird andere Ziele haben. Ich halte sie zum Bücherlesen an. Andere Leute haben einen anderen Hintergrund.«

Aber es ist einfach nicht so, dass dieser Wandel in unserer Kultur nur Frauen eines Bereichs oder einer Schicht betrifft. Die Forderung, sich als körperlich vollkommen zu präsentieren, beeinflusst Frauen quer durch die gesamte Gesellschaft. Bei meinen Gesprächen mit Mädchen, die gute Noten hatten und einen guten Beruf anstrebten, erstaunte mich immer wieder, wie deutlich ihnen bewusst war, dass die Erwartungen ihrer Freunde an Sex von der Pornographie und ihre eigenen Ansprüche an das Erscheinungsbild von Frauen von den geschönten Normen der aktuellen Zeitschriften- und Promikultur bestimmt waren. Diese jungen Frauen äußerten trotz ihrer schulischen und beruflichen Leistungen immer wieder Unzufriedenheit mit ihrem Aussehen. Ich war immer der Meinung, dass es Menschen Freude machen kann, Zeit und Kraft auf ihr Aussehen und ihre Kleidung zu verwenden, ohne dass sie das von ihrer Freiheit ablenkt. Doch in unserer Kultur ist dieses Interesse am Äußeren häufig eher anstrengend als vergnüglich und überdies eingebunden in ein überstrenges Diät- und Kosmetikregiment.

In einem College der Cambridge University unterhielt ich mich mit fünf jungen Frauen, die gerade ihre Abschlussprüfungsergebnisse erhalten hatten. Unter ihnen hatten einige mit Eins abgeschlossen, und sie alle blickten einer glänzenden Zukunft entgegen und waren voller Zuversicht und Begeisterung. Doch als wir über Körperbilder sprachen, da war es, als schiebe sich eine dunkle Wolke vor die Sonne; das Lächeln schwand auf ihren Gesichtern, die Schultern sanken herab. »Eigentlich esse ich nie ohne Schuldgefühle«, bekannte eine, und eine andere pflichtete ihr bei. »Von 13 bis 17 konnte ich nichts in den Mund schieben, ohne mir Sorgen zu machen«, sagte eine andere. Diese gnadenlose Überwachung des eigenen Äußeren kann eine Frau daran hindern, sich auf andere Weise zu entfalten. Kürzlich veröffentlichte Studien haben gezeigt, dass Frauen in Situationen, in denen ihre Aufmerksamkeit auf ihren Körper gelenkt wird – durch ihre aktuelle Kleidung oder eine gerade gesehene Werbung –, in Mathematiktests schlechter abschneiden und sich selbst in geringerem Maße als Entscheidungsträger sehen.[8, 9] Solche Studien lassen vermuten, dass der bei jungen Frauen unaufhörlich genährte Narzissmus sie daran hindern könnte, Rollen zu übernehmen, die sie sich sonst durchaus zutrauen würden.

Diese Kultur besteht seit vielen Jahren praktisch unangefochten. Der Großteil unserer Gesellschaft singt die Lobeshymne des Marktes. Wenn bestimmte Magazine sich verkaufen, wenn bestimmte Clubs Geld scheffeln, wenn bestimmte Bilder Produkte an den Konsumenten bringen, wird Kritik an den in ihnen verkörperten Werten wirksam zum Schweigen gebracht. Phil Hilton, der ehemalige Herausgeber von *Nuts*, bringt es auf den Punkt: »Ich habe es aufgegeben, Leute zu verurteilen.« Viele Zeitgenossen würden das unterschreiben. Die Beurteilung eines Aspekts unserer Kultur oder unseres Verhaltens gilt häufig als unerträglich elitär; der Markt ist der einzige Schiedsrichter. Fernsehproduzenten und Verleger haben mir gegenüber zugegeben, dass sie in dieser Gesellschaft keine auf Qualität oder Moral beruhenden Entscheidungen treffen können, sondern aufgrund der Verkaufszahlen entscheiden müssen. Quer durch unsere Gesellschaft stößt jeder Versuch, diese Kultur anzuprangern oder sie zu ändern, auf Fatalismus: Wenn der Markt so mächtig ist, wie kann sich da der Einzelne dagegenstemmen?

Eines möchte ich klarstellen: Die gegenwärtige hypersexualisierte Kultur beeinflusst nicht alle Frauen in gleicher Weise. Junge Frauen, die in allen möglichen Bereichen von Musik bis Literatur, in der Politik und im Privatleben ihren Träumen folgen, haben von der Arbeit der ihnen vorausgehenden Feministinnen erkennbar profitiert. Dennoch ist für viele Frauen diese Kultur wie ein Käfig; sie fühlen sich gefangen und frustriert von dem, was sich um sie herum abspielt. Durch den Glamour-Modeling-Kult, durch die Etablierung der Pornographie in der Gesellschaft und die neue Salonfähigkeit der Sexindustrie, durch die Lap- und Poledance-Mode, durch die Sexualisierung schon kleiner Mädchen sind viele junge Frauen von einer Kultur umgeben, in der sie Körper und nur Körper sind. Hier gewinnt nur die Frau, die ihre körperliche Vollkommenheit in den Vordergrund rückt und jedes mögliche Unbehagen in sich erstickt. Diese zum Objekt gemachte, oft als Gattin oder Gefährtin des männlichen Helden gefeierte Frau ist eine lebendige Puppe. Sie hat die befreite Frau ersetzt, die ihren Weg ins 21. Jahrhundert hätte beschreiten sollen.

II Der neue Determinismus

7. Kapitel
Prinzessinnen

Ich wuchs in einer Familie auf, in der sich von selbst verstand, was Simone de Beauvoir schon 1949 so bündig verkündet hatte: »Man kommt nicht als Frau zur Welt, man wird es.« Folgerichtig hatte meine Mutter Barbiepuppen für ihre Töchter abgelehnt. Sie kaufte Lego-Steine und Spielzeugautos für meine Schwester und mich; der Kampf gegen die Geschlechtsrollenstereotype begann schon im häuslichen Kinderzimmer. Eine Generation später war ich selbst Mutter und glaubte, dass meine Tochter in einer im Großen und Ganzen freieren Zeit aufwachsen würde. Meiner Meinung nach hatten es gerade die Erfolge der Generation meiner Mutter möglich gemacht, dass Frauen Weiblichkeit nunmehr als Alternative und nicht als Falle betrachten konnten. Gleichermaßen überzeugt war ich davon, dass erwachsene Frauen sich nun unbeschwert für Facetten von Weiblichkeit entscheiden konnten, welche die zweite Welle der Frauenbewegung noch als Zwangsmittel betrachtet hatte, etwa Stöckelschuhe und Make-up. Infolgedessen nahm ich auch an, dass kleine Mädchen Märchenprinzessinnen sein durften, wenn sie das wollten.

Doch dann erkannte ich, dass die Mauern fast unmerklich näher heranrückten. Die Freiheit, gelegentlich einen Tupfer Rosa zu tragen, hat sich mittlerweile fast in das Diktat verkehrt, in einem Meer von Rosa zu ertrinken. Meine Tochter wächst in einer Welt mit nahezu mittelalterlichen Werten auf: Jedes Mädchen ist eine Prinzessin und jeder Junge ein Kämpfer; jedes Mädchen hat Märchenfiguren auf seiner Pausenbrotbox und jeder Junge Superhelden auf seiner. Dieser neue Traditionalismus spiegelt sich nicht nur in den unterschiedlichen, Kindern angebotenen Spielsachen wider, er erstreckt sich auch auf die Erwartungen an viele andere Aspekte kindlichen Verhaltens, vom Lernen bis zum Raufen. Und am merkwürdigsten kommt mir vor, dass diese rückwärtsgewandten Erwartungen so wenig in Frage gestellt werden.

»Komm zu meiner Prinzessinnenparty!«, stand auf der Einladung einer Kindergartenfreundin meiner Tochter, neben einem bunten Bild einer Prinzessin in Krone und Robe, die Dornröschen nachempfunden war. Meine Tochter freute sich sehr, und an dem fraglichen Tag musste ich ihr helfen, ihr glitzerndes Strassdiadem und ihr Mininylonballkleid aus dem Disney Shop anzulegen. Bei unserer Ankunft auf der Party empfing uns der erwartete Anblick: Ein Dutzend kleiner Mädchen führte Kleider vor, ausgedacht für Märchenheldinnen ab den 1930er Jahren. Vereinzelte Jungen in ihren Alltagsklamotten, blau und grau, drückten sich in den Ecken herum. Auf dem Teetisch prangten rosa Glitzerteller und -tassen, dazwischen eingestreut ein paar einfache blaue, damit auch die Jungen ihre Plätze fanden.

Meine Tochter mischte sich eine Weile nicht in die Gesellschaft. »Sie ist ein bisschen schüchtern«, erklärte ich den anderen Müttern, während sie auf meinem Schoß saß und zusah. »Ich wünschte, ich hätte ein Mädchen«, erwiderte eine der Mütter. »So ein stilles. Thomas ist eine richtige Nervensäge.« Später hörte ich ebendiese Mutter, während sich Thomas an ihr Bein klammerte und jedes Wort verweigerte, in der Küche sagen: »Er ist wie sein Vater. Er knurrt eher, als dass er redet, wenn er sauer ist. Ehrlich gesagt, Jungen …« In diesem Augenblick schlug die Veranstaltung in einen Tumult um. Ein Junge war zu langsam beim Pass-the-Parcel-Spiel; ein Mädchen sprang wutentbrannt mit verrutschtem Diadem auf und schlug ihn ins Gesicht. Er schrie auf, rannte aus dem Zimmer und wollte nicht mehr mitspielen. Also setzte ihn die Gastgeberin an den Teetisch, während sie die Kuchen darauf verteilte. Die Mütter in der Küche tauschten sich über die Gründe für diesen Zwischenfall aus. »Jungen stellen sich in diesem Alter bei Spielen nicht so gut an«, wusste eine. »Sie können einfach nicht stillsitzen! Es fällt ihnen viel schwerer, glaube ich.« »Jungen sind in vieler Hinsicht einfach viel unreifer als Mädchen«, meinte eine andere. Am Ende bekamen die Kinder ihre Wundertüten, farbkodiert in rosa oder blau, darin Plastikarmbänder und Haarklämmerchen für die Mädchen und Dopsbälle und Plastikspinnen für die Jungen.

Mädchen rosa, Jungen blau. Prinzessinnen, Kämpfer. Schüchterne Mädchen, brummige Jungen. Das wollen wir sehen, also sehen wir es. Auch wenn unsere Kinder den Erwartungen häufig nicht entsprechen und die Prinzessin zur Schlägerin wird oder der Kämpfer reden möchte, scheint dies den Stereotypen kaum Abbruch zu tun. Und die Erwartungen der Eltern werden häufig von den noch stärkeren geschlechterbezogenen Grenzlinien bestätigt, die das Marketing der Spielzeughersteller zieht. Also wachsen unsere Kinder damit auf, dass die Puppenherde in Kaufhäusern wie Marks and Spencer unter der Marke »Mami und ich« angeboten werden, Spielzeugwerkzeuge und -bohrmaschinen unter »Papi und ich«.[1] Auf der Website der britischen Großdrogerie Boots findet man all die faszinierenden Geräte aus dem Londoner Science Museum, darunter eine Ausrüstung zum Versenden von Geheimbotschaften, in der Abteilung »Spielzeug für Jungen«.[2] Auf der Website eines anderen

Spielzeuggeschäfts, Hiya Kids in Putney südlich von London, fanden sich 2008 auf der Seite »Spielzeug für Jungen« allerlei spannende Dinge, etwa ein Walkie-Talkie, ein Metalldetektor und ein Kegelspiel, während die Abteilung für Mädchen nur Puppenküchen, Teegeschirr, feine Kleider, Puppen und Puppenstuben umfasste.[3] Die Firma Indigo Worldwide geht sogar so weit, für kleine Mädchen und Jungen verschiedene Sets aus magnetischen Wörtern zum Lesenlernen anzubieten. Zu den Wörtern für die Mädchen gehören »Herz, Liebe, Kochen, Freundin, Engel«, zu denen für die Jungen »Geld, Monster, gruselig, rennen«.[4]

Ich erinnere mich noch an meine erste Einkaufstour zum Spielzeugkaufhaus Hamleys in London, als meine Tochter vier war. Dort sind die Etagen strikt getrennt. Fährt man die Rolltreppe hoch, gelangt man in eine rosafarbene und silberne Welt aus Barbies, Tutus und Elfen. Im Katalog liest man: »Kleine Prinzessinnen verdienen nur das Allerbeste: Wir bei Hamleys führen die beste Auswahl an Mädchenspielzeug weit und breit! Wir haben alle Puppen, die Sie sich nur vorstellen können, sowie jede Menge Zubehör. Es gibt Ponyspielsets, Schmink- und Kosmetikköfferchen und viel, viel mehr, das Spaß macht ... alles, was sich ein Mädchen nur wünschen kann!«[5] Die online meistverkauften Mädchenspielsachen waren eine Babypuppe, Mäusebabys, eine Wickeltasche und Glitzercreme.[6] Das entspricht genau der von Simone de Beauvoir 1949 beschriebenen Art Weiblichkeit: »Das Mädchen [wiegt] die Puppe in den Schlaf und schmückt sie. Sie selbst träumt ja davon, geschmückt und in den Schlaf gewiegt zu werden. Umgekehrt kommt sie sich selbst wie eine wundervolle Puppe vor.«[7]

Eines der Meisterstücke des Markenaufbaus für diese Mädchengeneration bilden die Disney-Prinzessinnen. Gibt es etwas Traditionelleres als all diese Heldinnen – Schneewittchen,

Aschenputtel, Dornröschen, Arielle, Jasmin, Pocahontas und Belle –, die vor bis zu 70 Jahren von Disney erschaffen und 1999 als eine einzige, pastellfarbene, lächelnde Schwesternschaft erneut auf den Markt gebracht wurden? Und dennoch schlugen diese Wiederauferstandenen ein wie eine Bombe; der Umsatz der Produktlinie Disney-Prinzessinnen schnellte von 136 Millionen Dollar im Jahr 2001 hoch auf 1,3 Milliarden Dollar 2003 und stieg 2007 nochmals auf vier Milliarden Dollar.[8]

Da diese Marke Bezug auf einen so altmodischen Begriff von Weiblichkeit nimmt, hat der sprunghafte Anstieg ihrer Beliebtheit viele überrascht. Ich hatte noch nie zuvor einen der einschlägigen Filme gesehen, bis ich selbst ein Kind bekam; meine Eltern hatten zwar nicht versucht, Disney aus meinem Leben zu streichen, doch in den 1960er und 1970er Jahren, als es noch keine Videos und DVDs gab, sahen Kinder einfach weniger Spielfilme. Mit welch entschlossenem, festem Griff hat sich diese Marke dagegen unsere Kinder genommen. Es dürfte in Großbritannien heute kaum noch ein kleines Mädchen geben, zu dessen Besitztümern nicht irgendein Stück mit diesem Markenzeichen darauf zählt. Wenn ich das Zimmer meiner Tochter betrete, erblicke ich es auf einer Spieldose, auf kleinen und mittelgroßen Puppen, einem Zauberstab, einem Becher, einer Halskette, auf Farbstiften und Klebebildchen. Wenn ich in ihre Verkleidungskiste schaue, sehe ich das fadenscheinige Aschenputtelkleid aus Nylon, das Schneewittchenkleid, so abgetragen, dass es fast auseinanderfällt, und die Schuhe von Dornröschen mit ihren kleinen rosa Absätzen.

Natürlich ist es kein Problem, dass kleine Mädchen sich im Spiel vorstellen, eine kleine Meerjungfrau mit süßer Stimme zu sein oder in einer Wolke aus Silber einen Ball zu besuchen. Ich bin die Letzte, die einem Mädchen dieses Vergnügen verwehren wollte – solange es nicht von allen erwartet wird und solange Jungen nicht als quasi verseucht gelten, wenn sie einen rosa Zauberstab auch nur in die Hand nehmen. Doch wird gerade heute wieder häufig die Meinung vertreten, Jungen und Mädchen spielten in völlig verschiedener Weise. Beispielsweise brachte Mattel 2003 ello auf den Markt. Dieses »Kreativ-Spielzeug« aus pastellfarbenen, gerundeten Bauelementen sollte Lego oder Duplo Konkurrenz machen, aber »speziell auf Mädchen zugeschnitten« sein. Michael Shore, Hauspsychologe von Mattel, erklärte, warum Mädchen ein eigenes Bausystem brauchten: »Während ›Bauen‹ im Allgemeinen mit den Spielmustern von Jungen assoziiert wird, gibt es mehrere Arten und Weisen, wie Mädchen ›bauen‹. Mädchen ›bauen‹ in ihrem herkömmlichen Puppenspiel auch Geschichten und Figuren ... Das ello-Kreativ-System ... regt Rollenspiel und Geschichtenerzählen in einer Weise an, die für Mädchen ansprechend ist.«[9]

Ähnlich gab es zwar immer schon Bücher für Mädchen und Bücher für Jungen, doch in dieser Generation werden hier regelrechte Demarkationslinien gezogen. Sucht man heutzutage die Kinderbuchabteilung einer Buchhandlung auf, findet man Regal um Regal mit einzig an Mädchen gerichteten Büchern. Sie tragen alle rosafarbene, glitzernde Buchumschläge und drehen sich vorwiegend um Feen, Kätzchen, Ballett und Theater. Die Handlung läuft wundersamerweise immer nach demselben Schema ab und bläut den jungen Leserinnen das traditionelle Bild von Weiblichkeit ein. Es folgt eine typische Heldin aus einem typischen Märchenbuch: »Evi zog ihren Schlafanzug aus ... dann zog sie das blaue, glänzende Kleid und das passende Höschen an – was ihr beides jetzt, wo sie selbst Elfengröße hatte, perfekt passte. An einer Wand hing ein Spiegel, und als sie sich darin betrachtete, konnte sie sich ein Lächeln nicht verkneifen – so hübsch sah sie aus. Nun brauchte sie nur noch ihr Haar zu frisieren.«[10] Daneben gibt es natürlich auch Beispiele für ein speziell auf kleine Jungen zielendes Genre. Hier dominieren scharlachrote und marineblaue Umschläge und wortkarge Helden. Ein kürzlich vom Lernspielzeughersteller Leapfrog herausgegebener Prospekt erklärte Eltern, die Lektüre von Jungen und Mädchen unterscheide sich von Natur aus: »Lassen Sie doch Jungen Jungen sein und Mädchen Mädchen«, wurde darin eindringlich gebeten, denn: »Jungen ... lesen gerne Nutzbringendes, beispielsweise Bücher mit Anleitungen zum Bau von Sachen oder mit Erklärungen von Sachen. Mädchen ... mögen gerne einen Schuss Phantasie, Zauberei und So-tun-als-ob – Prinzessinnen, Schlösser und so weiter.«[11]

Ich will damit nicht sagen, dass es allgemein gesehen keine Unterschiede zwischen den Vorlieben von Jungen und Mädchen gäbe oder dass eventuell vorhandene Unterschiede ganz verschwänden, ließe man den Kindern völlige Freiheit in einer Welt völliger Gleichberechtigung. Was auch immer Eltern tun und welche gesellschaftlichen Veränderungen auch immer wir herbeigeführt haben mögen, wir werden möglicherweise nie erleben, dass Jungen und Mädchen gleichermaßen mit Puppen wie Fußball spielen. Doch die Erwartungen, die wir hier und heute an unsere Kinder stellen, lassen es nicht zu, dass sie ihre wahre Individualität, ihre wahre Vielseitigkeit entfalten können.

Eltern, die kein Problem damit haben, dass ihre Kinder den traditionellen Geschlechtsrollenmustern folgen, sehen oft keine Notwendigkeit für genaueres Nachfragen, warum die Zimmer ihrer Töchter in Rosa gehalten sind und die Garderobe ihrer Söhne unweigerlich schlammfarben und marineblau ist; warum auf den T-Shirts ihrer Töchter »Prinzessin in Ausbildung« prangt und auf denen ihrer Söhne »100 Prozent faul«. Anderen Eltern jedoch bereitet es tiefes Unbehagen, dass unsere Kultur jedem Kind ein so begrenztes Umfeld vorgibt, rosa oder blau, je nach Geschlecht. Joanna Moorhead ist Autorin und lebt in Südlondon. Sie hat vier Töchter. Nach der Geburt ihrer dritten, Miranda, begann sie die althergebrachte stereotype Einstellung ihrer gesamten Familie zur Erziehung von Mädchen in Frage zu stellen. Denn Miranda muckte ständig auf. Sollte sie ein rosa Kleidchen anziehen, wollte sie Jeans tragen; bekam sie Puppen, wollte sie lieber einen Fußball. Statt Elfen und Prinzessinnen erkor sie sich Henry und George von Enid Blytons Fünf Freunden zu ihren Heldinnen. Sie war ein klassischer Wildfang, aber in einer Welt, die nach Ansicht ihrer Mutter keine burschikosen Mädchen mehr schätzt.

»Miranda hat mir die Augen geöffnet«, erzählte mir Joanna eines Nachmittags bei einer Tasse Kaffee. »Wenn ich jetzt auf die ersten Jahre meiner älteren Töchter zurückblicke, kann ich es nicht fassen, dass ich diese Stereotype geteilt habe, ohne sie jemals zu hinterfragen.« Joanna erzog ihre älteren Töchter ganz in der Manier unserer Zeit, überall nur rosa und Ballett und Puppen. »Es ist schon merkwürdig, dass unsere Kultur so darauf pocht, dass Mädchen ganz und gar mädchenhaft sind, obwohl sich doch die Möglichkeiten für Frauen so sehr erweitert haben. Also, ich bin bei einer Zeitung beschäftigt, wo Männer und Frauen zusammenarbeiten, und trage meistens Hosen, und das ist überhaupt kein Problem. Als Erwachsene glauben wir nicht, dass wir völlig unterschiedliche Interessen haben und uns unterschiedlich zu kleiden hätten. Doch bei kleinen Kindern machen wir ganz klare Unterschiede. Ich bin fest überzeugt, dass dies vom Markt gelenkt, kommerziell gesteuert ist.« Joanna wies auf die Geschlechterunterscheidung in Fernsehwerbespots für Spielzeug hin, die eine knallrosa Palette von Puppen zum Anziehen und Liebhaben auffahren, im Gegensatz zu den Aktionsspielsachen für Jungen.

In den Augen vieler Eltern sind diese Erwartungen Anzeichen eines Wandels hin zu starreren Einstellungen und weg von der freieren Kindheit, die sie selbst erfahren haben. So glaubt beispielsweise Joanna Moorhead im Rückblick auf ihr eigenes Leben, dass es ihre burschikose Tochter Miranda noch vor einer Generation in ihrer Kindheit leichter gehabt hätte. »Ich selber war kein Wildfang«, sagte sie, »aber ich glaube, das wäre auch kein großes Problem gewesen. Damals gab es nicht diesen ganzen rosa Rüschenkram. Ich bin mit Brüdern aufgewachsen, wir teilten uns das Spielzeug, ich hatte eine Modelleisenbahn, ich glaube nicht, dass mädchenhaft sein etwas war, dem alle Mädchen in derselben Weise entsprechen mussten. Jungen und Mädchen hatten dieselben Spielsachen.«

Wir ahnen, warum es für ein Mädchen wie Miranda schwer sein könnte, sich einen Weg durch die moderne Kultur zu bahnen. Gleichermaßen schwer jedoch kann das für Jungen sein, die nicht ins Schema passen. Fenella ist eine zweiundvierzigjährige Mutter und lebt derzeit in Belgien. Ich stellte über die Rat-und-Tat-Kolumne einer Zeitung, an die sie sich gewandt hatte, Kontakt zu ihr her. Sie hat einen Sohn und eine Tochter. Ihre eigene Mutter hatte sich der zweiten Welle der Frauenbewegung zugehörig gefühlt, und für sie war es selbstverständlich, dass Kinder ohne Konformitätsdruck ihren eigenen Vorlieben folgen sollten. »Offenbar spielte ich nie mit Puppen«, erzählte mir Fenella. »Und mein Bruder war in gewisser Weise sehr feminin – ich meine damit, er ging zum Ballettunterricht, als er klein war, als Teenager schminkte er sich. Er ist heute Künstler, und insofern fiel er schon immer ein bisschen aus dem Rahmen. Ich glaube, dass die Leute heute oft annehmen, das sei gleichbedeutend mit schwul, aber das ist er nicht – er hat zur Zeit eine feste Partnerin und hatte immer Freundinnen. Meine Mutter lehnte Stereotype ganz entschieden ab; sie war selbst auf herkömmliche Weise erzogen worden, aber stark vom Feminismus ihres Umfelds beeinflusst. Sie wollte, dass wir die althergebrachten Grenzen überschritten – sie hielt meinen Bruder zu Hausarbeiten an und behandelte uns ganz gleich.« Vor der Geburt ihrer eigenen Kinder war Fenella davon ausgegangen, dass diese Freiheit sich für die heutige Generation nur erweitern würde. »Ich hätte nie und nimmer gedacht, dass noch irgendjemand ein Problem mit einem mädchenhaften Jungen oder einem jungenhaften Mädchen haben würde. Ich glaubte, meine Kinder würden in einer noch freieren Zeit leben als ich selbst in meiner Kindheit.« Doch sie musste das Gegenteil erleben, und ihr sechsjähriger Sohn, der lieber mit Puppen als mit Autos spielt und lieber Ballett tanzt als Fußball spielt, hat nun echte Probleme. In dieser Generation werden viele Jungen schon früh in eine stereotype Männlichkeit hineingedrängt; denjenigen, die sich widersetzen, macht man oft das Leben schwer.

»So, wie er ist, wird er bestimmt nicht akzeptiert werden«, vermutet Fenella traurig. »Mein Mann, der eigentlich kein Macho ist, meint, dass er in der Schule gehänselt werden wird, wenn er sich so benimmt, und er wird fuchsteufelswild beim Anblick seines, wie er meint, mädchenhaften Verhaltens. Mein Sohn wünschte sich so sehr eine Arielle-Barbie, dass ich ihm schließlich eine kaufte und meinem Mann erzählte, sie sei ein Geschenk von einer Freundin. Mein Sohn war vollkommen begeistert, doch eines Nachmittags schnitt mein Mann ihr das Haar bleistiftkurz, damit sie eher wie eine für Jungen geeignete Puppe aussah.« Fenellas Beobachtungen zufolge handelt sich ihr Sohn für seine Vorlieben nicht nur von seinem Vater Ärger ein, sondern auch von der Gleichaltrigengruppe. »Mein Sohn verbringt den Vormittag damit, einen seiner Teddybären wie eine Ballerina anzuziehen, und wenn dann ein Junge zum Spielen kommt, zeigt er ihn ganz begeistert, und der Junge sagt: ›Rosa ist was für Mädchen‹, und dann steht mein Sohn da wie ein begossener Pudel.« Eine Zeitlang hatte ihr Sohn in der Schule eine Gruppe von Freundinnen, doch dann schlossen sie ihn aus und spielten nicht mehr mit ihm, weil er ein Junge ist.

Fenellas Tochter ist gleichfalls kein sehr typisches Mädchen. »Sie mag Rosa und Puppen, aber sie ist körperlich sehr draufgängerisch. Trotzdem nehmen das die Leute heutzutage bei Mädchen eher hin. Wohingegen mein Sohn – er möchte sich mit meinen Tüchern verkleiden und im Haus herumtanzen. Mein Mann glaubt, ich hätte ihn dazu angestiftet, weil ich ihn *Let's Dance* habe anschauen lassen, und er wird ganz böse, wenn er ihn so sieht. ›Warum geht er nicht Fußball spielen?‹, fragt er immer. Aber das liegt meinem Sohn eben einfach nicht, und es ist wirklich traurig, dass er nicht so sein darf, wie er ist. Mein Mann reißt ihm die Tücher vom Leib und blafft: ›Jungens tun so was nicht.‹«

Es beunruhigt Fenella, dass ihr Sohn, den sie für ein normales, sogar begabtes und schöpferisches Kind hält, von allen Seiten gedrängt wird, sich als nicht normal zu empfinden und seine Interessen und Freuden zu verbergen. »Ich finde, aus ihm könnte ein begabter Tänzer oder Designer werden«, erklärte sie mir, »aber ich fürchte, dass ihm das ausgetrieben wird, dass alle ihm sagen, er müsste immerzu Sport treiben, und dass er schließlich als ein Büroangestellter wie alle anderen endet. Und dass er heimlich Frauenkleider trägt, statt einfach Spaß daran zu haben, öffentlich in toller Garderobe aufzutreten. Jungen wird heutzutage offenbar eingebläut, dass bestimmte Verhaltensweisen bei ihnen nicht normal sind, obwohl das gar nicht stimmt.«

Hier geht es nicht bloß um die Probleme einiger vereinzelter Rosahasserinnen oder kleiner Balletttänzer, sondern um die vielfältigen, häufig subtilen Formen von Stereotypen. Wie uns die Prinzessinnenparty vor Augen geführt hat, gelten Mädchen durchgängig als sprachgewandter und sensibler, Jungen als aggressiver und sozial unreifer. Und dieser neue Traditionalismus gewinnt zusätzliche Stärke durch die Renaissance des biologischen Determinismus – der Theorie, wonach die wahrnehmbaren Unterschiede zwischen Jungen und Mädchen nicht auf soziale Einflüsse zurückgehen, sondern durch genetische und hormonelle Unterschiede von Geburt an festgelegt sind.

In den 1970er Jahren, auf dem Höhepunkt der Frauenbewegung, stießen biologische Erklärungen für Verhaltensunterschiede zwischen Jungen und Mädchen oft auf Kritik, und Erklärungen mit sozialen Faktoren setzten sich durch. Erziehungswissenschaftler betrachteten Simone de Beauvoirs Argument einhellig als schlüssig und meinten wie sie, dass sich größere Gleichberechtigung nur erreichen ließ, wenn wir die gesellschaftlichen Leitbilder für Weiblichkeit und Männlichkeit in der Erziehung von Mädchen und Jungen in Frage stellten. Als ich kürzlich die Bücherregale meiner Mutter durchstöberte, stieß ich auf eine Reihe von Titeln, die in den 1970ern auf der Höhe der Zeit gewesen waren und heute merkwürdig veraltet wirken, etwa *Was Kinder brauchen* von Mia Kellmer Pringle. Dem Klappentext des englischen Originals zufolge wurde es bei seinem Erscheinen 1974 hoch gelobt. Zielgruppe des Buches waren Studenten, Lehrer, Sozialarbeiter und andere in der Kinderbetreuung Tätige. Es analysierte die Entstehung von Geschlechtsunterschieden aus soziologischem Blickwinkel. »Kleidung, Spielzeug, subtile Unterschiede in Ansprache, Spiel, Liebkosungen, Belohnungen, Strafen und elterlichem Beispiel betten das Kind in eine Welt ein, die klar zwischen dem von Jungen und von Mädchen erwarteten Verhalten unterscheidet«, konstatierte es schlicht. Statt die Ansicht zu bestätigen, Kinder kämen schon in ihrer rosa oder blauen Schublade zur Welt, vertrat es vielmehr den Standpunkt, dass Kinder dadurch, wie ihre

Umwelt mit ihnen umgeht, lernen, männlich oder weiblich zu werden. »Die Geschlechterrolle wird psychologisch zuerst von den Erwartungen der Eltern und dann von denen der Gesellschaft bestimmt.«[12]

Diese Ansicht wurde in vielen Schulen und Kindergärten praktisch zum Allgemeingut. Ein 1975 veröffentlichter Leitfaden für nichtsexistische Erziehung zeigt uns, was in einem Kindergarten, der ihn in die Praxis umzusetzen suchte, zu erwarten war. Die Mädchen sollten dazu ermutigt werden, sich auch Jungenspielzeug und Jungenrollen anzueignen. Die Gruppenleiterinnen oder -leiter sollten »nichtsexistische Spielsituationen [entwickeln] … Beim Basteln mit Holz ermutigen wir besonders die Mädchen, Werkzeug genauso geschickt handhaben zu lernen wie die Jungen, und sorgen dafür, dass Frauen ihnen dabei helfen«[13]. Ratschläge wie diese finden sich in der damaligen Erziehungsliteratur zuhauf.[14] Und zahlreiche in dieser Zeit durchgeführte Studien kamen zu sehr optimistischen Einschätzungen solcher nichtsexistischer Kindererziehungsmethoden. Einer Untersuchung von 1984 beispielsweise zufolge zeigten drei- bis fünfjährige Jungen und Mädchen nach einer nur sechsmonatigen Förderung im Rahmen eines nichtsexistischen Curriculums eine signifikant geringere Vorliebe für geschlechtsstereotypes Spiel. Bestimmt wurde dies durch Befragung der Kinder nach ihrer Meinung, ob bestimmte Gegenstände, von Autos bis zu Teegeschirr, zu Jungen oder Mädchen gehörten oder welche Aktivitäten, von Babybetreuung bis Sägen, sie bevorzugten.[15]

Die deutsche Richterin Marianne Grabrucker war eine führende Vertreterin der Entwicklungstheorien von Jungen und Mädchen, die in den 1970er und 1980er Jahren kurz in Mode waren. Ihr 1985 erschienenes Tagebuch über die Erziehung ihrer Tochter »*Typisch Mädchen …*« hatte in ganz Europa großen

Erfolg.[16] Dieses Buch führt uns in eine verschwundene Welt, in der eine politisch engagierte Mutter sich dagegen zur Wehr setzte, dass ihre Tochter zu einem perfekten, mädchenhaften Mädchen geformt wird. Grabrucker wehrte sich gegen den gesellschaftlichen Druck durch Werbung, Spielzeug- und Modeindustrie, aber auch gegen innerfamiliären Druck etwa seitens ihrer eigenen Mutter oder ihrer selbst. In ihrem Tagebuch setzte sich die Autorin mit all diesen Einflüssen auseinander und versuchte, einen Freiraum zu schaffen, in dem ihre Tochter ihren eigenen Wünschen folgen konnte, statt sich den Erwartungen anderer anpassen zu müssen. Grabrucker wollte uns darauf aufmerksam machen, dass soziale Erwartungen bei Jungen und Mädchen unterschiedliches Verhalten hervorrufen.

In der folgenden Passage ist sie mit ihrer Tochter und deren bestem Freund unterwegs, um »Bekanntinnen« aufzusuchen. »Die Tür öffnet sich bei Ingrid, einer Lehrerin, die von ihrem pädagogischen Ansatz her sich selbst als sehr progressiv einschätzt. Vor mir stehen Anneli und Schorschi. Beide sind in ihren Schneeanzügen mit strahlenden blauen Augen und lachenden Gesichtern sehr herzig anzusehen. Ingrid sagt uns freundlich guten Tag, und wir unterhalten uns kurz. Dann wendet sie sich an die Kinder: ›Na, Schorschi, daß ich dich auch mal wieder sehe. Gehst du denn jetzt auch fleißig Schlittenfahren?‹

Der Ton ist munter bis sachlich. Die Höhe der Stimme unverändert. Jetzt beugt sie sich zu Anneli herab, lächelt ihr intensiv zu, nimmt sie auf den Arm und sagt: ›Ach, du kleine Süße, siehst du aber niedlich aus. Und deine schönen Locken, die werden ja immer noch mehr. Ich hab was für dich.‹ … Für mich ist es keine Frage mehr, warum Mädchen personenbezogen, Buben dagegen sachbezogen sind bzw. so gelten.«[17]

Das Buch analysiert solche Situationen und untersucht deren Einfluss auf das kleine Mädchen. Grabruckers Vorgehensweise ist ein Beispiel für eines der wichtigsten Projekte der damaligen Frauenbewegung: der Versuch einiger Eltern und Lehrkräfte, Mädchen und Jungen frei von solchen Stereotypen aufwachsen zu lassen. Ich wollte herausfinden, was aus diesem Versuch geworden war, und reiste nach München, um mich mit Marianne Grabrucker und ihrer Tochter Anne-Marie über die Entwicklung seit jenen idealistischen Tagen zu unterhalten.

Anne-Marie ist heute Juristin wie ihre Mutter, und wir trafen uns in ihrer kleinen Wohnung in München. Marianne ist jetzt 60, Anne-Marie eine selbstsichere junge Frau von 26. Marianne erklärte mir, warum es sie damals, 1985, gedrängt hatte, das Buch zu schreiben: »Simone de Beauvoir hat mir den Weg gewiesen. Sie war meine geistige Mutter. Sie sagte, man kommt nicht als Frau zur Welt, man wird es, und als ich wusste, dass ich mit einer Tochter schwanger war, sagte ich mir, gut, ich muss Zeugnis ablegen, wie das geschieht.« Marianne hatte bereits gegen ihre überaus konservative bayrische Erziehung aufbegehrt, indem sie Jura studiert und sich aktiv in der Frauenbewegung engagiert hatte. Grundlage des Buches war ein Tagebuch, in dem sie ihr tägliches Ringen mit Anne-Maries Umwelt eigentlich nur für sich selbst festgehalten hatte, und als das Buch erschien, staunte sie selbst über die Resonanz. »Der Erfolg überraschte mich – die Erstauflage von 10 000 Exemplaren war binnen zwei Wochen verkauft. Jede Menge Presse, Radio, Fernsehen – Unmengen Lesungen – Parlamentsdebatten – die Reaktion war durchweg oder fast durchweg positiv.«

Heute jedoch, sagt sie, habe sich unsere Kultur völlig verändert. »Am Ende des Buches, als Anne-Marie drei war, schreibe ich, dass ich und meine Freundinnen einen Kindergarten gründen, und es war uns sehr ernst damit, dass Jungen und Mädchen dort gleich behandelt werden sollten. Zuerst hielten einen die Leute, wenn man davon anfing, für verrückt – man konnte nicht mal mit Lehrern über dieses Thema reden – sie glaubten, bei dir sei eine Schraube locker. Dann aber waren die Leute allmählich bereit, sich darauf einzulassen, dass die Gesellschaft Unterschiede zwischen Männern und Frauen erzeugt. Heute aber schiebt man alles auf die Gene. Selbst wenn ich mit den Leuten spreche, die vor 30 Jahren so dachten wie ich, dann sagen sie jetzt alle zu mir, nein, das hat alles mit den Genen zu tun ... Ich meine nicht, dass sie es sehr emotional sagen, im Gegenteil, es wird einfach als gegeben hingenommen ... es steckt in den Genen, und damit Schluss, punktum.«

Nur einige Wochen, bevor ich Marianne traf, erschien in der *Zeit* ein Artikel, der ein klares Indiz dafür lieferte, wie sehr sich die Einstellung gewandelt hat.[18] Der Journalist Burkhard Straßmann argumentierte darin, es gebe Unterschiede in den angeborenen Begabungen von Jungen und Mädchen und diese lägen sämtlichen beobachtbaren Verhaltensunterschieden zugrunde. Er zieht Marianne Grabruckers Buch und das »Scheitern« ihres Experiments als Beweis dafür heran, dass die Unterschiede zwischen Männern und Frauen biologisch determiniert seien. »Anfang der achtziger Jahre hat die Feministin Marianne Grabrucker dann sehr bewusst und mit dem Protokollblock in der Hand den Versuch unternommen, ihre kleine Tochter wirklich frei und geschlechtsneutral zu erziehen ... Marianne Grabruckers Tagebuch ... ist als erschütterndes Dokument des Scheiterns zu lesen.« Als ich Grabrucker auf diesen Artikel ansprach, reagierte sie mit einer Mischung aus Resignation und Ärger. »Er hat behauptet, ich hätte ein Experiment durchgeführt, um diese Unterschiede zu vermeiden, hätte jedoch am Ende einräumen müssen, dass immer noch Unterschiede fortbeständen. Ihm zufolge bedeutete dies, dass das Experiment fehlgeschlagen war. Was er jedoch nie erwähnte, war, dass ich eine Erklärung dafür geliefert habe. Mein Fazit lautete, dass ich als Individuum, nur aus mir selbst heraus, nicht alles ändern kann, weil mein Einfluss – ich habe das ganz klar gesagt – auf meine Tochter nicht mehr als ein Fünftel ausmachte. Die anderen vier Fünftel kamen von anderen Familienangehörigen – Großeltern können starken Einfluss ausüben –, Freunden und Nachbarn, Lehrern und anderen Pädagogen sowie kulturellen Einflüssen – alles, was es da draußen gibt: Werbung, Filme, Gottesdienstbesuche, Fernsehen, Bücher.«

Marianne zog aus ihren Erfahrungen nicht das Fazit, verzweifeln zu müssen, sondern sich politisch zu engagieren. »Ich habe meine Meinung nicht geändert. Ausgangspunkt war die Frage, wird das Geschlechterproblem durch Erziehung oder durch die Gene verursacht – und ich war mir sicher, ja, die Ungleichheit der Geschlechter wird durch Erziehung verursacht. Ich war anfangs sehr optimistisch, und ich war auch noch am Ende optimistisch. Ich dachte, jetzt weiß ich es genauer: Es ist nicht nur Erziehung im engeren Sinn, wir müssen Erziehung sehr viel weiter fassen. Erziehung ist mehr als der persönliche Einfluss der Eltern. Erziehung ist Politik. Mein Buch war für mich sehr nützlich. Durch das Schreiben gelangte ich zu dem Schluss, dass wir in die Politik gehen und die Gesellschaft allgemein ändern müssen.«

Marianne Grabrucker zufolge wird das von Feministinnen wie ihr gelegte Fundament derzeit von einem kulturellen »Backlash« untergraben. »Ich glaube nicht, dass die Frauen noch für politische Veränderungen kämpfen wollen.« Ihre Tochter Anne-Marie ist ebenfalls der Meinung, dass es momentan sehr schwer ist, das von ihrer Mutter begonnene Vorhaben weiterzuführen. »Es herrschen schlechte Zeiten für den Feminismus«, sagt sie ernst. »Es gab einen Höhepunkt, und dann flaute er ab. Dann wieder ein Aufschwung und wieder eine Schwächephase. Trotzdem bin ich froh über die Veränderungen. Heute könnte ich in

Kanzleien arbeiten, die vor 20 Jahren Frauen noch nicht so offenstanden. Aber ich glaube, dass junge Mädchen heutzutage stärker denn je unter Druck stehen. Es laufen viele sehr feminine Frauen herum und einige sehr maskuline, und ich finde, man sollte die Freiheit haben und alleine herausfinden dürfen, in welche Richtung man sich entwickelt.«

Die Begegnung mit Marianne und Anne-Marie war für mich ermutigend und entmutigend zugleich. Einerseits waren sie immer noch von Mariannes Experiment überzeugt und glaubten, dass es für Anne-Marie unschätzbar wertvoll gewesen war, von ihren ersten Lebenstagen an zu völlig freiem, selbstbestimmtem Verhalten ermutigt worden zu sein. Beide jedoch meinten, dass die jetzige Kultur den Frauen keine ähnlich freie Selbstfindung mehr erlaubt. Gegenwärtig verdrängen biologische Erklärungen andere Begründungen für die Unterschiede zwischen Jungen und Mädchen und schüren so einen gewissen Fatalismus, was die Ungleichheit zwischen den Geschlechtern anbelangt.

In der Pädagogik sind biologische Erklärungen für geschlechtsspezifische Spiel- und Lernweisen mittlerweile allgegenwärtig. Als beispielsweise eine Erziehungsberaterin 2004 ein Buch über die Gleichheit von Frauen und Männern veröffentlichte, erklärten ihr Schulleiter in Gesprächen immer wieder kategorisch: »Man sollte meinen, dass es etwas Neurologisches sein muss, denn schließlich haben sich die Leute sehr bemüht, bei ihren Mädchen was zu ändern, dafür zu sorgen, dass sie mit Eisenbahnen spielen.« Diese Pädagogen waren überzeugt, dass man es mit einer nichtsexistischen Erziehung oder Chancengleichheit für Kinder versucht hatte, dieser Ansatz aber gescheitert war. »Es ist einfach nicht in Ordnung«, meinte einer. »Ich habe immer geglaubt, es sei möglich, diese ganzen Chancengleichheiten herbeizuführen.«[19] Dieselbe Ansicht schlägt sich in den Bestsellern des Kindererziehungsexperten Steve Biddulph nieder. Er schreibt: »In den letzten dreißig Jahren ist es Mode gewesen, männliche Werte zu leugnen und Jungen und Mädchen in einen Topf zu werfen ... Jetzt hat diese intuitive Erfahrung der Eltern [dass sie nicht gleich sind] ihre wissenschaftliche Bestätigung gefunden: Jungen sind tatsächlich ... anders.«[20] Die Ursache dieses Unterschieds sind seiner Meinung nach »die mächtige Wirkung der männlichen Hormone« und »bestimmte Auffälligkeiten des Gehirns von Jungen«.[21]

Dass die Erklärung für die Unterschiede zwischen Mädchen und Jungen verstärkt in der Biologie gesucht wird – »etwas Neurologisches« oder »Wirkungen männlicher Hormone« –, bedeutet, dass viele Menschen resigniert haben, erscheinen doch diese Unterschiede als angeboren und unvermeidlich. Welche gesellschaftlichen Faktoren dabei eine Rolle spielen könnten und was man ihnen daher entgegensetzen könnte, wird erst gar nicht mehr untersucht. Eltern und Lehrer werden vielmehr darin bestärkt, ihr Augenmerk von Einflüssen auf das kindliche Verhalten wie Marketing, elterlicher Bestätigung oder Druck der Gleichaltrigengruppe abzuwenden. Stattdessen sollen wir glauben, die übertriebene Weiblichkeit und Männlichkeit, zu denen wir unsere Kinder häufig ermuntern, sei schlichtweg eine natürliche Folge der Biologie.

Die derzeitigen Thesen zu den Unterschieden zwischen Jungen und Mädchen übersehen häufig die ganz reale Vielfalt innerhalb der Geschlechter. Überdies ist das Argument Grabruckers, das sie mir bei unserem Gespräch so nachdrücklich klarmachte, immer noch stichhaltig. Wenn tatsächlich die erwarteten Unterschiede auftreten, folgt daraus nicht, dass zwangsläufig biologische und nicht soziale Faktoren dahinterstehen. Es trifft nicht zu, dass in den 1970er und 1980er Jahren ein flächendeckendes Experiment mit geschlechterneutraler Erziehung in der Gesellschaft veranstaltet worden und gescheitert wäre. Einige Eltern, einige Lehrkräfte bemühten sich als Einzelpersonen, die Widerstandskraft von Kindern gegen die auf sie einwirkende Konditionierung zu stärken. Da jedoch Jungen und Mädchen immer noch unterschiedlichen Erwartungen seitens Büchern, Filmen, Freunden, Spielsachen, Werbung, Schule und so weiter ausgesetzt waren, überrascht es wohl kaum, dass die einschlägigen Bemühungen oft scheiterten. Es ist schon seltsam, dass so viele Leute so unkritisch auf die These hereinfallen, die heute zu beobachtenden Unterschiede müssten auf die Biologie zurückgehen. Da wir die gleichberechtigte Welt, von der Simone de Beauvoir träumte, noch nicht geschaffen haben und da Mädchen und Jungen so sehr darin bestärkt werden, sich die traditionellen Erwartungen zu eigen zu machen, ist das letzte Wort noch nicht gesprochen, ob die Unterschiede zwischen Jungen und Mädchen angeboren oder anerzogen sind oder ob sie – was am wahrscheinlichsten ist – auf einer komplizierten und sich ständig ändernden Mischung von angeborenen und erlernten Reaktionen beruhen. Dennoch hören wir derzeit ständig, dass der Streit entschieden und die Natur als Sieger daraus hervorgegangen sei.

Dieser modische biologische Determinismus behauptet, sich auf neue wissenschaftliche Erkenntnisse zu stützen. In den letzten Jahren gab es eine wahre Flut von Forschungsarbeiten über die möglichen biologischen Grundlagen von Geschlechtsunterschieden, durchgeführt von Universitätsfakultäten jeder Couleur – von der Psychologie über die Linguistik bis zu den Neurowissenschaften. Diese Studien scheinen biologische Erklärungen für Stereotype zu untermauern und werden von allen Medien mit Feuereifer aufgegriffen. So wollte man, wie schon in der Einführung zu diesem Buch erwähnt, sogar die Affinität von Mädchen zu Rosa und Jungen zu Blau auf genetische Unterschiede zurückführen. Forscher an der Newcastle University prüften in einem Experiment die Farbvorlieben von Männern und Frauen. Dazu legten sie 208 Männern und Frauen verschiedenfarbige Paare von Rechtecken vor, aus denen die Versuchspersonen eines auswählen sollten. Wie sich zeigte, bevorzugten diese generell bläuliche Farben, Frauen jedoch mochten Rosa und rötliche Farben mehr als Männer. Aus der Studie ergaben sich keinerlei Anhaltspunkte hinsichtlich der Gründe für dieses Phänomen, doch das hielt die Forscher nicht davon ab, evolutionsbedingte genetische Unterschiede zwischen Männern und Frauen zu mutmaßen. »Wir vermuten, dass dieser Geschlechtsunterschied aus geschlechtsspezifischen Spezialisierungen in der evolutionären Arbeitsteilung hervorgegangen ist«, schrieben sie[22], und genau das griffen die Medien auf, vom *Guardian* bis zur *Daily Mail*.

Es folgt ein Auszug aus dem Bericht der *Daily Mail*: »Während Männer eine Vorliebe für den klaren blauen Himmel, der gutes Wetter für die Jagd signalisierte, entwickelten, verfeinerten die Frauen ihre Fähigkeit, Rot und Rosa zu erkennen, während sie nach reifen Früchten und Beeren suchten. Professor Hurlbert von der psychologischen Fakultät der Newcastle University sagte dazu: ›Die Erklärung könnte in die Jäger-und-Sammler-Zeit des Menschen zurückreichen, als Frauen die wichtigsten Sammler waren und von der Fähigkeit, reife, rote Früchte zu entdecken, profitiert hätten.‹«[23]

Abweichende Stimmen kamen in den Massenmedien kaum zu Wort, mit Ausnahme eines Artikels über »Wissenschaftslügen« – mängelbehaftete wissenschaftliche Studien – von Ben Goldacre im *Guardian*. Der Autor des gleichnamigen Buches wies darauf hin, dass die Forscher, selbst wenn Frauen tatsächlich Farben des Rotspektrums bevorzugten, die wahrscheinliche Erklärung nicht ausgeschlossen hatten, dass dies eher ein kulturell als ein biologisch bedingter Unterschied ist. Wir überschütten Mädchen mit Rosa, wir kaufen ihnen rosa Kleider, wir streichen ihre Zimmer rosa, darf es uns daher überraschen, wenn sie bereitwilliger angeben, dass ihnen Rosa gefällt? Und obwohl die Forscher mutmaßten, der Unterschied sei in unserem Gehirn »festverdrahtet«, weil unsere Urmütter auf den urzeitlichen Savannen unserer entwicklungsgeschichtlichen Vergangenheit nach Früchten suchen mussten, prüften sie laut Goldacre nicht, ob die Vorliebe der Frauen für Rosatöne auch mit einer besseren Unterscheidungsfähigkeit für Rosa und Rot einherging.[24] Eines allerdings machte die Berichterstattung über das Experiment deutlich: Das Bedürfnis nach einer biologischen Erklärung des Phänomens Rosa-ist-für-Mädchen ist so stark, dass es sich zuweilen über das Bedürfnis nach ausgewogener Berichterstattung hinwegsetzt.

Die gegenwärtige Konvention, wonach Rosa für Mädchen und Blau für Jungen steht, dürfte allerdings eine neuere und kulturspezifische Praxis sein. Bis ins 20. Jahrhundert hinein war Säuglingskleidung in aller Regel weiß, und selbst als diese Farbe für Säuglinge verworfen wurde, dauerte es eine Zeitlang, bis die Unterscheidung von Jungen und Mädchen mittels Blau und Rosa in Gang kam. »Anfangs«, schreibt Jo Paoletti, eine führende Expertin für Kinderkleidung, »war die Regel genau andersherum.« Zum Beweis zitiert sie Zeitschriften von 1918 bis 1939. Die erste konstatierte: »Zu diesem Thema herrschte große Unstimmigkeit, doch die allgemein akzeptierte Regel sieht Rosa für den Jungen und Blau für das Mädchen vor. Der Grund dafür ist, dass Rosarot als entschiedenere und stärkere Farbe für den Jungen besser passt, während Blau, das zarter und feiner ist, beim Mädchen hübscher ist.« Und die zweite: »Es scheinen mehr Gründe für die Wahl von Blau für Mädchen zu sprechen … Rot symbolisiert Eifer und Mut, während Blau für Vertrauen und Standhaftigkeit steht.«[25] Auffällig ist auch ein Satz im Magazin *Time*, als es 1927 meldete, Prinzessin Astrid von Belgien habe zur Enttäuschung des Landes eine Tochter und keinen Sohn geboren: »Die Wiege war optimistischerweise rosa gestrichen, der Farbe für Jungen.«[26, 27]

Wenn der neue Determinismus nur darauf abzielte, eine Vorliebe für Blau oder Rosa bei Mädchen und Jungen zu erklären, wäre er im Grunde trivial. Aber heute werden biologische Erklärungen herangezogen, um Erwartungen an viele Aspekte kindlichen Verhaltens zu untermauern, und ihnen wird auch bis ins Erwachsenenleben hinein Gültigkeit zugeschrieben. Dass man heute so sehr auf überdauernde Unterschiede zwischen Männern und Frauen abhebt – von großen bis zu kleinen, von ihrer Bereitschaft, in Elternzeit zu gehen, bis zu ihren Einparkkünsten, von ihrem Wunsch, sich zu einer Wahl zu stellen, bis zu ihrem Erinnerungsvermögen für Auseinandersetzungen –, liegt an eben diesem Glauben an genetische und hormonelle Unterschiede.

Bestimmte Wissenschaftler haben diese biologischen Erklärungen für Unterschiede zwischen männlichen und weiblichen Erwachsenen in den letzten Jahren in die Öffentlichkeit getragen. Simon Baron-Cohen beispielsweise ist ein angesehener Wissenschaftler und Professor für Entwicklungspsychopathologie an der Cambridge University. Sein einflussreiches Buch *Vom ersten Tag an anders* hat dieser Argumentation weithin Gehör verschafft. In diesem Buch legt er dar, dass Frauen mehr in soziale Beziehungen investierten, Männer hingegen eher an Systemen interessiert seien, und illustriert dies mit zu diesen Stereotypen passenden Anekdoten. »Ein Ehepaar besucht ein anderes Paar, dann eröffnen die Frauen die Unterhaltung vielleicht mit den Worten: ›Oh, dein Kleid ist einfach eine Wucht! Du musst mir unbedingt verraten, wo du es gekauft hast. Es steht dir wirklich toll. Und es passt super zu der Tasche.‹ …

Die Männer [eröffnen] ihr Gespräch vielleicht folgendermaßen: ›Wie war der Verkehr auf der M11? Ich finde, meistens ist es zeitsparender, wenn man die A1M hochfährt, über Royston und Baldock. Momentan stecken sie hinter Stansted ja wieder voll in den Bauarbeiten.‹«[28] Diese Unterschiede werden mit Genen und Hormonen erklärt. »Alle aufgeführten Ergebnisse weisen in eine bestimmte Richtung. Sie bestätigen die Vermutung, dass der Testosteronspiegel (insbesondere in der frühen Entwicklung) das Gehirn und dadurch das Verhalten beeinflusst.«[29] Zusammengefasst lautet Baron-Cohens These: »Das weibliche Gehirn ist so ›verdrahtet‹, dass es überwiegend auf Empathie ausgerichtet ist. Das männliche Gehirn ist so ›verdrahtet‹, dass es überwiegend auf das Begreifen und den Aufbau von Systemen ausgerichtet ist.«[30]

Und auf Baron-Cohens Seite schlagen sich viele andere Wissenschaftler. Auch sie sind mit ihrer Ansicht, wir müssten in der Debatte um Geschlechtsunterschiede biologischen Faktoren mehr Aufmerksamkeit schenken, an die Öffentlichkeit gegangen. So zog der angesehene Psychologe Steven Pinker mit seinem Bestseller *Das unbeschriebene Blatt* eine Parallele zwischen Kindern und Erwachsenen: Genau wie Mädchen eher Mutter und Kind spielen und sich in sozialen Rollen üben und Jungen eher raufen, Fangen spielen und mit Gegenständen hantieren, so verwenden Frauen mehr Energie auf ihr Gefühlsleben und Männer wetteifern stärker miteinander um Status – mittels Gewalt oder beruflicher Leistung. Diese Unterschiede wurzeln laut Pinker eher in der Biologie als in der Gesellschaft.[31] Andere Autoren haben gleichfalls den Schritt von der akademischen Welt in die Öffentlichkeit getan und allgemeinverständliche Bücher über dieses Thema geschrieben. Beispielsweise erklärt die Neuropsychiaterin Louann Brizendine in ihrem Buch *Das weibliche Gehirn*, eine Frau erfasse intuitiv, was andere empfinden, während ein Mann gefühlsblind zu sein scheine, wenn nicht gerade jemand Tränen vergießt oder körperliche Gewalt androht.[32] Die Psychologin Susan Pinker bringt in ihrem Buch *Das Geschlechterparadox* den höheren Spiegel des »Bindungshormons« Oxytocin bei Frauen mit deren Scheu vor beruflichen Führungspositionen in Zusammenhang, ebenso den höheren Testosteronspiegel von Männern mit deren scheinbarer Fähigkeit, sich entgegen allen Erwartungen durchzusetzen.[33]

All diese Autoren vertreten im Einzelnen unterschiedliche Ansichten, doch in den Grundthemen sind sie sich einig: Verhaltensbezogene und kognitive Unterschiede zwischen Mädchen und Jungen seien bereits von Geburt an zu beobachten und würden nicht einfach von sozialen Faktoren wie dem Einfluss der Gleichaltrigengruppe oder der Kultur im Allgemeinen hervorgerufen. Diese Unterschiede setzen sich angeblich ins Erwachsenenalter hinein fort und drücken sich insbesondere darin aus, dass Männer sich im logischen, systematischen Denken, insbesondere bei mathematischen und räumlichen Fertigkeiten, hervortun, während Frauen sich von Natur aus besser einfühlen und auf andere eingehen können. Darüber hinaus sollen diese Unterschiede in unseren Genen und Hormonen festgeschrieben sein, denn vor Jahrtausenden hatte es für Männer und Frauen evolutionäre Vorteile, unterschiedliche gesellschaftliche Nischen zu besetzen. Diesen Autoren zufolge lässt sich beweisen, dass diese Unterschiede sowohl angeboren als auch unveränderlich sind – »festverdrahtet«, wie sie sich oft ausdrücken –, weil sie mit geschlechtsspezifischen Unterschieden in den Hormonspiegeln und in der Gehirnstruktur und -aktivität zusammenhängen.

Die Arbeiten solcher Wissenschaftler sind von den Verfassern populärer Ratgeberbücher begeistert aufgegriffen worden. John Gray schreibt solche Selbsthilfebücher. Seine Sicht des

Unterschieds zwischen Männern und Frauen fasst er in dem Satz zusammen, dass Männer vom Mars stammten und Frauen von der Venus. Seit 1992 schärft er Paaren immer wieder ein, sie könnten nicht erwarten, dass beide Partner ähnliche Interessen hegten und sich ähnlich ausdrückten; sie müssten sich vielmehr mit grundsätzlichen Unterschieden abfinden. Diese Fähigkeit, Unterschiedlichkeit zu ertragen, sie sogar zu schätzen, ist unbestritten eine Grundvoraussetzung für jede Beziehung zwischen zwei Menschen. In John Grays Universum jedoch gibt es nur bestimmte, von vorneherein festgelegte Unterschiede: Männer knurren und verkriechen sich in ihrer Höhle; Frauen quasseln und warten auf romantische Gesten. Alle Bücher Grays sind im wesentlichen Variationen eines Themas, doch sein 2009 erschienenes Buch *Mars und Venus, die Liebe siegt!* war in aufschlussreicher Weise neu; darin trägt Gray seine Vorstellungen nicht mehr nur in Form von Alltagsbeobachtungen vor, sondern zieht biologische Erklärungen heran, nimmt Bezug auf Gene und Hormone, um diese Beobachtungen zu erklären. Zum Beleg zitiert er wissenschaftliche Quellen, darunter Simon Baron-Cohen. Mars und Venus werden jetzt von den Hormonen Testosteron und Oxytocin angetrieben. »Das Glück und die Spannkraft einer Frau entspringen den Oxytocin erzeugenden Akten des Umsorgens und Umsorgtwerdens, während das Glück und die Spannkraft eines Mannes hauptsächlich dem Testosteron erzeugenden Akt des Etwas-Bewirkens entspringen.«[34]

Auch die Medien haben diese Thematik begeistert aufgegriffen. In sämtlichen Printmedien, in Rundfunk und Fernsehen sowie im Internet finden sich Berichte und Kommentare, die sich auf biologische Erklärungen für Verhaltensstereotype bei Kindern und Erwachsenen stützen. Beispielsweise lesen wir im *Economist*: »In den 1970ern war es chic, kleinen Jungen Puppen und kleinen Mädchen Feuerwehrautos in die Hand zu drücken. Dahinter stand die Vorstellung, Verhaltensunterschiede zwischen den Geschlechtern seien einzig und allein das Ergebnis von Erziehung: Die Kultur mache Frauen zu Büglerinnen, Strickerinnen und Quasselstrippen und Männer zu Bastlern, Heimwerkern und Schweigern. Ein Austausch der Spielsachen würde dem Einsortieren nach Geschlecht ein Ende setzen. Heute ist klar, warum das nicht funktioniert hat. Schon im Augenblick ihrer Geburt sind Jungen und Mädchen verschieden.«[35] Man beachte, dass die Verbindung von Puppen und Mädchen suggeriert, Frauen seien von Natur aus für den Haushalt da, eben »Büglerinnen« und »Strickerinnen«. Die Journalistin Rosie Boycott, in den 1970er Jahren Mitbegründerin des feministischen Magazins *Spare Rib*, formulierte kürzlich in der *Daily Mail*: »Man kann diese Unterschiede schon sehr früh beobachten – und sie lassen sich nicht ›abschalten‹. Die Natur gewinnt jedes Mal gegen die Umwelt. Ich hatte viele feministische Freundinnen, die ihren kleinen Töchtern unermüdlich knallrote Feuerwehrautos zum Spielen gaben und dann völlig entgeistert mitansehen mussten, wie sie sie für eine Barbiepuppe in die Ecke warfen. Das Umgekehrte gilt für Jungen. Vor allem sorgen die Hormone, die im Mutterleib auf weibliche Feten einwirken, dafür, dass Frauen von Natur aus keine manischen, eindimensionalen Arbeitspferde sein wollen, die ihre ganze Kraft nur in eines investieren: in ihren Job.«[36] Dieselben Themen greift auch das Fernsehen auf. So brachten die BBC in Großbritannien und ABC in Australien kürzlich ähnliche Serien mit dem Titel *Secrets of the Sexes* und *Battle of the Sexes*, die sich mit den biologischen Grundlagen der Verhaltensunterschiede zwischen den Geschlechtern befassten. Der Sprecher der britischen Sendung sagte unter anderem: »Der Wissenschaft zufolge sind Männer an Sachen interessiert, Frauen an Gefühlen.«

Eben diese Thesen durchdringen gegenwärtig auch andere Aspekte um uns, von der Literatur über das Theater bis zum Kino, und beeinflussen sowohl unser öffentliches, politisches Leben als auch unsere Privatsphäre.

Es schon merkwürdig, dass gerade in einer Zeit, in der Frauen immer mehr und mächtigere Rollen in der Welt einnehmen und Männer nachdrücklicher dazu ermutigt werden, einstmals als weiblich geltende Funktionen in Familie und Haushalt zu übernehmen, eine Strömung in unserer Kultur darauf pocht, es gebe auf ewig unüberwindbare, biologische Hindernisse für die Gleichstellung von Mann und Frau. Wären diese biologischen Erklärungen für die Unterschiede zwischen Männern und Frauen hieb- und stichfest begründet, wäre es sinnlos, sie in Zweifel zu ziehen. Doch wie ich bei näherer Betrachtung dieser angeblich schlüssigen wissenschaftlichen Beweise feststellte, ist die Sache weit komplizierter, facettenreicher und differenzierter, als man uns oft weismachen will.

8. Kapitel
Mythen

Um deutlich zu machen, dass der reale Stand der Debatte über Geschlechtsunterschiede häufig verzerrt dargestellt wird, greifen wir eine Kontroverse der jüngeren Vergangenheit als Beispiel heraus. 2005 löste Lawrence Summers, der damalige Präsident der Harvard University, einen viel beachteten Streit über die angeborenen Unterschiede zwischen Männern und Frauen aus. Er war nach den Gründen gefragt worden, warum so wenige Frauen an der naturwissenschaftlich-technischen Fakultät von Harvard lehrten. In einem Vortrag vor rund 50 Universitätslehrern im National Bureau of Economic Research, der größten wirtschaftswissenschaftlichen Nonprofit-Forschungseinrichtung der USA, antwortete er, Frauen kämen, da sie die Welt von Natur aus durch die Brille von Familie und menschlichen Beziehungen sähen, in Berufen mit sehr hoher Arbeitsbelastung nicht so gut zurecht wie Männer.[1] Überdies zeigten Frauen nicht in dem Maße wie Männer den Ehrgeiz, als naturwissenschaftliche Denker zu brillieren, was er als eine »andere Verfügbarkeit von Begabung im Hochleistungsbereich« bezeichnete. Seinen Worten zufolge trügen solche angeborenen Unterschiede zwischen Männern und Frauen in weit bedeutsamerem Maße zu Ungleichheit in bestimmten Berufen bei als alle sozialen Faktoren. »Meine fundierteste Vermutung … hinsichtlich der Gründe ist«, so sagte er, »dass das bei weitem ausgeprägteste Phänomen die allgemeine Unvereinbarkeit zwischen den legitimen familiären Wünschen der Menschen und dem aktuellen Wunsch der Arbeitgeber nach hoher Leistung und hohem Einsatz ist, dass es im besonderen Fall von Wissenschaft und Technik Probleme mit der angeborenen Begabung und insbesondere der Variabilität von Begabung gibt und dass diese Erwägungen verstärkt werden von faktisch weniger wirksamen Faktoren wie Sozialisation und fortbestehender Diskriminierung.«

Wie gesehen sind solche Ansichten heutzutage gang und gäbe. Viele Autoren, Lehrer und Eltern schätzen den Einfluss der Sozialisation viel geringer ein als den biologischer Unterschiede und gehen davon aus, dass Frauen von Natur aus mehr Wert auf Beziehungen als auf Berufstätigkeit legen und weniger Begabung für logisches und wissenschaftliches Denken aufweisen. Diese Ansicht ist mittlerweile gesellschaftliches Allgemeingut, doch bezeichnenderweise berichteten die britischen Medien so über die Debatte, als hätte Summers etwas wie ein Tabu gebrochen.

So brachte die *Financial Times* neben ihren Nachrichten zwei Sonderbeiträge über den Streit um Summers. Der Verfasser des ersten, Christopher Caldwell, behauptete: »Es gibt keinen klaren Beweis, der Summers' Aussagen widerspräche. Was es stattdessen gibt, ist ein Tabu.« Des weiteren verwies er auf Summers' »gelassen-hochgebildete Art« und seinen Rang als »Gelehrter erster Güte«; seine Kritiker dagegen charakterisierte er als »entschlossen aufklärungsfeindlich« und »antiintellektuell«.[2] In einem zweiten Artikel behauptete derselbe Verfasser, es gebe keine stichhaltigen Argumente gegen Summers' Ausführungen, sondern nur die »Tabus, die professorale Privilegiertheit und Selbstsucht schützen«. Er verdammte das Professorenkollegium von Harvard, das in seiner »politischen Korrektheit« den Streit mit seinem Präsidenten losgetreten habe.[3]

Andere Zeitungen sahen die Debatte im selben Licht. Die *Sunday Times* berichtete dreimal über die Auseinandersetzung. Einmal schrieb der konservative Kommentator Andrew Sullivan: »Summers ist das Beste, was dem amerikanischen Hochschulwesen seit sehr langer Zeit passiert ist ... Bei all dem Anstoß, den er erregt hat, hat Summers ein bedeutsames Faktum aufgedeckt: Die Wahrheit ist zuweilen umstritten.«[4]

Ein Großteil dieser Berichterstattung erwähnte, dass Summers Ansichten umstritten, aber von den vorliegenden wissenschaftlichen Befunden untermauert seien.[5,6] So wirkte es denn vollkommen rätselhaft, dass Summers einen Rückzieher machte, sich entschuldigte und eine Projektgruppe einsetzte, die den geringen Frauenanteil an der naturwissenschaftlich-technischen Fakultät von Harvard untersuchen sollte. War dies wirklich nur auf überkandidelte politische Korrektheit zurückzuführen? Oder hatte vielmehr eine nicht unbeträchtliche Gruppe Andersdenkender, denen die Medien kein Gehör schenkten, ihn zum Nachgeben gebracht? Summers' Kritiker waren in den britischen Medien kaum zu Wort gekommen, obwohl sie sich sehr um ein öffentliches Forum für ihre gegenteiligen Ansichten bemüht hatten.

Nancy Hopkins, Biologieprofessorin am Massachusetts Institute of Technology, war die erste und eine der führenden kritischen Stimmen gegen Lawrence Summers. Sie hatte seinem Vortrag beigewohnt und währenddessen den Raum verlassen. Als ich kurz nach der Rede Kontakt zu ihr aufnahm, merkte ich gleich, dass es nicht ihre Art war, die Wogen lieber zu glätten. Sie sprach bereitwillig mit Journalisten über den Streit und wollte, wie auch andere Ohrenzeugen von Summers' Rede, dessen Ausführungen unbedingt publiziert sehen, damit sie in aller

Öffentlichkeit statt hinter verschlossenen Türen diskutiert werden konnten. »Meiner Meinung nach war dieser Vortrag völlig daneben, er war absolut unangemessen, und das wollte ich die Öffentlichkeit wissen lassen«, erklärte sie mir. »Wir haben belastbare Beweise für ganz reale Diskriminierung. Aber trotz aller derzeit durchgeführten Arbeiten zu biologischen Faktoren verfügen wir immer noch nicht über ein fundiertes Verständnis der genetischen Faktoren beispielsweise hinter Mathematikleistungen. Zu behaupten, dass das Gehirn von Frauen sich für Mathe nicht eigne, ist also keine Wissenschaft, es ist schlicht und einfach Voreingenommenheit, es ist absolut unwissenschaftlich.«

Eine weitere Kritikerin von Summers war Elizabeth Spelke, eine der weltweit führenden Fachleute für die Kognition von Kindern, Professorin für Psychologie an der Harvard University und Leiterin des Labors für Entwicklungsstudien. In den letzten 30 Jahren hat sie in zahlreichen Experimenten untersucht, mit welchen angeborenen Fähigkeiten Säuglinge ihr Umfeld einschätzen, Gegenstände wahrnehmen und Schlüsse über deren Verhalten ziehen. Andere Wissenschaftler betrachten Spelke als die Leitfigur auf diesem Gebiet, wie die Yale-Psychologin Karen Wynn 2006 dem Magazin *New Yorker* erklärte: »Spelke hat mehr zu unserem Verständnis der ersten Schritte des menschlichen Geistes beim Begreifen der Welt beigetragen als irgendwer sonst.«[7] Spelke lehnte Summers' Äußerungen kategorisch ab; sie seien »falsch, Punkt für Punkt«. Und im Anschluss an den Aufruhr über seine Worte stellte sie sich einer öffentlichen Debatte mit Steven Pinker, in der sie energisch darauf hinwies, dass sich die angeborene naturwissenschaftliche Begabung von Männern und Frauen in keiner Weise unterscheide.[8] Diese Auseinandersetzung kann man online nachlesen, und Spelkes durchdachte Argumente – mit durchgängigem Bezug auf solide wissenschaftliche Ergebnisse – stehen in krassem Gegensatz zu der Pressekarikatur von Summers' Kritikern.

Der Unmut dieser Wissenschaftlerinnen über die Art der einschlägigen Berichterstattung schwelt immer noch. Als ich 2008 mit Nancy Hopkins sprach, beurteilte sie einen Großteil der Berichte in der Rückschau als extrem tendenziös. Die *Washington Post* brandmarkte Hopkins als »Hysterikerin«, die sich »über eine unwillkommene These theatralisch erregt und der wie einer mit männlicher Grobheit konfrontierten viktorianischen Jungfer die Sinne schwinden, so dass sie in einem Krinolinenberg auf den Teppich des Salons niedersinkt und durch Riechsalz und die Reue des rauen Kerls wiederbelebt werden muss«.[9] Nach Hopkins' Ansicht verschleierten diese Angriffe die eigentliche Debatte. »Es wurde behauptet, wir wollten einfach die Wahrheit nicht wissen – ich weise diese Darstellung meiner Ansichten aufs Schärfste zurück. Ich bin Wissenschaftlerin und suche schon mein ganzes Leben lang nach der Wahrheit, und Lawrence Summers hat nicht die Wahrheit gesagt. Ich befürchte, viele Menschen haben sich die Ansicht zu eigen gemacht, dass er sich gegen politisch korrekte Frauen ausgesprochen habe, statt dass wir ihn zu Recht kritisiert hätten, weil er unzutreffende und voreingenommene Ansichten geäußert hat.«

Wenn es um die wissenschaftliche Erforschung von Geschlechtsunterschieden geht, ist diese verzerrte Berichterstattung der Medien kein Einzelfall. Wie im letzten Kapitel angesprochen, kann sich die Arbeit von Autoren, die allem Anschein nach für die Thesen des biologischen Determinismus eintreten, eines breiten Widerhalls in allen Medien sicher sein. Wenn ich jedoch mit anderen Wissenschaftlern und Forschern sprach, die gegenteilige Standpunkte vertreten, hörte ich zahlreiche Gegenargumente, die kaum Eingang in die Medien finden. Deborah Cameron ist Linguistikprofessorin an der University of Oxford. Sie sah sich vor kurzem aus lauter Empörung über die Resonanz der Debatte in den Medien veranlasst, statt ihrer gewohnten Fachartikel ein allgemeinverständliches Sachbuch mit dem Titel *The Myth of Mars and Venus*[10] zu schreiben. Was denn in der aktuellen Auseinandersetzung fehle, fragte ich sie. »Beweise!«, rief sie aufgebracht aus. »In der akademischen Welt findet eine echte Debatte über einige dieser Fragen statt. Doch die populärwissenschaftlichen Autoren picken sich nur die Befunde heraus, die ihnen passen. Auf sämtlichen Forschungsgebieten im Zusammenhang mit Geschlechterunterschieden sind die Ergebnisse sehr uneinheitlich. So kommt auf eine Studie, die Unterschiede zwischen männlichem und weiblichem Gehirn feststellt, eine andere, die diese Unterschiede nicht nachweisen kann oder Unterschiede in die gegenteilige Richtung findet. Doch diese Sachbuchautoren zitieren nur die Ergebnisse, die ihnen in den Kram passen. Und die Medien folgen ihnen.«

Melissa Hines ist Psychologieprofessorin in Cambridge. Ihr differenziertes Buch *Brain Gender*[11] untersucht, ob es in der Kognition und im Verhalten des Menschen angeborene Geschlechtsunterschiede gibt. Journalisten, die Artikel im Sinne der populären Thesen des biologischen Determinismus schreiben sollen, wenden sich häufig an sie. Wenn sie dann ihre Auffassungen hören, die den Beitrag der Biologie nicht gänzlich unberücksichtigt lassen, aber die gesamte Bandbreite der Forschungsergebnisse und das Zusammenspiel zwischen angeborenen und Umweltfaktoren einbeziehen, brechen manche die Arbeit an ihrem Artikel ab. Manche ignorieren auch die abweichenden Befunde, und sehr vereinzelt kämpft einer mit den Herausgebern darum, diese differenzierteren Ansichten ins Blatt zu bringen. Eine Redakteurin eines angesehenen Wochenmagazins nahm Kontakt zu Hines auf und entschloss sich, in ihrem geplanten Artikel über die Unterschiede zwischen Männern und Frauen nach Möglichkeit einige der abweichenden Ergebnisse unterzubringen. Nach dessen Erscheinen sprach ich mit der Verfasserin. »Ich war wie vom Donner gerührt von dem, was Hines mir erklärte«, erzählte sie, die anonym bleiben wollte. »Ständig fragte ich sie, aber was ist mit dem und dem, und jedes Mal widerlegte sie die von mir gesammelten sogenannten Fakten.« Doch als die Journalistin ihre Rechercheergebnisse ihren Herausgebern vorlegte, wollten diese ihr allen Ernstes keinen Glauben schenken. »Ich musste von sämtlichen Kollegen Prügel einstecken«, berichtete sie, »weil das ein Thema ist, über das alle viel zu wissen glauben. Also stritten alle mit mir. Und ich musste immer wieder sagen, dass die Forschung das einfach nicht bestätigt.« Der Artikel erschien dann neben einem Leitartikel eines Chefredakteurs, der die Inhalte wieder im Sinne des deterministischen Standpunkts interpretierte.

Als ich selbst mit Melissa Hines über ihre Arbeit sprach, lernte ich eine Wissenschaftlerin kennen, deren Unmut über die einschlägige Berichterstattung der Medien zunehmend wächst. »In den Medien herrscht derzeit der Trend, Geschlechtsunterschiede als biologisch determiniert zu sehen«, sagte sie entschieden. »Die Art, in der das geschieht, flößt mir Unbehagen ein, denn wir Wissenschaftler schaffen es im Grunde nicht, ein ehrliches und korrektes Gespräch mit den Leuten zu führen. Zeitungen und Zeitschriften versuchen, nur einen Standpunkt zu verkaufen.« Nachdem ich von diesen Wissenschaftlerinnen gehört hatte, dass ihres Erachtens die Medien den Stand der wissenschaftlichen Diskussion häufig falsch wiedergeben, erkannte ich, wie wichtig es geworden ist, sich diese eventuell falschen Berichte genauer anzusehen. Wenn wir, was die Unterschiede zwischen Männern und Frauen betrifft, nur die eine

Seite der Geschichte zu hören bekommen, ist es an der Zeit zu fragen, wie sich die ganze Geschichte anhören würde, könnten wir auch die abweichenden Stimmen hören.

Babys

Wenn wir genauer betrachten wollen, ob der derzeit modische biologische Determinismus auf einem soliden wissenschaftlichen Fundament gründet, müssen wir ganz vorne anfangen. Wie im letzten Kapitel dargelegt, soll die Theorie angeborener Unterschiede zwischen Männern und Frauen in Verhalten und Denken schon für Kinder gelten. Es leuchtet ein, warum die Verfechter der Ansicht, dass die Biologie unser Verhalten forme, diese Unterschiede schon bei der Geburt vorhanden sehen möchten. Es wäre sonst nämlich möglich, solche Unterschiede Umwelteinflüssen zuzuschreiben. Eine zentrale These dieser Autoren überrascht daher nicht: Mädchen sprechen schon als Babys stärker auf Menschen an als Jungen. Und dies, so behaupten diese Schreiber, liege allen möglichen anderen Unterschieden zwischen Männern und Frauen zugrunde, etwa dem, dass Männer sich mehr für Autos, Fußballtabellen und höhere Mathematik interessierten, Frauen dagegen mehr für Freunde, Familie und Beziehungen, und dass sich dies auch in der Vorherrschaft der Männer an den Schalthebeln der Macht und dem größeren Engagement von Frauen im häuslichen Bereich ausdrücke.

Es gibt eine berühmte Studie, wonach dieser grundlegende Unterschied zwischen Jungen und Mädchen schon bei Neugeborenen zu beobachten sei. Die Psychologin Jennifer Connellan, eine Mitarbeiterin von Simon Baron-Cohen, berichtete 2000 über ein Experiment mit einen Tag alten Babys. Sie beugte sich entweder so über die Kinder, dass diese ihr lächelndes Gesicht erblickten, oder sie zeigte ihnen ein »mechanisches Mobile« (einen Ball mit Anhängseln, auf den menschliche Gesichtsmerkmale in falscher Anordnung aufgeklebt waren). Die Jungen schauten das Mobile länger an, die Mädchen das Gesicht.[12] Als Simon-Baron 2003 das englische Original seines Buches *Vom ersten Tag an anders* veröffentlichte, zog er diese Studie als einen seiner Schlüsselbeweise für die Theorie heran, dass das weibliche Gehirn auf das Anknüpfen von Beziehungen zu anderen angelegt sei, das männliche dagegen auf die Arbeit mit Systemen statt mit Menschen.

Baron-Cohen beschrieb das Experiment in seinem Buch in allen Einzelheiten und schloss daraus: »Die Tatsache, dass dieser Unterschied bereits kurz nach der Geburt zu beobachten ist, deutet darauf hin, dass hier ein biologischer Faktor mitspielt.«[13] Die Studie ist immer wieder zitiert worden, manchmal in Artikeln von Baron-Cohen selbst, in der *New York Times* und dem *Guardian*[14] und auch von anderen Autoren. So schrieb der Journalist Nick Cohen im *New Statesman*, dass Männer die Außenwelt eher als System betrachten und schneller Muster erkennen würden, während Frauen sich besser in andere einfühlen und mitfühlend reagieren könnten. Als Beweis führte er das erwähnte Experiment an: »Simon Baron-Cohen hat festgestellt, dass neugeborene, von der Kultur noch unbeeinflusste Jungen häufiger als Mädchen ein Mobile als ein menschliches Gesicht betrachteten.«[15] Im *Guardian* schrieb die Philosophin Helena Cronin, es gebe eine Fülle von Belegen, dass Männer und Frauen sich in dieser Weise unterschieden: »Selbst im Alter von einem Tag bevorzugen Mädchen ein menschliches Gesicht, Jungen ein mechanisches Mobile.«[16] In ihrem Buch *Das Geschlechterparadox* führte Susan Pinker die unterschiedlichen

Arbeitsweisen von Männern und Frauen teilweise auf das größere Einfühlungsvermögen von Frauen zurück, das schon von frühester Kindheit an, lange bevor kulturell bedingte weibliche Rollenmuster sich einprägen könnten, zu beobachten sei. »Schon wenige Tage nach der Geburt betrachtet die Mehrzahl neugeborener Mädchen mit größerem Interesse ein menschliches Gesicht als ein mechanisches Mobile«, schrieb sie.[17]

Wird einer einzigen Studie so viel Gewicht beigemessen, würden wir erwarten, dass sie in der Wissenschaftlergemeinde ernst genommen wird. Doch einige Kollegen äußern alles andere als Respekt. Sie üben vielmehr scharfe Kritik. Während meines Gesprächs mit Elizabeth Spelke hatte diese Folgendes zu diesem berühmten Experiment zu sagen: »Das ist ein einzelnes, isoliertes Experiment. Seine Ergebnisse stehen in krassem Gegensatz zu denen von Dutzenden anderer Studien zu ähnlichen Aspekten der Kognition, die über Jahrzehnte mit Kleinkindern durchgeführt wurden. Es ist erstaunlich, wie oft gerade diese Studie zitiert wird, während die zahlreichen Studien, die keinen Unterschied zwischen den Geschlechtern oder einen Unterschied in die andere Richtung nachwiesen, unbeachtet bleiben.« In einem veröffentlichten Artikel zerpflückte Spelke das Experiment und legte dar, dass es in dreierlei Hinsicht unbefriedigend war.[18] Erstens steht es allein da. In der Forschung mit Säuglingen ist es üblich, zentrale Ergebnisse zu wiederholen und jede These durch zahlreiche Experimente zu untermauern. So soll sichergestellt werden, dass das Ergebnis nicht auf reinem Zufall beruht – es kommen immer ein paar abweichende Ergebnisse zufällig zustande. Doch es wurde keine Wiederholung dieses speziellen Experiments publiziert. Dass es nicht repliziert wurde, ist besonders aufschlussreich, denn die zahlreichen anderen Studien auf diesem Gebiet »liefern keine Indizien, dass männliche Säuglinge von Geburt an stärker auf Objekte ausgerichtet seien und weibliche stärker auf Menschen.«[19] Zweitens wurde kein Versuch unternommen, die Rohdaten aufzuschlüsseln – was genau bevorzugten die männlichen Säuglinge an dem Mobile? Wäre ihre Vorliebe für einen unbelebten Gegenstand geblieben, wenn man etwas anderes als dieses bestimmte Objekt gewählt hätte? Drittens und letztens kritisiert Spelke, dass die Studie den Versuchsleitereinfluss nicht kontrollierte; es kommt äußerst selten vor, dass ein- und dieselbe Person eine derartige Untersuchung plant und auch durchführt, da in einer solchen Situation die Erwartungen der Forscherin allzu leicht auf die Ergebnisse durchschlagen können. Von all diesen Kritikpunkten kommt dem ersten, dass es sich um ein Einzelergebnis handelt und dass die zahlreichen anderen Studien keine ähnlichen Ergebnisse erbrachten, offensichtlich das größte Gewicht zu. Die Geschichte der einschlägigen Experimente reicht Spelke zufolge sehr weit zurück. Niemand sonst hat eine mit der von Connellan durchgeführten Studie identische Untersuchung gemacht, andere Wissenschaftler jedoch haben Experimente durchgeführt, die ähnliche Ergebnisse hätten erbringen müssen, träfen die großspurigen Behauptungen von angeborenen Geschlechterunterschieden zu. Beispielsweise untersuchten schon 1966 fünf Forscher und Forscherinnen – Jerome Kagan, Barbara Henker, Amy Hen-Tov, Janet Levine und Michael Lewis –, wie fünf Monate alte Säuglinge auf vier unterschiedliche dreidimensionale Objekte reagierten: ein normales Gesicht, ein Gesicht mit veränderten Positionen von Augen, Nase und Mund, ein augenloses Gesicht und ein leeres Gesicht (ein Gesichtsumriss ohne Gesichtszüge). Wie zu erwarten war, bevorzugten die Säuglinge das normale Gesicht – sie lächelten es länger an. Der einzige Unterschied zwischen Jungen und Mädchen bestand darin, dass die Jungen alle Gesichter länger anschauten und anlächelten als die Mädchen. Dieser Unterschied weist aber in genau die entgegengesetzte Richtung wie die Beobachtungen Connellans und Baron-Cohens.[20]

Als ich den Artikel über dieses Experiment durchlas, fiel mir ein weiterer gravierender Unterschied auf. Connellan und Baron-Cohen nahmen als gegeben an, dass längeres Hinschauen auf ein bestimmtes Objekt ein »Präferieren« dieses Objekts bedeutete. Wenn also die kleinen Jungen länger auf das sogenannte mechanische Mobile (obwohl es weniger einem Mechanismus als vielmehr abstrakter Kunst ähnelte) blickten, nannten sie das »Mobile-Präferenz« und sahen darin einen Beweis für »stärkeres Interesse an mechanischen Objekten«, während sie den Blick der Mädchen auf das Gesicht als »stärkeres Interesse an Gesichtern«[21] deuteten. Ihre Vorgänger Kagan, Henker, Hen-Tov, Levine und Lewis jedoch interpretierten das längere Hinschauen eines noch sprachunfähigen Babys in sehr viel aufschlussreicherer Weise. Es könnte sich Gefallen darin ausdrücken, aber auch Irritation. Ein Baby verfügt noch nicht über den Luxus der Sprache, um zu erklären, warum es wohin schaut. Wir sollten sehr vorsichtig mit der Interpretation ihrer Blicke sein. Kagan et al. sagten dazu: »Erwachsene schauen bunte, anmutige Vögel an, weil sie ihnen gefallen«, aber »sie starren flügellose, fliegende Objekte an, weil sie sie in eine Kategorie einordnen möchten, um die durch die Verletzung eines vertrauten Schemas hervorgerufene Unsicherheit zu verringern. Ein langes Fixieren ohne zusätzliche Information aus anderen Reaktionsmodalitäten erlaubt es nicht zu bestimmen, welches dieser beiden Motive die anhaltende Aufmerksamkeit auslöst.«[22] Mit anderen Worten, wenn ein Baby ein verfremdetes Gesicht länger betrachtete, hätte man auch sagen können, dass es beunruhigt war, weil das Gesicht nicht wie erwartet und erhofft aussah, und dass es das Kind aus Verwirrung anstarrte. Dass die Forscher das Verhalten von Säuglingen vor

40 Jahren weitaus behutsamer und differenzierter beurteilten, spricht Bände.

Andere Forscher berichteten Vergleichbares über die Ähnlichkeit der Reaktionen von Jungen und Mädchen auf Gesichter. 1968 untersuchten die beiden Wissenschaftler Howard Moss und Kenneth Robson experimentell, wie lange männliche und weibliche Säuglinge im Alter von einem und von drei Monaten ihre Mütter anschauten, wie lange geometrische Muster und wie lange normale und verfremdete Abbilder von Gesichtern.[23] Die Studie sollte eigentlich den Zusammenhang zwischen mütterlicher Ängstlichkeit und kindlichem Verhalten prüfen; sie hatte also einen ganz anderen Ansatz. Dennoch stellte auch sie, anders als Connellan und Baron-Cohen, bei den Jungen keine Vorliebe für das geometrische Bild gegenüber dem Gesicht fest. Besonders auffällig war, dass die Zeitspanne, über die die Kinder ihre Mütter anblickten, sich bei Jungen und Mädchen nicht unterschied.

Wären Jungen tatsächlich stärker auf Gegenstände orientiert als Mädchen, so müssten sie folgerichtig Eigenschaften und Verhalten von Objekten besser einschätzen können. Zu dieser Frage liegen sogar noch mehr Forschungsarbeiten vor, und von diesen belegt keine einen derartigen Unterschied bei Kleinkindern.[24] Manche stellten sogar fest, dass Mädchen bessere »Systematisierer« sind als Jungen. Beispielsweise fanden Psychologen heraus, dass Babys länger hinschauen, wenn man ihnen physikalisch unmögliche Ereignisse wie frei in der Luft schwebende Schachteln vorführt, als wenn sie mögliche Ereignisse beobachten, etwa das Herunterfallen der Schachtel. Mädchen jedoch zeigen dieses Wissen um den Unterschied zwischen bestimmten unmöglichen und möglichen Vorgängen manchmal schon in früherem Alter als Jungen.[25] Angesichts der langen Geschichte der Erforschung geschlechtsspezifischer Unterschiede bei Säuglingen sagt Elizabeth Spelke zuversichtlich: »Hunderte methodisch saubere Experimente ergaben keine Indizien für eine männliche Überlegenheit bei der Objektwahrnehmung oder beim auf mechanische Systeme bezogenen Lernen.«[26] Die kleinen Jungen und Mädchen in den drei Jahrzehnten Forschung vor Jennifer Connellans und Simon Baron-Cohens Experiment haben sich Sachen und Menschen in gleicher Weise zugewandt. Bei meinem Telefonat mit Spelke verurteilte sie aufs Entschiedenste, dass diese eine Studie, die als einzige einen Unterschied zwischen männlichen und weiblichen Babys in der erhofften Richtung erbracht hatte, durch das Zutun der Medien so viel Einfluss gewonnen hatte, dass sie diese lange Geschichte der entwicklungspsychologischen Forschung einfach auszulöschen vermochte. »In 30 bis 40 Jahren haben die Experimente auf dem Gebiet der kognitiven Entwicklung von Kleinkindern keine hieb- und stichfesten Beweise für kognitive Geschlechtsunterschiede zugunsten von Jungen erbracht. Wenn überhaupt, dann scheinen kleine Mädchen bei Tests des frühen räumlichen Denkens Jungen häufig zu übertrumpfen.«

Eine weitere Sachbuchautorin, die die Theorie verficht, alle beobachtbaren Unterschiede zwischen Jungen und Mädchen lägen in der Biologie begründet, ist Louann Brizendine. Ihr Buch *Das weibliche Gehirn* erschien 2007 auf deutsch. Das Original von 2006 rief ein starkes Echo in der britischen Presse hervor; *Daily Mail*, *Sunday Times* und *Daily Telegraph* brachten Auszüge, Interviews und Besprechungen. Brizendines Überzeugung zufolge kommen Mädchen im Gegensatz zu Jungen, die kein Interesse an sozialer Interaktion haben, mit einer automatischen Aufgeschlossenheit für Beziehungen zur Welt: »Kleine Mädchen interessieren sich schon bei der Geburt dafür, wie Gefühle ausgedrückt werden. Aus einem Blick, einer Berührung, jeder Reaktion der Menschen, mit denen sie in Kontakt kommen, entnehmen sie etwas über sich selbst ... Kleine Mädchen finden sich mit einem unbewegten Gesicht nicht ab.«[27]

Es gibt eine Versuchsreihe, die über die letzten 30 Jahre die Reaktionen kleiner Mädchen und Jungen auf ausdruckslose Gesichter untersucht hat: die Still-Face-Studien. Versuchspersonen waren ein bis zwölf Monate alte Kleinkinder. Das klassische Experiment besteht in einer einfachen Beobachtung der Interaktion von Baby und Mutter, sowohl im normalen, aufeinander bezogenen Austausch als auch während Phasen von drei Minuten, in denen die Mutter jede Reaktion unterlässt und ein völlig ausdrucksloses Gesicht bewahrt. Dann beurteilen Psychologen die Reaktionen des Babys, die von Wut bis Koketterie reichen können. Diese zeigen klar, dass Babys sich offensichtlich nach Widerhall bei anderen sehnen und tief beunruhigt sind, wenn dieser ausbleibt. Die lange Geschichte der Still-Face-Experimente zeigt, dass man sich schon seit vielen Jahren fragt, ob kleine Jungen und Mädchen von Natur aus in den Gesichtern in ihrem Umfeld nach Unterschiedlichem suchen, und die Ergebnisse lassen nur den Schluss zu, dass eine eindeutige Antwort unmöglich ist. Auch wenn uns Brizendine glauben machen möchte, dass sich kleine Mädchen nicht mit einem ausdruckslosen Gesicht abfinden, reagieren Jungen und Mädchen in Wahrheit ähnlich. Die Psychologinnen Lauren Adamson und Janet Frick von der Georgia University analysierten alle 43 von den späten 1970er Jahren bis 2001 publizierten Still-Face-Studien. Sie konnten nur dieses Fazit ziehen: »Auf geschlechterspezifische Effekte bezogene Ergebnisse erstrecken sich über die gesamte Bandbreite von keine über den Ausdruck größeren Kummers bei Mädchen bis hin zu offenbar positiveren Reaktionen der Mädchen als auch der Jungen.«[28]

Die Autoren, die glauben, dass Mädchen von Geburt an stärker auf Menschen bezogen seien als Jungen, behaupten häufig auch, dass sich die Beziehungen zwischen kleinen Mädchen und ihren Bezugspersonen schon in den ersten Lebenstagen reibungsloser gestalten als bei kleinen Jungen. Diese Ansicht bekommt man heute auch oft im Alltag von Eltern zu hören; ich kann nicht mehr zählen, wie oft mir Mütter von kleinen Jungen erzählt haben, meine unkomplizierte Beziehung zu meinem Mädchen beruhe auf dessen Geschlecht und nicht auf dem Wesen meiner Tochter. Louann Brizendine fasst diese Meinung so zusammen: »Die Tatsache, dass das Gehirn eines Mädchens eine bessere Verdrahtung für Kommunikation und emotionale Färbungen hat als das von Jungen, wirkt sich schon frühzeitig auf das Verhalten eines Mädchens aus … Ein kleines Mädchen stellt sich schneller auf die Mutter ein und reagiert auf beruhigende Verhaltensweisen, indem es zu schreien aufhört und sich beruhigt. Im Rahmen einer Studie an der Harvard Medical School wurde beobachtet, dass kleine Mädchen in dieser Hinsicht besser auf ihre Mütter reagieren als Jungen.«[29] Als ich mir jedoch Brizendines Quellenangabe für diese Aussage ansah – eine 1999 von Katherine Weinberg und Mitarbeitern durchgeführte Studie an der Harvard Medical School –, stellte ich fest, dass diese Forscher ein weitaus komplexeres Bild als nach der Darstellung Brizendines zeichneten.

Die kleinen Jungen verhielten sich in der Tat unruhiger und launischer, waren aber stärker interessiert an emotionalen Interaktionen mit ihren Müttern als die Mädchen. Diese wiederum nahmen mehr Anteil an ihrer Umgebung und ließen sich von den Handlungen und Tätigkeiten ihrer Mutter weniger stören. Zwar zeigten die Jungen mehr negatives Ausdrucksverhalten als die Mädchen, doch brachten sie überraschenderweise auch signifikant mehr positive, an ihre Mutter gerichtete Gefühle zum Ausdruck. Die Jungen zeigten zudem häufiger freudige Mimik, schauten ihre Mütter öfter an und produzierten mehr Lautäußerungen. Die Mädchen dagegen betrachteten häufiger als die Jungen Gegenstände und untersuchten sie öfter. Das Resümee der Forscher lautet: »Die Jungen waren stärker sozial orientiert als die Mädchen. Sie schauten ihre Mütter häufiger an als die Mädchen … Mädchen verbringen im Vergleich zu Jungen deutlich mehr Zeit mit der Exploration von Objekten.«[30]

Wenn ich Artikel von Wissenschaftlern wie diesen lese, deren Arbeiten ein viel differenzierteres Bild des Verhaltens von Babys zeichnen, oder mich mit ihnen unterhalte, kommt es mir vor, als bewiesen sie viel mehr Mut, stellen sie sich doch der ganzen Komplexität der individuellen Reaktionen von Säuglingen. Elizabeth Spelke sagte zu mir: »Ich glaube, derzeit herrscht die Tendenz, sich auf das Ergebnis zu konzentrieren, das ein Stereotyp bestätigt, statt auf die Ergebnisse, die ihm widersprechen.« Wie wohl alle Eltern bestätigen werden, lässt sich das Verhalten von Kleinkindern nicht immer leicht vorhersagen und deuten; man erlebt während ihrer Persönlichkeitsentwicklung zahlreiche, plötzlich auftretende, unerwartete Reaktionen. Nichtsdestotrotz setzt sich gegenwärtig immer mehr ein Denken durch, das ganz erpicht darauf scheint, die Babys dieser Generation in rosa und blaue Schubladen zu stecken. Fast scheint es, als fürchte es sich davor, die ganze Fülle ihrer heranreifenden Menschlichkeit zu würdigen.

Sprache

Die These, dass Frauen mehr reden als Männer und die Sprache überdies geschickter einzusetzen wissen hält sich schon seit einiger Zeit. Das Moderatorenpaar Richard Madeley und Judy

Finnigan spielte in ihrem beliebten britischen Fernsehmagazin mit diesem Klischee. »Frauen mögen ja vielleicht mehr reden als Männer«, eröffnete Judy den ironischen Schlagabtausch, »aber sie haben auch einen doppelt so großen Wortschatz.« In scharfem Ton gab Richard zurück: »Ich weiß einfach nicht, was du, ähm, was du, ähm ...« »Meinst, Richard?«, flötete Judy honigsüß.[31] John Gray begründet seine Thesen über die Unterschiede zwischen Männern und Frauen großenteils mit deren augenscheinlich unterschiedlichen Sprechweise. Ein Kapitel seines Klassikers *Männer sind anders, Frauen auch. Männer sind vom Mars, Frauen von der Venus* ist überschrieben: »Männer ziehen sich in ihre Höhle zurück, Frauen reden«. Hier bringt er auch folgendes Beispiel: »Wenn Tom nach Hause kommt, will er sich entspannen, indem er die Zeitung liest. Er ist durch die ungelösten Probleme des Tages gestreßt und findet Erleichterung, indem er sie vergißt. Seine Frau Mary will sich ebenfalls von ihrem gestreßten Tag entspannen. Sie sucht jedoch Erleichterung, indem sie über die Probleme ihres Tages spricht.«[32]

Diese Annahme, Weiblichkeit sei mit überlegener Sprachgewandtheit verbunden, wird in den Medien oft als Tatsache hingestellt. So behauptete die *Daily Mail* in einer Schlagzeile kategorisch: »Frauen reden dreimal so viel wie Männer, wie eine Studie ergibt«.[33] Der Artikel beruhte auf Aussagen von Louann Brizendine in ihrem Buch *Das weibliche Gehirn*. Ihr zufolge sprechen Mädchen drei- bis viermal mehr Wörter pro Tag als Jungen und reden im Durchschnitt doppelt so schnell wie diese.[34] Doch es gibt einen Fachmann, den ihre Behauptungen besonders verblüfften. Mark Liberman ist Phonetikprofessor und schreibt einen witzigen, geistreichen Blog namens Language Log. Gleich nach dem Erscheinen von Brizendines Buch erblickte er ein Exemplar in einem Buchladen. »Die beeindruckende Thesenzusammenstellung auf dem Schutzumschlag weckte meine Aufmerksamkeit«, erzählte er mir. Eine dieser Thesen lautete: »Eine Frau spricht ungefähr 20 000 Wörter pro Tag, ein Mann dagegen 7000.« Liberman war fasziniert, denn ihm waren noch nie derartige Zahlen untergekommen. »Ich dachte mir, das müsse aus einer neuen Studie stammen, von der ich noch nichts gehört hatte. Ich las das Buch und prüfte die Quellenangaben. Ich war überrascht – das Buch nimmt reichlich Bezug auf die wissenschaftliche Literatur, doch an den Stellen, die ich nachschlug, stützten die zitierten Quellen die umstrittenen Behauptungen des Textes kaum oder gar nicht.« Das Zitat, das die obige Behauptung untermauern sollte, stammte aus einem Selbsthilfebuch[35] und keineswegs aus irgendwie gearteter wissenschaftlicher Primärliteratur. In einem Artikel im *Boston Globe* schrieb Liberman dazu: »Leider ist dies nur einer von mehreren Fällen in neueren Büchern über Geschlecht und Neurowissenschaften, in denen sich verblüffende Zahlen als bar jeder empirischen Untermauerung entpuppen.«[36]

Wissenschaftler an der Arizona University beschlossen daraufhin, die Behauptung zu beweisen oder zu widerlegen, und analysierten dazu die täglichen sprachlichen Äußerungen von fast 400 Menschen. Wie der Leiter der Forschungsgruppe Matthias Mehl bemerkte, habe sich die Behauptung, Frauen redeten dreimal so viel wie Männer, offenbar als kultureller Mythos etabliert, da so viele verschiedene Medien sie so weit verbreitet hatten. Dagegen belegt seine Studie schlüssig, dass es diesbezüglich keinen statistisch signifikanten Unterschied zwischen Männern und Frauen gab. Frauen sprachen im Durchschnitt etwas mehr als 16 000 Wörter täglich, Männer etwas weniger, doch der Unterschied war statistisch nicht aussagekräftig.[37]

Mark Liberman ging auch Brizendines Behauptung nach, dass Mädchen schneller sprächen als Jungen, und zwar Mädchen 250 Wörter pro Minute, Jungen nur 125. Der alleinige Beleg, den die Autorin dafür anführte, war ein Artikel, der überhaupt keine nach Geschlechtern aufgeschlüsselten Befunde zu Sprechgeschwindigkeiten enthielt. Die einzige Arbeit über geschlechterspezifische Sprechgeschwindigkeiten überhaupt fand kleine Unterschiede in entgegengesetzter Richtung. Männer sprechen demnach geringfügig schneller als Frauen. Liberman und seine Mitarbeiter kamen in einem 2006 veröffentlichten Artikel zu dem Schluss: »Männer sprechen tendenziell schneller als Frauen … Der Unterschied ist jedoch sehr klein, nur etwa vier bis fünf Wörter oder Schriftzeichen pro Minute (2 %), wenn auch statistisch signifikant.«[38]

Zudem hat sich die Vorstellung festgesetzt, dass die typische Frau nicht nur mehr und schneller spricht als die Männer um sie herum, sondern auch sprachbegabter ist als diese. Diese Annahme durchzieht unsere gesamte Kultur; bezeichnenderweise findet man sie insbesondere bei Menschen, die mit Kinderbetreuung und -erziehung zu tun haben. Beispielsweise begründet die schon oben erwähnte Girls' School Association die Bedeutung des getrenntgeschlechtlichen Unterrichts damit, dass Mädchen tendenziell nachdenklicher, kooperativer, intuitiver und sprachgewandter und Jungen körperlich aktiver, aggressiver und unabhängiger in ihrer Lernweise seien.[39] Auf der Supernanny-Website, einem Zusatzangebot der in Großbritannien, den USA und Deutschland äußerst erfolgreichen Fernsehsendung, erfahren Eltern, die etwas über sinnvolle Strafen wissen möchten, dass sie bei Jungen andere Strategien anwenden müssen, »denn Jungen können sich verbal nicht so gut ausdrücken.«[40]

Doch tatsächlich gibt es keine schlüssigen Beweise für die Behauptung, Frauen verfügten über viel bessere verbale Fähigkeiten als Männer, obwohl sie doch ein solcher Prüfstein für unsere moderne Kultur geworden sind. Im Durchschnitt entwickeln Mädchen etwas früher als Jungen sprachliche Fähigkeiten. Deshalb können in der Schule innerhalb der Altersgruppen Unterschiede auftreten. Aber die Jungen vermögen eventuelle Rückstände aufzuholen. Selbst wenn sie heute bei manchen Prüfungen im Durchschnitt nicht so gut abschneiden wie Mädchen, deutet nichts darauf hin, dass dies ein biologischer, unabänderlicher Unterschied sei und nicht vielmehr zu einem bestimmten Zeitpunkt von einer bestimmten Kultur hervorgerufen wird, in der viele Jungen lernen, Lesen und Hausaufgabenmachen seien uncool.

Die Psychologin Janet Shibley Hyde hat sich auf Metaanalysen von kognitiven Geschlechterunterschieden spezialisiert. Das bedeutet, sie fasst die Ergebnisse vieler Studien zusammen und analysiert sie gemeinsam. In den 1980er Jahren begann sie mit umfassenden Metaanalysen von empirischen Untersuchungen sprachlicher Fähigkeiten und fand durchgängig, dass die Unterschiede weit kleiner sind als gemeinhin angenommen. 1988 führte Hyde eine Metaanalyse von 165 Studien durch, die Unterschiede der verbalen Fähigkeiten von Mädchen und Jungen untersuchten. Unter anderem ging es um Wortschatz, Analogienbildung, Leseverständnis, Aufsatzschreiben, Anagramme und allgemeine Sprachfähigkeit. Alle Unterschiede sprachen in der Tat zugunsten der Mädchen – Jungen zeigten etwas bessere Leistungen bei Analogien, doch ansonsten waren die Mädchen besser. Das Aufschlussreichste an Hydes Analyse ist jedoch die Größe der Unterschiede. Sie waren winzig. Die Sprachfähigkeiten variieren innerhalb jedes Geschlechts in riesiger Bandbreite, doch zwischen den Geschlechtern bestand kaum ein Unterschied.[41] So zog Hyde das Fazit: »Geschlechterunterschiede erklärten nur etwa ein Prozent der Varianz der verbalen Fähigkeiten.« Als Frau begegnen Sie also genauso häufig einer anderen Frau mit völlig anderen verbalen Fähigkeiten wie einem Mann, der sich sprachlich stark von Ihnen unterscheidet. Das bedeutet, dass die Rede von einem ›weiblichen Gehirn‹ mit ›Schaltkreisen für Kommunikation‹, wie einige Autoren schreiben, Blödsinn ist, da männliche Gehirne offenbar auf exakt dieselbe Weise arbeiten.[42]

Warum kommen wir dann so oft auf den Gedanken zurück, Frauen könnten besser reden als Männer? In einem Interview mit dem *Guardian* bezeichnete Liberman Louann Brizendines diesbezügliche Behauptung schlicht als modernes Märchen: »Großstadtlegenden entstehen, weil sie irgendwie Widerhall in der Alltagserfahrung der Leute finden. Sie sind faktisch falsch, aber als Mythos ansprechend.«[43] Es lässt sich kaum etwas gegen Libermans Urteil einwenden, und obwohl diese Legende oft eine Verbeugung vor der weiblichen Überlegenheit enthält – wie der zu Anfang dieses Abschnittes zitierte Witz von Richard und Judy –, kann sie oft auch ein Schuss vor den Bug sein. Die Ansicht, dass Frauen sehr viel mehr reden als Männer, unterstellt stillschweigend, dass Frauen *zu* viel reden, dass ihre Worte überflüssig seien. Selbst wenn dieser Mythos in positivem Gewand daherkommt, kann er lähmen. In der westlichen Kultur ist es eine althergebrachte Tradition, dass Frauen gerne zu Hause mit der Freundin tratschen, während die Männer außer Haus arbeiten, oft einsam und mit Tunnelblick. Zwar wagen Männer und Frauen in Beruf und Familie heute immer mehr Vorstöße in die jeweils andere Rolle, doch viele Menschen dürften den Glauben an eine geschlechtsspezifische Arbeitsteilung – dass die Pflege von Beziehungen Frauenarbeit sei, da Frauen über bessere verbale Fähigkeiten verfügten, und dass dies immer so bleiben werde – wohl nach wie vor äußerst beruhigend finden. Daher bekräftigt diese Annahme, auch wenn sie mit einer Rhetorik der weiblichen Überlegenheit bemäntelt wird, immer noch die traditionellen Klischees vom Platz der Frau in der Gesellschaft.

Selbst wenn wir uns dieser geschlechterspezifischen Sprachmythen entledigen könnten, blieben wir wahrscheinlich immer noch mit der tief verwurzelten Ansicht konfrontiert, dass Frauen *anders* reden als Männer. Dies ist das unausrottbarste Vorurteil von allen, die sich um Sprache drehen: dass Frauen leichter kooperative, unterstützende Worte fänden, Männer dagegen besser sachlich und logisch argumentieren könnten. Diese Sicht der Unterschiede zwischen Männern und Frauen vertritt die Linguistikprofessorin Deborah Tannen in ihren Bestsellern. Nach ihr setzt sich ein typischer Mann mit seiner Umgebung auseinander »als Individuum in einer hierarchischen Ordnung, innerhalb deren er entweder die Nase vorn oder das Nachsehen hat. In seiner Welt sind Gespräche Verhandlungen, in denen Menschen nach Möglichkeit die Oberhand zu gewinnen und zu behalten trachten.« Eine Frau dagegen nähert sich der Welt »als Individuum in einem Netzwerk von Bindungen. In dieser Welt sind Gespräche Verhandlungen über Nähe, in denen Menschen Bestätigung und Unterstützung zu finden und zu geben sowie Konsens herzustellen trachten.«[44]

Diese Sicht der Unterschiede zwischen Männern und Frauen geht davon aus, dass Frauen nicht nur überlegene sprachliche Fähigkeiten besitzen, sondern auch ein überlegenes Einfühlungsvermögen, und beides gilt gemeinhin als untrennbar miteinander verbunden. »Die sicherste Schlussfolgerung, die wir an diesem Punkt ziehen können, lautet, dass Frauen sowohl über ein besseres Einfühlungsvermögen als auch über bessere sprachliche Kompetenzen verfügen«, schreibt Baron-Cohen in *Vom ersten Tag an anders.*[45] Immer wenn die neuen Anhänger biologischer Erklärungen für Geschlechtsunterschiede behaupten, Frauen seien von Natur aus »Einfühlerinnen«, erhalten sie kräftige Schützenhilfe von den Medien. Die von Baron-Cohen und seiner Gruppe an der Cambridge University entwickelten

Fragebögen, die zwischen einem empathischen und einem systematisierenden Gehirn unterscheiden sollen, finden sich auf der Website des *Guardian*[46] und eine abgewandelte Fassung auf der der BBC.[47]

Die meisten Menschen würden wahrscheinlich bejahen, dass wir alle uns Situationen ins Gedächtnis rufen können, die belegen, dass Frauen sich im Gespräch einfühlsamer verhalten als Männer, Situationen, in denen Frauen sich mit Worten darum bemühen, Beziehungen aufrechtzuerhalten und zu erweitern, während Männer kaum den Mund aufmachen, wenn sie nicht gerade etwas Bestimmtes mitteilen oder klarstellen wollen. Die meisten von uns kennen solche Situationen im Privat- wie im Arbeitsleben, in freundschaftlichen und beruflichen Beziehungen.

Dennoch liegt ein großer Schritt zwischen der Beobachtung eines Unterschieds und der Annahme, dass dieser in biologischen und daher kaum unveränderbaren Faktoren wurzele. Die Argumente der Verfechter des biologischen Determinismus greifen die beobachteten Unterschiede zwischen Männern und Frauen auf und bringen sie mit genetischen und hormonellen Unterschieden in Verbindung, die uns die Evolution vor Äonen aufgeprägt hat und die gesellschaftliche Veränderungen nicht auslöschen können. Begegnet man dagegen den Thesen des biologischen Determinismus mit Skepsis, braucht man die in unserer Gesellschaft gleichwohl häufig zu beobachtenden Kommunikationsunterschiede zwischen den Geschlechtern nicht zu ignorieren. Aber man könnte untersuchen, ob diese heutigen Unterschiede nicht nur von angeborenen Motiven, sondern auch von den Erwartungen unseres Umfelds erzeugt werden. Einige sehr spannende Forschungsarbeiten haben gezeigt, dass unsere Erwartungen hinsichtlich der Unterschiede zwischen Männern und Frauen sogar unser Einfühlungsvermögen beeinflussen können. So erzielen Frauen in unterschiedlichen Studien tatsächlich höhere Empathiewerte als Männer, ob die Aufgabe nun lautete, Fotos von Augen danach zu beurteilen, wie deren Besitzer sich fühlen, oder ob die Probanden einfach angeben sollen, wie viel ihnen an nahestehenden Menschen liegt. Dennoch stellten zwei Psychologen bei der Überprüfung dieser Studien die folgende verblüffende Tatsache fest: Dieses scheinbar überlegene Einfühlungsvermögen war eindeutig mit den den Versuchspersonen bewussten Erwartungen verbunden. Die Forscher nahmen mehrere Studien unter die Lupe und fanden heraus, dass nur dann, wenn die Teilnehmerinnen und Teilnehmer wussten, was untersucht wurde, signifikante Unterschiede zwischen den Reaktionen der Geschlechter auftraten. Sie kamen zu folgendem Schluss: »Es trat ein großer geschlechtsspezifischer Unterschied zugunsten von Frauen auf, wenn die Empathie mit Selbstbeurteilungsskalen gemessen wurde; mittlere Unterschiede (zugunsten von Frauen) wurden gefunden für unwillkürliches Weinen sowie bei Eigenauskünften in Laborsituationen; keine Unterschiede traten auf, wenn das Maß der Empathie entweder ein physiologisches war oder mit nicht eingreifender Beobachtung nonverbaler Reaktionen auf den emotionalen Zustand eines anderen bestimmt wurde.« Mit anderen Worten, wenn Menschen wissen, dass sie ihre Reaktionen kontrollieren sollen und können, erfüllen sie die stereotypen Erwartungen an das Verhalten von Männern und Frauen. Werden jedoch weniger gut steuerbare Reaktionen beobachtet oder wissen die Probanden nicht, was gemessen wird, zeigen die Reaktionen von Männern und Frauen eine viel größere Bandbreite.[48] Dies spricht dafür, dass ein Gutteil der sogenannten Forschung zu diesem Thema gar keine angeborenen Unterschiede prüft, weil sie unser – vielleicht nicht einmal bewusstes – Bestreben, sozialen Normen zu entsprechen, nicht herausfiltert.

Wenn unsere Art zu kommunizieren nicht nur von unseren angeborenen Fähigkeiten, sondern auch von den Gegebenheiten um uns herum beeinflusst wird, müssen wir uns unbedingt vor Augen halten, dass wir bei einer Betrachtung des Sprachverhaltens von Männern und Frauen keineswegs immer die Kommunikation zwischen Gleichgestellten analysieren. Aufschlussreiche Forschungsarbeiten haben die Auswirkungen eines Machtgefälles auf die Art und Weise der Kommunikation untersucht. So stellte die Psychologin Sara Snodgras von der Florida Atlantic University für ihre Studie 36 Probandenpaare zusammen und wies vor der ersten Aufgabe jeweils einem Teilnehmer eine dominante, lehrerartige Rolle zu, dem anderen die Rolle des Untergebenen. Dann sollten die Probanden Spiele spielen.

Danach wurde beurteilt, inwieweit sie auf die Emotionen und Empfindungen des jeweils anderen eingingen. Wie sich zeigte, erwiesen sich die »Untergebenen« als einfühlsamer gegenüber der Person in der Führungsrolle – unabhängig von ihrem Geschlecht. »Weibliche Intuition« solle vielleicht zutreffender als »Intuition des Untergeordneten« bezeichnet werden, schloss Snodgras.[49]

Diese und ähnliche Studien sprechen dafür, dass die Empathie und Sensibilität, die in unserer Gesellschaft als weibliche Züge gepriesen werden, vielleicht weniger auf unsere angeborenen Begabungen als vielmehr auf unsere jeweilige Lebenssituation sowie auf kulturell vorgegebene Erwartungen zurückzuführen sind. Möglicherweise haben wir alle in viel höherem Maße das Zeug dazu, die rosa und blauen Grenzen zu durchbrechen, als es die biologischen Theorien suggerieren. Meines Erachtens können wir diese Flexibilität im Alltagsleben ständig erleben. Wir alle kennen Frauen, mit denen man einfach nicht ins Gespräch kommt, und Männer, die ihrem Gegenüber sofort jede Befangenheit zu nehmen wissen. Das simplifizierende Bild von männlicher und weiblicher Kommunikation, mit dem manche biologisch orientierten Autoren hausieren gehen, setzt sich darüber hinweg, wie komplex menschliche Verständigungsformen in Wirklichkeit sind. Die meisten von uns sind manchmal einfühlsam, dann wieder herrisch, manchmal liebevoll und dann und wann auch herzlos. Aus dem Hinweis, dass Frauen möglicherweise kein von Natur aus überlegenes Einfühlungsvermögen besitzen, folgt nicht, dass der Zusammenhang von Weiblichkeit und Empathie ein negativer Aspekt des Weiblichseins wäre: Im Gegenteil, auf die Bedürfnisse anderer einzugehen, offen zu sein für die Gefühle anderer – so etwas macht einen wesentlichen Teil wahrer Menschlichkeit aus. Statt die Frauen dazu aufzufordern, diese »Untergebenenintuition« aus ihrem Leben zu verbannen, sollten wir vielleicht endlich verlangen, dass mehr Männer solche Verhaltensweisen einüben. Doch diese Veränderung wird gebremst oder sogar verhindert, wenn wir den Männern ständig einreden, die ganz gewöhnliche Empathie und Sensibilität für andere beruhe auf einer angeborenen Begabung, über die wahrscheinlich nur Frauen verfügten.

Wenn es nicht zutrifft, dass Männer und Frauen ganz unterschiedlich kommunizieren, warum glauben dann so viele Menschen dieses Märchen? Warum kaufen Millionen *Männer sind anders, Frauen auch* und so wenige ein so ausgezeichnetes, das Geschlechter-Märchen entzauberndes Buch wie Deborah Camerons *The Myth of Mars and Venus*? Meines Erachtens hält sich der Mythos der unterschiedlichen Kommunikationsweise von Männern und Frauen deshalb so hartnäckig, weil er etwas hervorhebt, das wir alle kennen – nämlich, dass wir häufig missverstanden werden. Viele von uns sehnen sich nach dem perfekten Partner, der uns die Wünsche von den Augen abliest und uns auch ohne Worte versteht. Viele von uns werden von der Realität enttäuscht und haben das Gefühl, dass im Privat- wie im Arbeitsleben immer wieder etwas verhindert, dass sie klar verstanden werden und verstehen. Wenn daher Autoren wie John Gray oder Deborah Tannen solche Kommunikationsprobleme beschreiben, erkennt sich fast jede wieder und kann kaum anders, als zustimmend zu nicken. Doch seien wir mal ehrlich: Wir müssen doch zugeben, dass die Verständigungsprobleme zwischen Männern und Frauen nicht immer dem Schema brummiger Mann – schnatternde Frau entsprechen. Wir sind viel individueller, veränderlicher und komplizierter, als es diese Legende wahrhaben will.

Mathematik

Was die Unterschiede zwischen den Geschlechtern angeht, kennt der neue biologische Determinismus noch ein zentrales Thema: Frauen mögen zwar über ein ausgezeichnetes Einfühlungsvermögen verfügen, doch es mangelt ihnen an Systematisierungsfähigkeiten. Bei Frauen siegt Intuition über Logik, Fühlen über Denken. Vor allem aber wird von Vertretern dieser These die Behauptung angeführt, Männer seien trotz Chancengleichheit in bestimmten Bereichen der Mathematik noch immer viel besser. Diese angeführte biologische Überlegenheit der Männer in Mathematik wird häufig als Erklärung dafür herangezogen, dass Frauen viel seltener Berufe wählen, die mathematische Fähigkeiten voraussetzen. In seinem Buch *Das unbeschriebene Blatt* schreibt Steven Pinker: »Der Umstand, dass mehr Männer als Frauen eine ungewöhnliche Begabung für mathematisches Denken und die mentale Manipulation von dreidimensionalen Objekten haben, dürfte der Grund dafür sein, dass das Geschlechterverhältnis von fünfzig zu fünfzig in einigen Bereichen verfehlt wird: bei Ingenieuren, Physikern, organischen Chemikern und unter den Professoren einiger mathematischer Disziplinen.«[50] Genau dieses Argument griff der damalige Harvard-Präsident Lawrence Summers auf, als er den geringen Frauenanteil an der naturwissenschaftlich-technischen Fakultät von Harvard unter anderem auf »Probleme der angeborenen Begabung« zurückführte.

Diese Ansicht übernahm ein Großteil der Massenmedien. So schrieb 2004 ein Wissenschaftsjournalist des *Sunday Telegraph*: »In den Reihen der Spitzenmathematiker wimmelt es von männlichen Denkern, die sich mit den abstrakten Begriffen von Raum, Geometrie und Zahl wohler fühlen … In den letzten Jahren kamen mehrere Studien zu dem Schluss, dass Geschlechtsunterschiede mehr als oberflächlich sind: Die Gehirne von Männern und Frauen verarbeiten Sprache und Emotion verschieden und unterscheiden sich in ihrer Struktur. Dies wiederum könnte unsere entwicklungsgeschichtliche Vergangenheit widerspiegeln, welche die Gehirne von Männern für die Jagd und die von Frauen für das Sammeln optimierte.«[51] Ein Kommentator der *Sunday Times* drückte es 2008 so aus: »Wir erkennen zudem, dass quer durch eine Population die Fähigkeiten von Frauen und Männern variieren; zu erwarten ist, dass Frauen in Quantenmechanik oder Navigation unterrepräsentiert sind. Einzelne Frauen mögen sich zwar auf diesen Gebieten hervortun, doch für Frauen im Allgemeinen ist das unwahrscheinlich, und zwar aufgrund angeborener Ursachen.«[52]

Bei aller kategorischen Gewissheit, mit der sich manche Autoren in der Diskussion über diesen Unterschied zwischen Männern und Frauen zu Wort melden, bezweifeln viele Wissenschaftler, dass es bei der mathematischen oder naturwissenschaftlichen Begabung Geschlechtsunterschiede gibt. Janet Shibley Hyde, die Psychologin, die jahrelang Metaanalysen von Studien zu kognitiven Geschlechterunterschieden durchgeführt hat, fand heraus, dass selbst in Bezug auf Mathematik »die Ergebnisse recht überraschend waren, angesichts des lang gehegten Glaubens an eine männliche Überlegenheit in Mathematik«,[53] denn die gefundenen Unterschiede waren alle minimal. Das einzige mathematische Gebiet, auf dem sich regelmäßig ein mittlerer oder großer Unterschied zugunsten der Männer ergibt, ist die räumliche Visualisierung. Das zeigt sich insbesondere mit einem Standardtest zur Messung der Fähigkeit, dreidimensionale Objekte im Geiste zu drehen. Das Testmaterial besteht aus Strichzeichnungen von 3-D-Objekten, die Blöcke in verschiedenen Anordnungen darstellen. Die Versuchsperson soll angeben, welche von mehreren Gebilden identisch sind.

Das bedeutet aber nicht, dass Männer in allen Tests räumlicher Fähigkeiten höhere Werte erzielen. Sollen die Probanden Formen in komplizierten Mustern erkennen oder sich vorstellen, wie ein gefaltetes Papier ungefaltet aussieht, schneiden Männer und Frauen ähnlich ab. Schaut man sich den Test, der den großen Unterschied zwischen den mathematischen Fähigkeiten von Männern und Frauen beweisen soll, genauer an, dann fällt auf, welch engen Bereich intellektueller Fähigkeiten er untersucht, und viele Wissenschaftler bezweifeln deshalb, dass er signifikant ist. Melissa Hines diskutiert in ihrem Buch *Brain Gender* die gesamte Palette der kognitiven Geschlechtsunterschiede und formuliert pointiert: »Die meisten wissenschaftlichen Fachgebiete erfordern zahlreiche Fähigkeiten, zusätzlich zu der (und wahrscheinlich sogar mehr als die) Fähigkeit, eine dreidimensionale Figur im Geiste zu drehen.«[54]

Darüber hinaus sprechen immer mehr aufschlussreiche Studien dafür, dass sich geschlechtsbezogene Unterschiede bei der räumlichen Denkfähigkeit durch Übung verringern oder völlig beseitigen lassen. Und zwar nicht über Jahre, sondern schon einige Stunden Übung können das erreichen. So sollten die Teilnehmer einer 2000 veröffentlichten Studie, 44 Männer und Frauen, den üblichen mentalen Rotationstest machen. Die Hälfte der Versuchspersonen absolvierte zunächst einmal einen ähnlichen Test, eine »Aufwärmaufgabe«. Dabei ging es nicht um eine vorgestellte Drehung, sondern um Farbenzuordnung. Allerdings mussten die Probanden ähnliche Tasten am Computer drücken und ähnliche Anweisungen befolgen. In der Gruppe, die diese Aufgabe nicht vorab bewerkstelligten musste, traten geschlechtsbezogene Unterschiede auf, in der Gruppe jedoch, die die Rotationsaufgabe nach der Farbzuordnungsaufgabe absolvierte, nicht.[55] Die Forscher überlegen nun, ob dieses Ergebnis darauf zurückzuführen ist, dass Frauen nervöser sind und sich vor der Aufgabe aufwärmen müssen, oder ob sie einfach weniger geübt in Computerspielen und Tests sind. Andere Studien erbrachten ähnliche Ergebnisse.[56] Spielten Männer und Frauen etwa zehn Stunden lang das Ego-Shooter-Action-Spiel Medal of Honor: Pacific Assault, wirkte sich dies messbar auf ihre räumlichen Fähigkeiten aus. Vor und nach dem Computerspiel absolvierten die Probanden zwei Tests. Einer prüfte die räumliche Aufmerksamkeit, der andere verlangte die übliche mentale Rotation. Nach der Übungsphase schnitten die Frauen im Test der räumlichen Aufmerksamkeit nicht mehr schlechter ab als die Männer, und ihre Leistung beim Rotationstest verbesserte sich ebenfalls. Die Forscher gelangten zu dem – vielleicht nicht ganz ernst gemeinten – Schluss: »Wir können nur erahnen, welchen Nutzen wochen-, monate- und sogar jahrelanges Actionvideospielen haben mag.«[57]

Nehmen Männer und Frauen an denselben Mathekursen

teil, sind praktisch keine Unterschiede in den Leistungen der Geschlechter festzustellen. Zwar schreiben sich in Großbritannien weniger Mädchen in Mathematik-Leistungskurse ein als Jungen, doch die Mädchen erzielen bessere Noten. Eine Studie in den USA untersuchte jüngst die Ergebnisse von sieben Millionen Schülern in zehn Bundesstaaten und stellte fest: »Jetzt, wo die Anmeldungszahlen für Kurse in höherer Mathematik ausgeglichen sind, treten keine Geschlechterunterschiede in der Testleistung auf.«[58] Seit sich die erwarteten Lücken bei vielen Tests schließen, beziehen sich jene Autoren, die dennoch an angeborene, unveränderbare Geschlechtsunterschiede bei den mathematischen Fähigkeiten festhalten, meist nur noch auf einen Test, bei dem die Jungen die Mädchen immer noch übertreffen, den Mathematikteil des Leistungstests SAT. Diesem Scholastic Aptitude Test müssen sich Schüler in den USA vor dem Eintritt ins College unterziehen. Sogar britische Autoren wie Baron-Cohen zitieren die Ergebnisse des amerikanischen Mathematik-SAT statt britischer Examina.[59] Doch selbst die Resultate dieses Tests deuten auf einen schrumpfenden Abstand hin. Steven Pinker schrieb 2003 in *Das unbeschriebene Blatt*, bei den Besten betrage das Verhältnis von Jungen zu Mädchen 13 zu eins.[60] Dieser Zahl lagen Testergebnisse aus den 1980er Jahren zugrunde. In den 1990ern hatte sich diese Relation deutlich verringert, auf nur 2,8 zu eins.[61] Der weiterbestehende Abstand bei den SAT-M-Ergebnissen lässt sich durch den Umstand erklären, dass viel mehr Mädchen als Jungen ihn ablegen, da heute mehr Mädchen sich fürs College bewerben und der Pool der weiblichen Prüflinge daher weniger stark ausgelesen ist als der Pool der männlichen.[62]

Melissa Hines ist Amerikanerin, hat in Princeton und an der UCLA studiert und arbeitet heute an der University of Cambridge in England. Sie hat beobachtet, dass die Debatte über die Mathematikleistungen von Jungen und Mädchen in den USA und in Großbritannien unterschiedlich geführt wird und dass die daraus gezogenen Konsequenzen sehr aufschlussreich sind. Bei unserem Treffen in London erklärte mir Hines: »In den USA, wo Mädchen in einigen Tests nicht so gut abschneiden wie Jungen, werden die Daten offenbar dahingehend interpretiert, dass Mädchen einfach nicht so gut in diesen Dingen sind und wir daher auch nicht von ihnen erwarten können, dass sie Mathematikerinnen werden. Hier in Großbritannien jedoch reagiert man eher auf Jungen, die in Matheprüfungen nicht so gut abschneiden wie Mädchen. Man fragt: Was können wir dagegen tun, wir müssen das in Ordnung bringen ... Dieser Unterschied ist bezeichnend.« In der Tat.

Seitdem es Hinweise gibt, dass sich die Kluft zwischen Männern und Frauen schließt, sind viele Autoren vorsichtiger damit geworden, den Frauenmangel in bestimmten Berufsfeldern mit »angeborener Begabung« zu erklären. Entsprechend hat sich dieses Argument verändert. An die Stelle angeborener Unterschiede in den Begabungen sind nun angeborene Unterschiede in den Bestrebungen getreten. Auf den einfachsten Nenner gebracht lautet die Argumentation: Männer mögen Mathematik von Natur aus, Frauen nicht. Um es feinsinniger auszudrücken, wie es Susan Pinker in *Das Geschlechterparadox* tut: »Diese biologischen Unterschiede könnten einigen Aspekten der Berufsentscheidungen von Frauen zugrunde liegen und vielleicht erklären, welche Berufe sie anziehend finden oder wie viele Stunden pro Woche sie arbeiten wollen. Trotz der umwälzenden Veränderungen in Gebräuchen, Gesetzen und gesellschaftlichen Erwartungen ... gibt es Aspekte, die wahrscheinlich gleichbleiben werden.«[63]

Aus diesem Blickwinkel spielt es keine Rolle, wie sehr man Frauen auch zur Mathematik ermuntern mag; es werden niemals genauso viele von ihnen Naturwissenschaftlerinnen oder Ingenieurinnen oder Softwarespezialisten werden wollen wie Männer. Und im Augenblick ist es ja auch so, dass mehr Männer als Frauen diese Berufe anstreben: Frauen besuchen seltener als Männer Kurse in höherer Mathematik, machen seltener naturwissenschaftliche Abschlüsse und arbeiten auch seltener in Wissenschaft, Technik und Mathematik, und das liegt tatsächlich nicht einfach nur an der Begabung. Frauen, die im Mathematikteil des SAT gut abschneiden, ergreifen nur halb so oft einen entsprechenden Beruf wie Männer mit denselben Testergebnissen.[64] Es gibt also noch etwas anderes als die reine Befähigung, das Frauen von solchen Berufen fernhält.

Andererseits hüten sich die Kommentatoren vor der Schlussfolgerung, die ausgeprägtere Vorliebe von Männern für mathematisch-naturwissenschaftliche Berufe sowie ihre Leistungen darin seien angeboren und unveränderlich. Wir leben immer noch in einer Gesellschaft, in der Mädchen nicht so wie Jungen zu solchen Interessen ermuntert werden; das gilt nicht nur in Bezug auf Schul- und Universitätslehrer, sondern auch auf die Erwartungen von Altersgenossen und Eltern sowie ihres Umfelds. So haben Studien gezeigt, dass Mütter die mathematischen Fähigkeiten ihrer Söhne über- und die ihrer Töchter unterschätzen. Psychologen haben zudem herausgefunden, dass die Wahrnehmungen der Mütter bezüglich der Fähigkeiten ihrer Kinder deren eigene Überzeugungen davon sogar mehr beeinflussen als ihre Noten. Darüber hinaus hängen geringe elterliche Erwartungen an ihre Töchter sowohl mit geringeren Erwartungen der Mädchen an ihre eigenen Leistungen als auch mit ihrer Absicht zusammen, sich in der Schule möglichst wenig mit Mathematik zu befassen.[65]

Zwar stammen einige dieser Forschungsarbeiten aus den 1980er- und 1990er Jahren, doch ich finde, wir sollten es nicht unterschätzen, dass die Entwicklung in gewisser Hinsicht rückwärts verläuft. Die heutige Kultur vermittelt Frauen – durch Bestsellerautoren und Medienleute, die diese häufig unkritisch nachbeten – nur allzu oft, sie seien mit ihren typisch weiblichen Gehirnen und Geschlechtshormonspiegeln von Natur aus ungeeignet für mathematische und naturwissenschaftliche Berufe. Wenn wir unterstellen, dass unsere Söhne stärker an Systemen, von Schach bis Mathematik, interessiert sind und unsere Töchter stärker an Beziehungen, lassen wir uns dann von ihren Entscheidungen leiten oder formen wir ihre Entscheidungen vor? Das nächste Kapitel wird sich eingehender mit dem Phänomen befassen, dass Stereotype sogar die Leistungen von Frauen in angeblich objektiven Tests und selbst ihre Entscheidungen in scheinbar völlig offenen Situationen beeinflussen.

Mir scheint es viel zu früh, Vermutungen darüber anzustellen, wofür sich Mädchen und Jungen im Durchschnitt interessieren würden, wüchsen sie frei von diesen Erwartungen heran. Wir sind weit davon entfernt, beurteilen zu können, ob Männer und Frauen in einer chancengleichen Welt gleiche Ambitionen auf mathematische und naturwissenschaftliche Tätigkeiten entwickeln würden. Wir leben immer noch mit Einstellungen, vor deren Hintergrund die heute zu beobachtenden Fortschritte der Frauen überraschend wirken. In den USA waren 1973 acht Prozent der Berufstätigen in Naturwissenschaft und Technik Frauen, 1999 betrug ihr Anteil 24 Prozent.[66] Diejenigen, die unsere Berufswahl für biologisch vorbestimmt halten, dürften also alle Hände voll zu tun haben, wenn sie den Beweis erbringen wollen, dass das Denkvermögen von Frauen sich nicht für naturwissenschaftliche Tätigkeiten eigne.

Auf der Suche nach biologischen Erklärungen für alle Geschlechtsunterschiede, schreiben Autoren meist den Hormonen eine unüberwindliche Macht über unser Verhalten zu. In der Tat machen uns Hormone männlich oder weiblich. In der Embryonalentwicklung leitet die in den Genen kodierte Information den Prozess der körperlichen Geschlechtsdifferenzierung ein, doch erst die Testosteronproduktion und die Zellantwort auf dieses Hormon machen einen Fötus voll und ganz zum künftigen Mann. Hat beispielsweise ein männlicher Fötus eine seltene Krankheit, bei der seine Zellen nicht auf Testosteron reagieren (Androgenresistenz), wird er bei der Geburt genau wie ein Mädchen aussehen, obwohl er genetisch gesehen männlich ist. Testosteron ist unerlässlich, damit ein Junge zum Jungen wird.

Die Verfechter biologischer Erklärungen geschlechtsbezogener Unterschiede suchen eifrig nach unmittelbaren Zusammenhängen nicht nur zwischen Hormonen und körperlichen Geschlechtsunterschieden, sondern auch zwischen Hormonen und Intelligenz- und Verhaltensunterschieden der Geschlechter, die sie für angeboren halten. Gäbe es keine oder nur schwache derartige Zusammenhänge, müssten wir erneut den Einfluss von Gesellschaft, Eltern und Freunden in den Blick nehmen. Ich dachte immer, es sei unbestritten, dass unsere Persönlichkeit und unsere Stimmungen ebenso wie unsere körperliche Verfassung vom hormonellen Milieu im Mutterleib sowie dem Sexualhormonspiegel während der Lebensspanne beeinflusst werden. Doch die derzeit kursierenden Theorien zur Wirkweise der Geschlechtshormone gehen meist großzügig über jede Vielschichtigkeit hinweg. Zwar stehen wir, was das Verständnis der Wechselwirkung von Hormonen miteinander und mit anderen körperlichen Prozessen betrifft, nach Ansicht vieler Wissenschaftler noch ganz am Anfang, doch die Medien und einige Sachbuchautoren behaupten häufig, bestimmte Hormone zögen ganz einfach die Fäden unserer Persönlichkeit. So legte eine 2002 vom australischen Fernsehsender ABC ausgestrahlte Sendereihe mit dem Titel *Battle of the Sexes* (Kampf der Geschlechter) ihren Standpunkt von vorneherein dar: »Folge eins stellt Männer und Frauen als zwei getrennte Spezies mit völlig verschiedenen evolutionären Aufgaben dar … Der Film macht dann eine hormongetriebene Zeitreise in die Pubertät und zeigt, dass viele Unterschiede zwischen den Geschlechtern vorprogrammiert sind.«[67]

Mit der Entstehung weiblichen Verhaltens ist mehr als ein einziges Hormon in Verbindung gebracht worden. Lange Zeit stand das Östrogen im Rampenlicht, und man vermutete, dass Männer, die höheren Östrogenkonzentrationen ausgesetzt waren, keine andere Wahl hätten als weibliche Verhaltensmuster zu entwickeln. Eine Zeitlang verordnete man Frauen, die wiederholt Fehlgeburten erlitten hatten, ein synthetisches Östrogen (Diethylstilbestrol, DES) und untersuchte in mehreren Studien, ob sich dies in irgendeiner Weise auf das Verhalten der Babys nach der Geburt auswirkte. Einigen Autoren zufolge waren eindeutige Effekte auszumachen, wie Simon-Cohen erklärt: »Wenn diese Frauen einen Jungen zur Welt brachten, zeigte dieser häufig ein eher mädchentypisches Verhalten – inszenierte beim Symbolspiel beispielsweise soziale Themen oder kümmerte sich fürsorglich um Puppen.«[68]

Doch eine solche kategorische Behauptung wird kaum von den empirischen Befunden gestützt, wie Melissa Hines in ihrem Buch *Brain Gender* nachweist: »Die Daten von Jungen, die vor der Geburt DES oder anderen Östrogenen ausgesetzt waren … sprechen für ein allgemeines Ausbleiben von Einflüssen auf das kindliche Verhalten.«[69] So warf auch eine große Studie die Erwartungen der Forscher über den Haufen. Sie befragten 140 erwachsene Probanden, deren Mütter während der Schwangerschaft weibliche Hormone eingenommen hatten, nach ihrem Spielverhalten in der Kindheit. Auch führten sie verschiedene kognitive und psychologische Tests mit ihnen durch. Ein herausragendes Ergebnis lautete: »Die DES ausgesetzten Versuchspersonen wiesen die meisten im konventionellen Sinn ›männlichen‹ kindlichen Verhaltensweisen auf.«[70]

In jüngerer Zeit hat sich die Ansicht durchgesetzt, das für Weiblichkeit verantwortliche Hormon sei Oxytocin. Viele Wissenschaftler und Medienkommentatoren verweisen zur Erklärung der scheinbar angeborenen Empathie und Fürsorglichkeit von Frauen auf dieses Hormon. So strichen sowohl die ABC-Serie *Battle of the Sexes* als auch die sehr ähnliche Reihe der BBC *Secrets of the Sexes* dasselbe »Experiment« heraus: Ein kleines Mädchen wurde auf der Straße allein gelassen. Dann beobachtete man, wer stehen bleiben und ihm Hilfe anbieten würde, Männer oder Frauen. Frauen kümmerten sich weit häufiger um das Kind. In einer Gesellschaft, in der sich Männer heftiger Kritik aussetzen würden, gäben sie Anlass zu dem Verdacht, sich für kleine Mädchen zu interessieren, wäre dies auch zu erwarten gewesen. Doch es wurde nur eine Erklärung angeboten. Der Sprecher der australischen Serie formulierte sie so: »Es gibt einen chemischen Grund für einfühlsames Verhalten bei Frauen. Frauen erzeugen mehr Oxytocin, eine chemische Substanz des Gehirns, deren Ausschüttung durch die Entbindung gesteigert wird. Oxytocin soll Mütter dazu anregen, sich um ihren Nachwuchs zu kümmern, und verleiht Frauen zudem eine ausgeprägtere Fähigkeit, sich in andere einzufühlen. Warum teilen Männer diese natürliche Fähigkeit nicht?«[71] Auch John Gray hat sich Oxytocin als Generalerklärung für weibliches Verhalten zu eigen gemacht. Seiner Ansicht nach erzeugt Oxytocin in Frauen das Bedürfnis, viel Energie in Lieben und Geliebtwerden zu investieren: »Oxytocin schafft ein Bindungsgefühl. Der Spiegel steigt, wenn Frauen durch Freundschaft, Teilen, Anteilnahme und Fürsorge Kontakt zu anderen herstellen, und er sinkt, wenn eine Frau jemanden vermisst oder einen Verlust oder das Zerbrechen einer Beziehung erleidet oder wenn sie sich einsam, übersehen, zurückgewiesen, im Stich gelassen und unwichtig fühlt. Um sich in einer Beziehung wohlzufühlen, muss eine Frau darauf vertrauen können, dass ihrem Partner genauso viel an ihr liegt wie ihr an ihm. Diese Unterstützung beeinflusst direkt ihren Oxytocinspiegel, was wiederum ihren Stresspegel senkt. Botschaften, die Liebe, Verständnis und Respekt vermitteln, können Vertrauen bilden und ihre Seele nähren, indem sie ihren Oxytocinspiegel erhöhen.«[72]

In der Tat wird während des Geburtsvorgangs und beim Stillen Oxytocin ausgeschüttet. Es fördert die Gebärmutterkontraktionen und lässt die Milch einschießen, und es wird offenbar bei beiden Geschlechtern beim Orgasmus freigesetzt. In solchen Augenblicken hängt es sicherlich mit dem bewegenden Gefühl zusammen, mit einem anderen Menschen in Liebe verbunden zu sein. Auch ergaben aufschlussreiche Forschungsarbeiten, dass die Versuchspersonen nach einer künstlichen Erhöhung ihres Oxytocinspiegels größere Bereitschaft zu vertrauensvollem Verhalten zeigen. Sucht man jedoch nach Beweisen dafür, dass höhere Oxytocinspiegel der Grund für das größere Engagement von Frauen für ihr Privat- und Familienleben seien, dann kann man lange suchen. Die meisten Forschungsarbeiten zu Oxytocin wurden an Tieren, insbesondere Nagern, durchgeführt, und ein neuerer Überblick über alle Studien mit Menschen und Tieren über die Wirkungen von Oxytocin konnte lediglich konstatieren, die Beweise für den Einfluss von Oxytocin auf menschliches Verhalten seien »widersprüchlich« und offen für »konkurrierende« Deutungen.[73]

Zuweilen korrelieren erhöhte Spiegel dieses Hormons beim Menschen mit liebevollem und entspanntem Verhalten, doch dann wieder sind sie mit dem Gegenteil verknüpft. So untersuchten Wissenschaftler an der University of California die Beziehung zwischen dem sozialen Netzwerk älterer Frauen und deren Oxytocinspiegel. Das Ergebnis entsprach exakt dem Gegenteil dessen, was nach landläufiger Meinung zu erwarten gewesen wäre. Frauen mit chronisch problematischen sozialen Beziehungen, einschließlich »verminderten Kontakten zu Freunden und Familie und einer unbefriedigenden Partnerbeziehung«, hatten *mehr* Oxytocin im Blut.[74] Diese Forscher mussten einen Schluss ziehen, der weit von John Grays schlichtem Liebes- und Verständnishormon entfernt ist: »Der Oxytocinspiegel könnte ein Marker von Beziehungsstress sein.«[75] Eine neuere Studie bringt die These, Oxytocin stehe hinter dem femininen, einfühlsamen Verhalten von Frauen, ebenfalls ins Wanken. Wenn Paare sich küssten, stieg bei den Männern der Oxytocinspiegel, bei den Frauen jedoch sank er. Das läuft der Theorie, dass Frauen nach Liebe suchen, um ihren Oxytocinspiegel zu erhöhen, genau zuwider.[76]

Häufig wird angenommen, dass Weiblichkeit par excellence nicht nur entstünde, wenn irgendein rosa Zaubertrank vorhanden ist, sondern auch dann, wenn ein blauer Zaubertrank fehlt. Wir alle wissen, dass das Hormon Testosteron für die sagenhafte, durch Aggression und Konkurrenzverhalten gekennzeichnete Männlichkeit verantwortlich sein soll. Auch soll der niedrige Testosteronspiegel von Frauen ihr schlechtes Abschneiden bei männlichen Eigenschaften begründen. Wie die erwähnte BBC-Serie *Secrets of the Sexes* behauptete, können

Männer wegen ihres Testosterons von Natur aus besser logisch denken und miteinander wetteifern. Nach einem Fahrtest, bei dem Männer besser abschnitten als Frauen, verkündete der Hintergrundkommentar pathetisch: »Frauen können kämpferisch sein, aber ihnen fehlt der Biss, den das Testosteron den Männern verschafft.«[77] Auf Testosteron als Erklärung für alles Mögliche zu setzen, was wir mit Männlichkeit in Verbindung bringen, ist nicht neu. Medien, Literatur, Sachbücher, Journalismus und Fernsehen haben Zusammenhänge zwischen Testosteron und allerlei machthungrigen, angriffslustigen, kämpferischen Verhaltensweisen hergestellt. Ein typisches Beispiel liefert ein Bericht in *The Times*: »Meine Söhne gehen ständig aufeinander los, rangeln miteinander, bauen Burgen, klettern und raufen, angetrieben von jenem menschlichen Raketentreibstoff Testosteron.«[78] Testosteron wurde dafür verantwortlich gemacht, dass Männer stärker auf Logik vertrauen, einen angeblich ausgeprägteren Sinn für Humor besitzen,[79] scheinbar über größere künstlerische Fähigkeiten verfügen und hinsichtlich ihrer wahrgenommenen Systematisierungs- und räumlichen Fähigkeiten im Vorteil sind.[80]

Um dieses Bild der Testosteronwirkungen zu untermauern, haben die Wissenschaftler über die Jahre vor allem Personen untersucht, die im Mutterleib hohen Testosteronkonzentrationen ausgesetzt waren. Bei einer seltenen Krankheit, der congenitalen adrenalen Hyperplasie, kurz CAH, ist dies der Fall, bei männlichen wie weiblichen Föten. Wir wissen, welche Folgen dieser Testosteronflut viele Autoren für Mädchen erwarten würden: Ihre Weiblichkeit geht verloren, und sie werden aggressiver, weniger einfühlsam und können leichter systematisieren. Viele würden auch bessere räumliche Fähigkeiten bei diesen Mädchen vermuten, wie uns Baron-Cohen erklärt: »Erwartungsgemäß zeigen Mädchen mit CAH ein *besseres räumli-*

ches Vorstellungsvermögen als ihre Schwestern ohne CAH oder als andere nahe weibliche Verwandte … Mädchen mit CAH schneiden *genauso gut ab wie der Durchschnitt der Jungen* und *auffallend besser als der Durchschnitt der Mädchen.*«[81] Die Darwinistin und Philosophin Helena Cronin schreibt im *Guardian*: »Frauen, die im Mutterleib ›männlichen‹ Hormonen ausgesetzt waren, sind typischerweise ›burschikos‹ und *übertreffen den weiblichen Durchschnitt bei den räumlichen Fähigkeiten* – und das Umgekehrte gilt für Männer.«[82] Steven Pinker schreibt in *Das unbeschriebene Blatt*, dass Mädchen mit CAH »zu kleinen Wildfängen heran[wachsen], die stärker zu Rauf- und Kampfspielen neigen, mehr Interesse an Lastwagen als an Puppen zeigen, ein *besseres räumliches Vorstellungsvermögen* haben.«[83] Susan Pinker schreibt in *Das Geschlechterparadox*: »Sie verfügen über *bessere räumliche Fähigkeiten* und sind wettbewerbsorientierter, aggressiver und selbstbewusster als andere Mädchen.«[84] [Hervh. d. A.] Betrachtet man jedoch die empirischen Befunde, dann ist dies schlicht und einfach nicht nachgewiesen. Melissa Hines analysierte alle vorhandenen Studien in ihrem Buch *Brain Gender* und stellte fest, dass von sieben Studien, die die räumlichen Fähigkeiten von weiblichen Versuchspersonen mit CAH erfassten, nur drei Indizien für eine Überlegenheit gegenüber nicht betroffenen Probandinnen fanden. Die größte Studie erbrachte überhaupt kein derartiges Ergebnis, und die Studie mit der zweitgrößten Stichprobe ermittelte bei den Probandinnen mit CAH schlechtere Leistungen als bei der weiblichen Kontrollgruppe.[85]

Ähnlich unvorhersagbare Ergebnisse finden sich quer durch die gesamte Primärliteratur über Testosteronwirkungen. Anstelle eines klaren Bildes der Zusammenhänge von Testosteron mit stereotypem männlichen Verhalten bietet sie uns nur eine sehr verworrene Geschichte. Manche Studien weisen für die Anhänger biologischer Thesen in die richtige Richtung. So untersuchte die Gruppe um Baron-Cohen von der Cambridge University Fruchtwasserproben von Wöchnerinnen im Addenbrooke's Hospital und beobachtete dann deren Babys im Kleinkindalter. Die Forscher fanden heraus, dass Kleinkinder, die im Mutterleib weniger Testosteron ausgesetzt gewesen waren, »häufiger Blickkontakt herstellten und einen größeren Wortschatz aufwiesen.«[86] Andere Studien ergaben gleichfalls einen Zusammenhang zwischen dem pränatalen Testosteronspiegel und der Wahrscheinlichkeit späteren stereotyp männlichen Verhaltens. Beispielsweise deutet eine große neuere Studie darauf hin, dass hohe Testosteronspiegel im Mutterleib mit maskulinem Spielverhalten bei Mädchen korrelieren.[87]

Diese beiden Studien sprechen tatsächlich dafür, dass Testosteron bei der Entstehung von Männlichkeit eine erwartungsgemäße Rolle spielt, und man findet durchaus weitere die These unterstützende Untersuchungen.[88] Doch als ich die Literatur durchforstete, stieß ich auch auf zahlreiche Arbeiten, welche diese theoretischen Erwartungen nicht untermauern, und diese vermitteln ein weitaus komplizierteres Bild der Wirkungen von Testosteron im Mutterleib.

Beispielsweise bestimmte die kanadische Psychologin Jo-Anne Finegan den Testosterongehalt des Fruchtwassers und untersuchte dann die Kinder im Alter von vier Jahren. Bei den Mädchen zeigte sich Folgendes: Je mehr Testosteron auf sie eingewirkt hatte, desto schlechter schnitten sie beim Zählen und Sortieren, bei Zahlenfragen und beim Bauen mit Bauklötzchen ab. Dieses Ergebnis widerspricht diametral dem angenommenen Zusammenhang zwischen Testosteron und Systematisierungsfähigkeiten. Überdies ergab sich eine Beziehung zwischen höheren Testosteronspiegeln bei Mädchen und besserem Sprachverständnis, was gleichfalls gegen die Vorhersagen verstieß. Bei den Jungen in der Studie fanden sich keine Zusammenhänge.[89] Als vier niederländische Psychologen prüften, ob höhere pränatale Testosteronspiegel mit maskulinem Spielverhalten bei Kleinkindern verknüpft waren, fanden sie keine signifikante Beziehung zwischen den mütterlichen Geschlechtshormonspiegeln und maskulinem oder femininem Spielverhalten, weder bei Jungen noch bei Mädchen. Die einzige Korrelation, die diese Psychologen ermitteln konnten, bestand zwischen Progesteron und maskulinem Spiel bei Jungen, was kaum jemand vorausgesehen hätte.[90]

Viele weitere Studienergebnisse belegen, dass sich die vorhergesagten Zusammenhänge zwischen Testosteron und Männlichkeit nur schwer belegen lassen.[91] Als ich die in so verschiedene Richtungen weisenden Studien durchsah, vermochte ich nicht zu beurteilen, welche davon recht hatte, weil mir natürlich die dazu nötige Qualifikation fehlt. Aber ich konnte sehen, und zwar sehr deutlich, dass die von einigen Kommentatoren behauptete Einmütigkeit unter den Wissenschaftlern in Wirklichkeit nicht besteht. Soweit sie sich hinsichtlich Testosteron einig sind, läuft ihre Einschätzung häufig der landläufigen Ansicht zuwider. Einer der stärksten Zusammenhänge, der für das allgemeine Bewusstsein zweifelsfrei Fakt ist, ist natürlich der zwischen Testosteron und Aggression: Man glaubt, der Grund, weshalb Frauen so viel kooperativer und sanfter sind als Männer, liege einfach darin, dass sie nicht den erforderlichen Testosteronschuss bekommen. Bei Tieren ist dieser Zusammenhang eindeutig. Melissa Hines, die zu Beginn ihrer Laufbahn vor über 30 Jahren Aggression und ihre Beziehung zu Testosteron untersuchte, berichtete mir, wie simpel die Verhältnisse bei Ratten sind. »Verabreicht man Ratten mehr Testosteron, werden sie aggressiver; lässt man es weg, lässt auch die Aggressivität nach. Aber beim Menschen? Man hat jahrelang versucht, beim

Menschen dasselbe Muster nachzuweisen. Doch es ist viel, viel schwieriger zu finden. Wir müssen uns fragen, ob es überhaupt vorhanden ist.«

Was wir für Anzeichen von Testosteronwirkungen halten mögen, könnte in Wahrheit Ausdruck sozialer Erwartungen sein. Ein Beispiel dafür liefert das folgende, berühmte kalifornische Experiment, ein Doppelblindversuch. Bei einem solchen Experiment wissen weder die Versuchspersonen, noch die Versuchsleiter, wer die Wirksubstanz und wer ein Scheinpräparat erhält. 43 gesunde Männer bekamen über zehn Wochen entweder eine hohe Dosis Testosteron oder ein Placebo verabreicht. Die Männer, welche unwissentlich das Hormon erhielten, erlebten sich nach eigenen Angaben nicht reizbarer als sonst. Laut Beurteilungen von Beobachtern, darunter Eltern und Ehefrauen, zeigten sich auch keine Veränderungen von Affektivität oder Verhalten hin zu mehr Wut oder Aggressionsbereitschaft. In einer zweiten Studie dagegen erhielten die Teilnehmer ein Placebo und zusätzlich die Information, es sei Testosteron. Daraufhin berichteten die Männer von stärkerer Wut, Reizbarkeit und Impulsivität. Wenn wir also über die vermeintlichen Folgen höherer Testosteronspiegel bei Männern reden, reden wir möglicherweise in Wahrheit über etwas ganz anderes.[92]

Wenn wir glauben, es müsse eine direkte Verbindung von Hormonen zu typisch männlichem Verhalten geben, dann könnte uns das blind machen für die Bedeutung sozialer Erwartungen bei der Festlegung von Frauen und Männern auf stereotype Rollen. Regelrecht begeistert hat mich eine faszinierende Studie, die nachdrücklich veranschaulichte, dass Frauen ihre eigene Aggressivität verschleiern – sogar vor sich selbst. Zwei Psychologen der Princeton University ließen 84 Männer und Frauen ein Videospiel spielen. Dabei wurden sie zunächst von einem Gegner bombardiert und bekamen danach die Möglichkeit, diesen ihrerseits mit Bomben zu bewerfen. Die Hälfte der Probanden erhielt die Information, ihre Identität sei den Forschern bekannt; die andere Hälfte blieb angeblich anonym. Das Faszinierende war, dass die Frauen sich genauso aggressiv wie die Männer verhielten, wenn sie meinten, anonym zu handeln, sich aber zurückhielten, wenn sie sich beobachtet glaubten. Als die Probanden nach dem Spiel noch aufgefordert wurden, ihre eigene Aggressivität zu beschreiben und die Zahl der abgeworfenen Bomben anzugeben, schilderten die Männer sich selbst zutreffend als aggressiv. Die Frauen jedoch berichteten, sie hätten sich weniger aggressiv verhalten als in Wirklichkeit. Dass die Selbstauskünfte der Frauen ihre eigenen hohen Aggressionsniveaus nicht widerspiegelten, war frappierend, hatten sie sich doch nachweislich mindestens genauso angriffslustig gezeigt wie die Männer. Die Forscher schlossen: »Wir betrachten die Ergebnisse als Beleg dafür, dass Menschen ihr eigenes Verhalten nicht korrekt wahrnehmen, sondern stattdessen annehmen, es stimme mit geltenden Normen und Erwartungen überein.«[93]

Arbeiten wie diese belegen deutlich, dass wir noch so eifrig nach biologischen Ursachen von maskulinem und femininem Verhalten suchen können und trotzdem andere Faktoren möglicherweise genauso bedeutsam, wenn nicht noch bedeutsamer sind.

Gehirn

Hand in Hand mit der Theorie, die Unterschiede zwischen weiblichem und männlichem Verhalten seien hormonell bedingt, geht eine weitere biologisch orientierte Theorie. Dieser zufolge liegt der Beweis dafür, dass uns so unterschiedliche Rollen vorbestimmt sind, in physischen Unterschieden zwischen weiblichem und männlichem Gehirn. Diese Theorie hat in der heutigen Generation geradezu eingeschlagen, denn neuentwickelte bildgebende Verfahren wie die Positronenemissionstomographie (PET) und die funktionelle Magnetresonanztomographie (fMRT) machen es möglich, das lebende Gehirn bei der Arbeit zu beobachten. Die Methoden haben eine wahre Flut von Forschungsarbeiten ausgelöst, die Unterschiede zwischen dem männlichen und dem weiblichen Gehirn nachwiesen. Monat für Monat verkünden Funk und Fernsehen, Zeitungen und Boulevardblätter Aufreger wie: »Hören Männer wirklich nur mit dem halben Gehirn zu? Die Forschung bringt Licht in die Sache«[94] oder: »Bei dem, was die Geschlechter emotional gemein haben, könnten Männer sehr wohl vom Mars und Frauen von der Venus stammen; Gehirnscans ergaben große Unterschiede in den Reaktionen von Männern und Frauen auf emotionale Reize.«[95]

Eine der am häufigsten geäußerten Vorstellungen über das Gehirn von Männern und Frauen lautet, dass Frauen die linke und Männer die rechte Gehirnhälfte stärker nutzen und dass die rechte Hemisphäre Raum und Systeme verarbeitet, die linke dagegen Sprache und Gefühle. Dies schlug sich sogar in der Wortwahl einer Journalistin nieder, die in *The Times* über ihre Söhne schrieb: »Mit ihrer größeren Muskelmasse und ihrer *Rechtshirnentwicklung* werden sie wahrscheinlich nicht herumsitzen, Perlen auffädeln und dabei feinsinnige, ausgefeilte, *linkshirnige* Konversation betreiben [Hervh. d. A.].«[96] Die Neurowissenschaftler untersuchen schon länger, ob sich dieser Unterschied an einer physisch größeren rechten Hirnhälfte bei Männern ablesen lässt. Und heute geht ein Gutteil der Medien davon aus, dass dies der Fall sei. So berichteten sie über eine neuere Studie der relativen Hemisphärengrößen bei homo- und heterosexuellen Männern und Frauen, als ob Einhelligkeit bestünde, dass das Gehirn heterosexueller Männer eine größere Rechtsasymmetrie zeige: »Scans zufolge haben homosexuelle Männer und heterosexuelle Frauen ein symmetrisches Gehirn mit fast exakt gleich großer rechter und linker Hemisphäre. Umgekehrt haben Lesbierinnen und heterosexuelle Männer ein asymmetrisches Gehirn, wobei die rechte Hälfte signifikant größer ist als die linke«, berichtete der *Guardian* mit einem umfangreichen und großzügig bebilderten Artikel über diese Studie.[97]

Merkwürdigerweise rief schon die Grundthese von der Rechtsasymmetrie in der physischen Struktur des männlichen Gehirns Widerspruch hervor. Als Mark Liberman eben diese Studie genauer unter die Lupe nahm, stellte er fest, dass nicht nur die untersuchte Stichprobe extrem klein war, sondern dass sich die Aufnahmen der Männer und Frauen in hohem Maße überlappten.[98] Überdies haben andere Studien abweichende Muster gefunden. Einige Gehirnuntersuchungen stellten fest, dass das »Gehirnvolumen bei Männern rechts größer war als links«,[99] andere, dass bei Männern die »Linksasymmetrie stärker ausgeprägt« war,[100] dass »Männer eine Links- und Frauen eine Rechtsasymmetrie bei der grauen Substanz und Frauen eine größere Rechtsasymmetrie für die Gesamtsubstanz als Männer aufwiesen«[101] oder dass »bei menschlichen männlichen Föten ein größeres Rechtshirnvolumen ermittelt wurde, bislang jedoch kein entsprechendes Muster bei Erwachsenen berichtet wurde.«[102]

Dies ist nur ein Beispiel für die derzeitige Kluft zwischen dem, was hinsichtlich männlichem und weiblichem Gehirn als Konsens gilt, und den real existierenden wissenschaftlichen Befunden. Obwohl die neuere Forschung so viele Unterschiede zwischen Männer- und Frauengehirn aufgedeckt hat, stehen viele dieser Ergebnisse entweder wegen ihrer methodischen Zuverlässigkeit (Reliabilität) oder ihrer statistischen Aussagekraft (Signifikanz) in der Kritik. Tatsächlich gibt es offenbar keinen Beweis dafür, dass Weiblichkeit bei Frauen durch die Struktur ihres Gehirns festgelegt sei. Ein weiteres, für mich sehr faszinierendes Beispiel für die eben erwähnte Kluft ist die Debatte über die Größe des Corpus callosum, des Balkens, der mit Millionen Nervenfasern die beiden Hirnhälften verbindet. Derzeit ist die These in Mode, dass dieser bei Frauen dicker ist als bei Männern. Bekannt wurde sie 1982 durch einen Artikel in *Science*, der für sich in Anspruch nahm, erstmals von einem verlässlichen Geschlechtsunterschied in der Architektur des Gehirns zu berichten: Das Splenium, der Balkenwulst, also das verdickte hintere Ende des Hirnbalkens, sei im Frauengehirn größer und dicker.[103]

Seither wurde fortwährend wiederholt, dass dieses stärkere Corpus callosum mit der größeren Empathie von Frauen oder ihrer Intuition oder ihrer Fähigkeit zum Multitasking zusammenhänge. Eine amerikanische Journalistin schrieb 2005: »Frauengehirne haben ein dickeres Corpus callosum – das Verbindungsgewebe zwischen der rechten und der linken Seite des Gehirns –, dessen Aufgabe es ist, Daten hin und her zu übertragen. Infolgedessen nehmen Frauen einlaufende Daten schneller auf als Männer. Der intuitive ›sechste Sinn‹ von Frauen, etwa wenn sie ahnen, dass das Baby im Kindergarten zu weinen beginnt oder dass dem Chef gleich die Sicherungen durchbrennen oder wie eine Antwort lauten wird, noch bevor sie ausgesprochen ist, entspringt nicht der Unterwelt, sondern genau diesem Ort, dem hochaktiven Corpus callosum des weiblichen Gehirns.«[104] Diese Journalistin hieb in dieselbe Kerbe wie die populärwissenschaftlichen Autoren aus dem Lager des biologischen Determinismus. So schreibt Susan Pinker: »Frühere Untersuchungen hatten gezeigt, dass das Corpus callosum, der Faserstrang, der die beiden Hirnhälften miteinander verbindet, bei Frauen dicker ist … Die Wissenschaftler schließen daraus, dass Frauen deshalb eine prompte Verarbeitungen von Emotionen möglich ist.«[105,106] Dieses Thema ist auch in sehr übertriebener Weise in die Ratgeberliteratur eingeflossen, wie wir in John Grays *Mars & Venus, die Liebe siegt!* sehen: »Das Gehirn einer Frau hat ein dickeres Corpus callosum, das Nervenfaserbündel, das die rechte und linke Hirnhälfte verbindet. Diese Verbindung, die Wortgefechte zwischen den Hemisphären erzeugt, ist bei Männern 25 Prozent kleiner.«[107,108]

Doch es liegen keine stichhaltigen Beweise für diese ambitionierten Behauptungen vor. Dem ersten Artikel von 1982, der von einem dickeren Balken bei Frauen berichtete, folgten zahlreiche weitere Studien, von denen manche diese Behauptung stützten, andere sie widerlegten. 1997 nahmen zwei Wissenschaftler die 49 von 1982 bis 1994 publizierten Studien zu diesem Thema gründlich unter die Lupe. Diese Wissenschaftler, Katherine Bishop und Douglas Wahlsten, hatten bereits auf die mangelhafte Methodik und die wackligen Schlussfolgerungen der berühmten Studie von 1982 hingewiesen; der Artikel entspreche nicht den »üblichen wissenschaftlichen Maßstäben«, um einen Geschlechtsunterschied bei der Größe des Spleniums des Corpus callosum nachzuweisen. Mit Sorge hatten sie verfolgt, wie unkritisch er von den Massenmedien aufgenommen und als Ursprung angeblicher kognitiver Geschlechtsunterschiede gepriesen worden war. Wegen dieses in ihren Augen krassen Gegensatzes zwischen der Ansicht der populärwissenschaftlichen Autoren und der der meisten Neurowissenschaftler hatten sie diese Überprüfung in Angriff genommen, und ihre Ergebnisse waren schlüssig. »Unsere Überprüfung einer ansehnlichen Literatur über das menschliche Corpus callosum stützt keine geschlechtsbezogenen Unterschiede in Größe oder Form des Spleniums, ob unter Berücksichtigung der Größe des gesamten Gehirns oder des Cortex oder nicht.«[109]

Die Kluft zwischen den vorliegenden Daten und ihrer allgemeinen Darstellung klafft hier erkennbar weit auseinander. Doch das Corpus callosum bildet nicht das einzige Gebiet, auf dem sich diese Kluft auftut. Der landläufigen Sicht der Unterschiede zwischen dem männlichen und dem weiblichen Gehirn zufolge ist das Frauengehirn nicht nur strukturell symmetrischer, sondern arbeitet auch bei bestimmten Aufgaben, insbesondere sprachbezogenen, ausgewogener als das Männergehirn.[110] Dies wird dann mit dem Stereotyp der weiblichen Sprachüberlegenheit in Verbindung gebracht. Manche neurowissenschaftlichen Forschungsarbeiten stützen diese Ansicht. Bei einer Arbeit aus dem Jahr 2000 sollten sich Männer und Frauen im Liegen eine Geschichte von John Grisham anhören. Die Männer zeigten links stärkere Hirnaktivität, bei den Frauen war die Hirnaktivität über das ganze Gehirn verteilt.[111] Die BBC beliebte dies so zu kommentieren: »Warum Männer nicht zuhören: An der weiblichen Klage, dass Männer ihnen nie zuhören, wenn sie etwas sagen, scheint ein Funken Wahrheit zu sein.«[112] Die *Daily Mail* behauptete: »Sybil Fawlty hat es schon immer gewusst. Neue Forschungen deuten an, dass Männer wirklich nur mit dem halben Gehirn zuhören. In einer Studie mit Männern und Frauen zeigten Hirnscans, dass Männer beim Zuhören vorwiegend ihre linke Hirnhälfte benutzten, also die Region, die seit langem mit Sprachverständnis in Zusammenhang gebracht wird. Die Frauen in der Studie jedoch benutzten beide Hälften.«[113]

Die Versuchspersonen dieser speziellen Studie waren zehn Männer und zehn Frauen. Die Schlussfolgerungen daraus konnten in vielen anderen Tests mit ähnlichen Aufgaben nicht wiederholt werden. 2004 führten vier Neurowissenschaftler eine Metaanalyse von 14 Studien mit Daten von insgesamt 377 Männern und 442 Frauen durch. Sie fanden zwischen Männern und Frauen keinen signifikanten Unterschied in der Sprachlateralisation. Anders ausgedrückt, Männer und Frauen wiesen bei sprachbezogenen Aufgaben wie Zuhören oder Reden eine ähnlich verteilte Hirnaktivität auf.[114] Ich konnte in den Massenmedien keinen Bericht über diese Analyse finden – im Gegensatz zu der breiten Berichterstattung über diese eine Studie, die für das Gegenteil zu sprechen schien.

Dass Hirnforschungsarbeiten, die offenbar traditionelle Geschlechtsunterschiede bestätigen, gegenüber anderslautenden Studien den Vorzug erhalten, kommt nicht nur in den Medien vor. Manche Forscher vermuten, dass diese Bevorzugung schon viel früher in der wissenschaftlichen Nahrungskette einsetzt, schon in den Entscheidungen darüber, welche Studien überhaupt publiziert werden. Manche Wissenschaftler haben darauf hingewiesen, dass zwar derzeit enorm viele Studien zur Hirnaktivierung durchgeführt werden, dass aber diejenigen, die Geschlechtsunterschiede nachweisen, viel eher veröffentlicht werden als solche, die keine derartigen Unterschiede finden. Diese vorliegenden Studien machen nur einen Bruchteil der insgesamt durchgeführten Studien aus, von denen die meisten keine publikationsfördernden Geschlechterunterschiede ergaben, weshalb sie in den Aktenschränken der Professoren verstauben.[115]

Dazu kommt noch Folgendes: Bestimmte Studien mögen zwar unterschiedliche Aktivierungsmuster und Strukturdifferenzen in männlichen und weiblichen Gehirnen nachweisen, und manche dieser Studien mögen sich auf lange Sicht auch als signifikant erweisen, doch das beweist bislang nicht, dass diese Differenzen auf angeborenen Unterschieden statt auf erlernten Verhaltensweisen beruhen. Vertreter der biologischen Erklärungen für Geschlechtsunterschiede äußern häufig die Annahme, ein beobachtbarer Unterschied im Gehirn spreche dafür, dass dieser Unterschied angeboren und unveränderlich sei, dass er »festverdrahtet« sei. Doch genauso wie wir wachsen und uns verändern, verändert sich auch unser Gehirn. Unser Lernen vollzieht sich nicht in einer ätherischen, unsterblichen Seele ohne körperliche Existenz, sondern in den Verbindungen unseres lebenden Gehirns.[116]

Wenn Sie einen Beleg dafür haben möchten, dass Erfahrung sogar die Größe der anatomischen Strukturen des menschlichen Gehirns verändern kann, dann liefert ihn eine aufschlussreiche Studie, die Londoner Taxifahrer mit anderen Männern verglich und ausnahmsweise nicht die Geschlechter zum Gegenstand hatte, sondern Männer mit unterschiedlichen Berufen. Londoner Taxifahrer müssen den Stadtplan der britischen Metropole genau im Kopf haben und dies auch in einer Prüfung nachweisen. Die Taxifahrer, die an der Studie teilnahmen, hatten sich diesen Plan im Durchschnitt zwei Jahre lang eingeprägt und daher für eine beträchtliche Zeitspanne ihr räumliches Gedächtnis trainiert. Beim Vergleich ihrer Gehirnstrukturen mit denen einer Kontrollgruppe zeigte sich, dass bei den Taxifahrern eine bestimmte Hirnregion, der hintere Hippocampus, größer war als bei anderen Männern. Daraus schlossen die Forscher, dass die Taxifahrer ihr räumliches Universalwissen über Londons Straßen in ebendiesem hinteren Hippocampus speicherten. Anhänger des biologischen Determinismus könnten vielleicht einwerfen, dass umgekehrt das größere Volumen dieser Hirnregion die Männer zu dieser Berufswahl veranlasst habe, doch die Forscher stellten überdies eine proportionale Beziehung zwischen der Dauer der Berufstätigkeit als Taxifahrer und der Größe des Hippocampus fest.

Das heißt, je länger die Männer schon ihr Taxi steuerten und je mehr sie ihre Ortskenntnis vertieften, desto größer wurde ihr Hippocampus. Da das Volumen der grauen Substanz in diesem Hirnareal mit der Dauer der Berufstätigkeit korrelierte, war dies ein Indiz, dass das menschliche Gehirn auch im Erwachsenenalter noch mit physischer Veränderung auf seine Umwelt reagieren kann.[117, 118]

Wenn also Neurowissenschaftler Unterschiede zwischen dem Gehirn von Männern und Frauen entdecken, sollten wir daraus nicht folgern, dass diese Unterschiede von Geburt an bestehen und bis zum Tod bestehen bleiben werden. Die Neurowissenschaftlerin Melissa Hines formuliert das so: »Aus Geschlechtsunterschieden in Gehirnstrukturen können wir nicht auf angeborene oder unveränderliche Prozesse schließen.«[119] So etwas Komplexes wie unser Gehirn, mit dem wir geboren werden und das sich in Wechselwirkung mit unseren Lebenserfahrungen entwickelt, lässt sich nicht in einer Theorie zusammenfassen, die es auf ein starres, von Geburt an festgelegtes Stereotyp reduzieren möchte.

Der biologische Determinismus bleibt natürlich nicht bei der Beschreibung der Unterschiede zwischen Männern und Frauen stehen. Er mutmaßt vielmehr, dass diese Unterschiede in unseren Genen fixiert sind, weil es für Männer und Frauen entwicklungsgeschichtlich vorteilhaft war, sich vor Urzeiten, in der Vorgeschichte der Menschheit, auf unterschiedliche Aufgaben zu spezialisieren. Dieses prähistorische Szenario ist von vielen Autoren beschrieben worden, von Anthropologen bis zu Selbsthilfegurus. So legte der Anthropologe Sherwood Washburn in dem zukunftsweisenden Sammelband *Man the Hunter* von 1968 dar, hinter der Evolution des modernen Menschen stehe die besondere Rolle des Mannes als Großwildjäger und die damit einhergehende »geschlechtliche Arbeitsteilung«.[120] Bis heute untermauert man mit einer ähnlichen Sicht unserer Vergangenheit das Argument, die althergebrachten Geschlechterunterschiede seien in unserem genetischen Erbe »festverdrahtet«. So beschreiben, um ein bekanntes Beispiel zu zitieren, Allan und Barbara Pease in ihrem Buch *Warum Männer nicht zuhören und Frauen schlecht einparken* dieses urzeitliche Paradies folgendermaßen: »Es war einmal vor langer, langer Zeit, da lebten Frauen und Männer noch glücklich zusammen und gingen in Harmonie ihrer Arbeit nach. Der Mann wagte sich Tag für Tag in eine feindliche und gefährliche Welt hinaus, wo er als Jäger sein Leben riskierte, um seiner Frau und seinen Kindern Nahrung zu beschaffen, und zu Hause verteidigte er sie gegen wilde Tier und andere Feinde. Um ergiebigere Nahrungsquellen auszumachen und dann die Beute nach Hause bringen zu können, entwickelte er einen ausgeprägten Orientierungssinn über große Distanzen. Damit er auch eine sich bewegende Beute erlegen konnte, eignete er sich eine große Zielsicherheit an …. Die Rolle der Frau war ebenfalls klar; sie gebar den Nachwuchs, was entscheidend die evolutionsgeschichtliche Entwicklung und Ausbildung ihrer Fähigkeiten bestimmte, die sie benötigte, um ihrer Rolle gerecht zu werden. Sie mußte in der Lage sein, ihre direkte Umgebung nach Zeichen von Gefahren abzusuchen, brauchte einen ausgezeichneten Orientierungssinn für kurze Strecken … Außerdem mußte ihre Fähigkeit, auch kleine Veränderungen im Verhalten und im Äußeren ihrer Kinder und anderer Erwachsener wahrzunehmen, hochentwickelt sein.«[121]

Viele der hier zitierten Autoren, die Geschlechtsunterschiede biologisch erklären möchten, zeichnen ein ähnliches Bild unserer weit zurückliegenden Vergangenheit, um ihre Sicht der kognitiven und verhaltensbezogenen Unterschiede zwischen Männern und Frauen zu untermauern. Die Theorie, dass

Männer und Frauen solch unterschiedliche Wesenszüge aufgrund von Spezialisierung entwickelten, ergibt Sinn, falls die Geschlechter in unserer frühen Evolutionsgeschichte tatsächlich unter so unterschiedlichen Umständen lebten und nie in die Welt des jeweils anderen wechseln mussten. Doch in den zurückliegenden Jahrzehnten haben Anthropologen eine Alternativtheorie über unsere evolutionäre Vergangenheit aufgestellt. Ihr zufolge muss es nicht unbedingt so gewesen sein, dass Männer und Frauen so völlig unterschiedliche Nischen besetzten. Auf Grundlage dieser Annahme haben Wissenschaftler die Erkenntnisse über heute existierende Jäger- und Sammlergesellschaften sowie die archäologischen Funde aus früheren Gesellschaften neu bewertet und die Frage gestellt, ob die Frauen sich wirklich einzig und allein um den Nachwuchs kümmerten und hinsichtlich Nahrung und Schutz völlig von den jagenden Männern abhängig waren. Inzwischen besteht Konsens, dass die Großwildjagd nicht die bedeutendste Proteinquelle dieser Gesellschaften darstellte; sie waren in höherem Maße als zuvor vermutet auf die Arbeit der Sammlerinnen angewiesen. Manche Anthropologen nehmen sogar an, dass die Sammelarbeit der Großmütter für das Überleben der Kinder in diesen Gesellschaften weitaus wichtiger gewesen sein könnte als die Jagd der Väter.[122] Andere weisen darauf hin, dass einige Jäger- und Sammlergesellschaften weniger auf die aggressiven, gerissenen Männer bauten und stattdessen Frauen einen Großteil des jagdbaren Wildes erlegten, wobei sie ihre Babys in Tragetüchern mitnahmen oder in der Obhut anderer Frauen ließen.[123] Wieder andere Forscher mutmaßen, dass die Väter in solchen Gesellschaften sich mehr um die Kinder kümmerten als allgemein angenommen, ohne deshalb an Ansehen zu verlieren.[124] Diese Autoren haben die von einem Kollegen so genannte »paläolithische Glasdecke«[125] durchbrochen;

sie denken, dass die Kluft zwischen dem Versorger Mann und der Fürsorgerin Frau in den Gesellschaften der menschlichen Frühgeschichte vielleicht nie so unüberbrückbar war, wie uns einige zeitgenössische Autoren weismachen möchten. Wir haben uns möglicherweise in Gesellschaften entwickelt, in denen nicht sanfte, geschwätzige Frauen drinnen in der Höhle saßen, abhängig von einsamen, aggressiven Männern draußen in der Wildnis, sondern alle – ob männlich oder weiblich – mit den anderen Gemeinschaftsmitgliedern zusammenarbeiten können mussten und alle – ob männlich oder weiblich – imstande sein mussten, mit ganzer Kraft und allem Mut zur Nahrungsbeschaffung beizutragen.

Ich lese diese Beschreibungen traditioneller Gesellschaften und unserer möglichen evolutionären Vergangenheit genauso gerne wie jeder andere auch. Doch ob es sich dabei um sexistische Gesellschaften handelt, die wie direkte Vorläufer des heutigen Saudi-Arabien wirken, in denen der streitbare Gebieter seine Frauen in der Höhle gefangen hält, wo sie tratschen und sich langweilen und auf seine Rückkehr warten, oder eher um Gesellschaften wie das moderne Schweden, in denen Männer und Frauen auf Kaninchenjagd gehen und dann zu Hause die Kinderbetreuung untereinander und unter den Großeltern aufteilen – wir werden wohl niemals so etwas wie ein Fernrohr in die Hand bekommen, mit dem wir zurück in die Vergangenheit schauen und genau verfolgen können, wie und wovon unser genetisches Erbe geformt wurde. Wenn man aber Texte liest, denen zufolge unser aller Reaktionen auf die moderne Welt seit Jahrmillionen ein für alle Mal festgelegt sind, dann kann einen schon Fatalismus beschleichen. Er macht es uns unmöglich, uns Ansätze zu weiteren gesellschaftlichen Veränderungen auch nur vorzustellen. Mit einer solch schicksalsergebenen Weltsicht werden unsere vielleicht noch vorhandenen Bemühungen um eine bessere und gerechtere Gesellschaft scheitern.

Viel überzeugender sind jedoch sicherlich die Autoren, die die Gründe für die Verbreitung des Menschen über die gesamte Erde in so zahlreiche unterschiedliche geophysikalische und soziale Umwelten darin sehen, dass wir gelernt haben, anpassungsfähig zu sein. Die bedeutende Anthropologin Barbara Smuts schrieb in Natalie Angiers Buch *Frau: eine intime Geographie des weiblichen Körpers*, dass die Flexibilität selbst die Anpassung sei.[126] Das bedeutet nicht, dass der Mensch eine Tabula rasa, ein unbeschriebenes Blatt sei; die Dynamik zwischen Biologie und Kultur ist zwangsläufig eine wechselseitige. Sie kann jedoch auch eine äußerst variable sein – jede Person steuert zwar verschiedene Begabungen, Wünsche und Visionen bei, doch es ändern sich auch äußere Umstände und rufen dadurch veränderte Reaktionen hervor. Statt uns auf das zu versteifen, was im Pleistozän geschehen sein mag, könnten wir doch darüber reden, ob es nicht vielleicht eine bessere Gesellschaft gibt, auf die wir heute hinarbeiten können.

Das ist aber nicht so einfach wie zu konstatieren, dass sich in dieser Debatte zwei gegnerische Lager – Anlage oder Umwelt – gegenüberstünden und wir uns für eine Seite entscheiden müssten. Doch das ist ein falscher Gegensatz, denn die Erfahrungen, die wir alle im Laufe unseres Lebens machen, ändern die physischen Strukturen unseres Gehirns oder unsere Hormonproduktion. Es gibt keine unveränderliche biologische Realität, losgelöst von der Geschichte, genau wie es keine Tabula rasa gibt, auf der allein die Erfahrung ihre Spuren hinterlässt. Unser genetisches Erbe trägt dazu bei, wie wir die Erfahrung filtern und auf sie reagieren, und unsere Erfahrung beeinflusst, wie sich unser genetisches Erbe ausdrückt. Wenn wir den Willen zu und den Wunsch nach gesellschaftlichen Veränderungen haben, sollten wir uns nicht von dem falschen Glauben zurückhalten lassen, solche Veränderungen müssten zwangsläufig am Fels der angeborenen Unterschiede zerschellen.

9. Kapitel
Stereotype

Eine meiner Freundinnen ist Mutter dreier Kinder, zweier Mädchen und eines Jungen. Als ich anfing, mich mit dem Thema dieses Buches zu beschäftigen, fragte ich sie einmal beiläufig: »Glaubst du, dass Jungen und Mädchen von Natur aus verschieden sind?« Damals nahm ich ihre Antwort kaum zur Kenntnis: »Ich glaube, dass Jungen und Jungen verschieden sind und Mädchen und Mädchen auch.« Doch je länger ich mich mit diesem Thema beschäftigte, desto klarer sah ich, welches Gewicht diese scheinbar triviale Aussage hat. Das eigentlich Gefährliche am biologischen Determinismus ist, dass er uns für die eigentliche Vielfalt unter Frauen und Männern blind macht. Statt dass wir uns einlassen auf die täglichen Begegnungen mit Männern und Frauen in ihrer ganzen Unberechenbarkeit – ob sie streitlustig oder fürsorglich sind, einzelgängerisch oder gesellig –, sollen wir glauben, dass sich alle Männer und alle Frauen in Schemata einfügen, die eher für ein rosa Püppchen oder einen blauen Roboter passen statt für einen realen Mann oder eine reale Frau.

In den Arbeiten von Wissenschaftlern und Sachbuchautoren, die alle Geschlechtsunterschiede biologisch erklären möchten, lesen wir gebetsmühlenartig: »Mädchen tun dies … Jungen tun das … Frauen sind … Männer sind …« Wir hören von ihnen unqualifizierte Aussagen wie: »Mädchen bevorzugen ein menschliches Gesicht … Frauen reden dreimal so viel wie Männer … Frauen haben ein besseres Einfühlungsvermögen … Männer hören nur mit halbem Gehirn zu.« Sie bejahen vielleicht eine gewisse Schwankungsbreite und räumen ein, dass einige wenige, atypische Frauen technische Berufe und einige wenige, atypische Männer soziale Berufe ergreifen. Aber nach diesem kleinen Zugeständnis fahren der Autor oder die Autorin wieder mit seinen oder ihren Pauschalisierungen fort.

Genauso neigen viele von uns zu Verallgemeinerungen der Unterschiede zwischen Männern und Frauen im Alltag. Wenn Jungen oder Mädchen sich außerhalb ihres rosa oder blauen Schemas verhalten, gehen die Eltern meist leichthin über diese Momente hinweg. Sie gelten als untypisch und vernachlässigbar. Entsprechen die Kinder jedoch den geschlechtsspezifischen Erwartungen, werden die Stereotype bestätigt und gestärkt. Jeder aggressive Junge stärkt die uns von der Tradition und dem neuen biologischen Determinismus vermittelten Stereotype; jedes aggressive Mädchen ist eine zu vernachlässigende Ausnahme. Auch wenn die deterministische Theorie in vielerlei Hinsicht auf tönernen Füßen steht, so spricht sie doch so tief verwurzelte Mythen über Jungen und Mädchen an, dass wir uns ihrem Einfluss kaum entziehen können.

Doch selbst da, wo sich im Durchschnitt kognitive und emotionale Unterschiede zwischen Männern und Frauen beobachten lassen, fallen diese im Vergleich zu den riesigen Unterschieden zwischen Angehörigen desselben Geschlechts sehr klein aus. Wie schon bei der Analyse der sprachlichen Fertigkeiten scheint es, dass das Geschlecht nur ein Prozent der Unterschiede zwischen Jungen und Mädchen erklärt. Das bedeutet, dass man keinerlei Voraussagen hinsichtlich der verbalen Begabung einer Person treffen kann, wenn man nur ihr Geschlecht kennt. Man ist also weit davon entfernt, irgendwelche Verallgemeinerungen über Jungen und Mädchen anstellen zu können. Tatsächlich decken sich die Kurven für all diese angeblichen intellektuellen Unterschiede für Männer und Frauen weitgehend, wohingegen sowohl bei den Männern als auch den Frauen als Gruppe große Variabilität festzustellen ist.

Es mag zwar bei den intellektuellen und emotionalen Fähigkeiten von Männern und Frauen im Durchschnitt kleine Unterschiede geben, diese jedoch als Wahrheiten über alle – oder auch nur fast alle – Männer und Frauen zu verkaufen, ist Unfug. In einem Großteil der heutigen Arbeiten zu Geschlechtsunterschieden jedoch präsentiert man uns, statt die reale Vielfalt von Männern und Frauen anzuerkennen, schlicht und einfach Klischees.

Dafür sind auch einige Wissenschaftler mitverantwortlich. Im Gespräch mit mir äußerte Melissa Hines mit einer gewissen Zerknirschung: »Es gibt viele Zwänge, die dazu führen, dass Wissenschaftler nach einem einfachen Gesamtbild suchen. Das ist ja auch irgendwie der Zweck der Wissenschaft; wir sollen Regeln ermitteln, mit deren Hilfe wir Dinge vorhersagen können. Also besteht so etwas wie der Zwang zur Vereinfachung, um Regeln zu finden und Dinge vorherzusagen, und auf den meisten Gebieten funktioniert das auch gut. Doch es funktioniert nicht gut auf Gebieten, wo bereits Stereotype bestehen, weil aus den Stereotypen dann die Regeln werden.« Im Grunde jedoch kann man dieses Problem aber nicht einzelnen Wissenschaftlern anlasten. Wie im vorigen Kapitel gezeigt, greift die Kultur im Allgemeinen diese biologischen Erklärungen für die zu beobachtenden Unterschiede meist ungeprüft auf.

Teilweise liegt das daran, dass biologische Erklärungen für Geschlechtsunterschiede derzeit häufig als Ideen einer Avantgarde gelten, die furchtlos gegen eine alte Garde kämpft, die ihrerseits die Debatte gern beendet sähe. So schreibt Baron-Cohen, er habe die Veröffentlichung von *Vom ersten Tag an anders* um einige Jahre zurückgestellt, »weil das Thema in politischer Hinsicht ein zu heißes Eisen war«.[1] Steven Pinker stellt sich ebenfalls als wagemutigen Tabubrecher dar: »Irgendwann in der Geschichte der modernen Frauenbewegung wurde der Glaube, dass Männer und Frauen psychologisch ununterscheidbar seien, sakrosankt … Die Tragödie liegt darin, dass diese Tabu-Mentalität einen Kollisionskurs mit den Ergebnissen der Wissenschaft und dem Geist der freien Forschung unnötig zu einer löblichen Sache macht.«[2] Häufig stützen auch Journalisten die Vorstellung, solche Theorien müssten gegen irgendein Tabu ankämpfen. Ein amerikanischer Vertreter der Zunft schrieb kürzlich: »Wir werden wahrscheinlich nie erfahren, wie groß die Rolle der Biologie für die Geschlechterunterschiede tatsächlich ist, weil die Feministinnen jeden an ihrer Erforschung zu hindern trachten.«[3] Auf einen objektiven Beobachter jedoch dürfte es ziemlich seltsam wirken, dass Autoren behaupten können, es sei schwierig, offen über dieses Thema zu diskutieren, während andererseits der Linguist Mark Liberman dazu bemerkte: »Neurowissenschaftler werden keineswegs daran gehindert, die Biologie der Geschlechtsunterschiede zu erforschen. Es lässt sich kaum ein Gebiet denken, auf dem aktuell mehr geforscht würde, zumindest zu Fragestellungen ohne direkte pharmakologische oder klinische Anwendungen.«[4]

Selbst wenn Journalisten nicht glauben, dass sich biologische Erklärungen gegen ein Tabu durchsetzen müssten, so sehen sie in ihnen doch oft den Ausdruck eines fortschrittlichen, gegen die überholte politische Korrektheit eines altmodischen Establishments gerichteten Denkens. So meinte ein Journalist in der *Daily Mail*, Erklärungen auf biologischer Grundlage sprengten »ein großes Loch in die feministische Orthodoxie – und in die furchtbare politisch korrekte Linie –, derzufolge Männer und

Frauen austauschbare emotionale, intellektuelle und psychologische Eigenschaften besitzen.«[5] Oder wir lesen im *Economist*: »Biologische Erklärungen für menschliches Verhalten erleben ein Comeback, da die Forschergenerationen, die sie als verdeckte Rechtfertigung der Eugenik oder Hintertreibung des marxistischen Utopismus fürchteten, derzeit in den Ruhestand treten.«[6]

Es ist schon merkwürdig, wie die Theorien des biologischen Determinismus als letzter Schrei der Wissenschaft angepriesen werden, haben sie doch eine lange und nicht sehr ruhmreiche Geschichte. Seit der Aufklärung sucht man in der Biologie nach Gründen für die Ungleichheit der Geschlechter. Es ist nichts Neues an dem Gedanken, dass Männlichkeit und Weiblichkeit sich nicht nur in körperlichen Attributen und der Fähigkeit, Kinder zu gebären, ausdrücken, sondern auch in geistigen und gefühlsbezogenen Fähigkeiten. Die Gelehrten des 19. Jahrhunderts rieten den Frauen, keine anspruchsvollen Bücher zu lesen, da bestimme Gehirnaktivitäten nicht mit ihrer Fruchtbarkeit vereinbar seien, und sie studierten die Größe und Form des menschlichen Gehirns, um die geistige Unterlegenheit der Frau zu begründen. 1886 warnte der Präsident der British Medical Association auf deren Vollversammlung Mädchen vor zu eifrigem Lernen: »Amenorrhoe und Bleichsucht sowie Entstehung großer Nervosität sind in oder um die wichtige Phase – 15 bis 20 Jahre – häufige Folgen eines übermäßigen Bildungsdrucks.«[7] Sir Henry Maudsley, ein angesehener viktorianischer Psychiater, schrieb 1874 in einem einflussreichen Artikel, dass eine Frau »die Lebenskraft, die unbesonnen auf das Lernen verwandt wurde, nicht leicht zurückgewinnt … wenn eine Frau das Bildungsniveau von Männern zu erreichen sucht … fehlt ihr später die für das Kindergebären und -erziehen nötige Kraft.«[8]

Wie die Biowissenschaftlerin Anne Fausto-Sterling in ihrem Klassiker *Gefangene des Geschlechts*[8] dokumentiert, kamen und gingen biologische Erklärungen für die Minderwertigkeit der Frau wie die Mode bei der Rocklänge. Es gab eine lange Phase, während der das kleinere weibliche Gehirn als Beweis dafür galt, dass Frauen weniger intelligent seien als Männer – bis darauf hingewiesen wurde, dass in diesem Falle Elefanten intelligenter sein müssten als Männer. Daraufhin änderte man die Argumentation; Intelligenz beruhe nicht auf einem insgesamt größeren Gehirn, sondern auf der ausgeprägteren Entwicklung bestimmter Gehirnregionen. Mitte des 19. Jahrhunderts war die Ansicht modern, die Intelligenz hänge mit der Größe des Stirnlappens zusammen. Also konstatierte man, dass Männer größere Stirnlappen besäßen als Frauen, und die Frau war nunmehr der »Homo parietalis« nach dem Scheitellappen, während der Mann als »Homo frontalis« galt. Doch nach einer Weile gelangten die federführenden Wissenschaftler zu der Ansicht, eigentlich sei der Scheitellappen der Sitz der Intelligenz, und vollzogen eine geschickte Kehrtwendung. »Die Stirnregion ist nicht, wie angenommen worden war, bei Frauen kleiner, sondern relativ eher größer. Dafür sind die Scheitellappen etwas kleiner.«[9] Süffisant bemerkt Fausto-Sterling über biologische Erklärungen von Geschlechtsunterschieden: »Die populärwissenschaftliche Presse begrüßt jeden Neuankömmling mit Fanfaren, bunten Bändern und langen Artikeln, versäumt es aber zu berichten, wenn die jeweils neueste These ihrerseits in Mißkredit gerät.«[10]

Selbst in der Blütezeit der sozialen Konditionierung verfochten viele Autoren die Ansicht, das menschliche Verhalten sei genauso sehr von der Biologie wie von der Kultur bestimmt. Der Vater der Soziobiologie Edward O. Wilson war in diesen Debatten eine Schlüsselfigur. In den 1970er Jahren machte er Aussagen wie: »Die Beweise für einen genetischen Unterschied im Verhalten sind vielfältig und schlüssig. Im Allgemeinen sind Mädchen dazu prädisponiert, vertraulicher und geselliger zu sein und körperlich weniger wagemutig.«[11] Seither florieren solche Ansichten auf dem als Soziobiologie oder evolutionäre Psychologie bezeichneten Gebiet. Man muss jedoch einräumen, dass in den 1970ern und 1980ern die Kritiker der Soziobiologie genauso viel Gehör fanden wie ihre Anhänger.

Als in den 1990ern einige Autoren behaupteten, bestimmte Rassen seien anderen geistig unterlegen, und so den Streit um Rasse und IQ vom Zaun brachen, bezogen die Massenmedien klar Stellung gegen den deterministischen Standpunkt. Heute jedoch sehen wir, dass Presse und Fernsehen biologische Erklärungen für menschliches Verhalten oft unkritisch verbreiten. So finden, wie im vorigen Kapitel gesehen, Wissenschaftler und Forscher, die Geschlechtsunterschiede biologisch erklären wollen, begeisterten Widerhall und breites Medienecho. Sie stehen keineswegs allein auf weiter Flur in einem Gebiet, auf dem angeblich gnadenlose politische Korrektheit herrscht.

Die derzeitige Verbreitung des biologischen Determinismus durch die Medien ist mit dem Aufstieg politisch konservativer Ansichten in Verbindung gebracht worden. Das ist plausibel, denn wer den Glauben an die Möglichkeit eines sozialen Wandels hin zu mehr Gleichberechtigung verloren hat, findet offensichtlich scheinbar wissenschaftliche Theorien reizvoll, die seinen Eindruck stützen, der ungleiche Status quo sei nur natürlich. Forscher der Yale University haben nachgewiesen, dass amerikanische Zeitungen mit konservativer Ausrichtung – beurteilt nach dem von ihnen unterstützten Präsidentschaftskandidaten – weit mehr biologische Erklärungen für Geschlechterunterschiede anführen als die liberale Presse, die eher Erklärungen durch Lernen und Erwartungen bevorzugt.[12]

Rechtsgerichtete britische Medien veröffentlichen ebenfalls gerne Theorien über biologische Unterschiede. Doch solche Vorstellungen dringen zur Zeit weit über die offenkundig konservativen Kreise hinaus vor. In Großbritannien tauchen sie beispielsweise im *Guardian*, dem *New Statesman* und der BBC häufig auf, genauso wie in der *Daily Mail* und der *Financial Times*. Dieses Gedankengut hat sich im gesamten politischen Spektrum breitgemacht und wird nicht nur von Leuten vertreten, die sich nie als Anhänger des Feminismus bezeichnen würden, sondern auch von vielen erklärten Feministinnen. Zu diesen gehört Rosie Boycott, die Mitbegründerin der feministischen Zeitschrift *Spare Rib*[13], oder die darwinistische Philosophin Helena Cronin, die erklärt: »Von der Begabung her sind Männer im Durchschnitt eher mathematisch, eher technisch ausgerichtet, Frauen eher sprachlich; vom Geschmack her interessieren sich Männer eher für Sachen, Frauen für Menschen; vom Temperament her sind Männer wettbewerbsorientierter, risikobereiter, zielstrebiger, statusbewusster, Frauen in viel geringerem Maße.«[14]

Problematisch ist, dass die unkritische Verbreitung solcher Ansichten stereotype Verhaltensleitbilder für Männer und Frauen im Alltag aufrechterhalten und stärken kann. Damit will ich nicht etwa dafür eintreten, die Diskussion über die einschlägigen Theorien zu beenden, sondern ich möchte darauf hinweisen, dass wir unbedingt auch Gegenstimmen Gehör verschaffen sollten. Denn die Stärkung solcher Stereotype hat ganz konkrete Auswirkungen. Immer mehr Studien belegen, dass die individuelle Leistung auf bestimmten Gebieten nachhaltig vom Wissen der Betreffenden um die Erwartungen an ihre Gruppe beeinflusst werden kann. Bahnbrechende psychologische Forschungsarbeiten enthüllten in den vergangenen Jahren die Wirkung der so genannten »Bedrohung durch Stereotype« auf die Geschlechter.

Einer der Grundsteine dieser Forschungsrichtung wurde 1999 publiziert. Die Psychologen Claude Steele, Stephen Spencer und Diane Quinn legten männlichen und weiblichen Studierenden einen schwierigen Mathematiktest vor, bei dem Frauen zuvor schlechter als gleich qualifizierte Männer abgeschnitten hatten. Die Forscher wollten herausfinden, ob sich die schwächere Leistung der Frauen bei solchen Mathematikaufgaben wirklich auf angeborene Begabungsunterschiede zurückführen ließ oder ob andere Faktoren dahintersteckten. Daher teilten sie ihre männlichen und weiblichen Versuchspersonen in zwei gemischtgeschlechtliche Gruppen ein. Die Männer und Frauen der einen Gruppe erhielten die Information, es hätten sich früher bei der Anwendung dieses Tests klare Geschlechterunterschiede bei den Leistungen gezeigt. Die andere Gruppe dagegen erfuhr, Männer und Frauen hätten in diesem Test gleich abgeschnitten. In der ersten, auf ungleiche Leistungen der Geschlechter eingestimmten Gruppe schnitten die Frauen schlechter ab als die Männer. In der zweiten, gegenteilig informierten Gruppe trat der geschlechtsspezifische Leistungsunterschied nicht mehr auf.

Dieses Ergebnis war schon an und für sich bemerkenswert und zeigte, dass die Leistung in scheinbar objektiven Tests nicht unbedingt die pure Begabung widerspiegeln muss. Die Psychologen gingen aber noch einen Schritt weiter und stellten in einem Folgetest fest, dass sie das Stereotyp nicht einmal »aktivieren« mussten, um bei Frauen schlechtere Leistungen hervorzurufen. Wenn die Probanden im Vorhinein gar nichts über geschlechtsspezifische Leistungsunterschiede erfuhren, schnitten die Frauen schlechter ab; erfuhren sie, dass sich bei dem Test noch nie Geschlechterunterschiede gezeigt hätten, waren sie genauso gut wie ihre männlichen Pendants.[15] Dass die Forscher ein Stereotyp nicht einmal zu aktivieren brauchten, damit Frauen hinter ihren Möglichkeiten zurückblieben, zeigt, wie stark es uns beeinflusst. Es beeinflusst unser Verhalten nicht nur in Mathematiktests und selbst dann, wenn wir uns des Klischees gar nicht bewusst sind.

Andere Forschungsarbeiten bestätigen diesen Effekt. Beispielsweise zeigt sich der männliche Vorsprung bei manchen Tests der räumlichen Fähigkeiten auch im Alltag. Bestimmte Aufgaben, die räumliches Denken erfordern – etwa einparken –, bewältigen Männer meist besser als Frauen. Das drückt sich darin aus, dass sich Männer bei manchen Fahraufgaben im Durchschnitt besser schlagen und dass Frauen mit 40 Prozent höherer Wahrscheinlichkeit bei der Fahrprüfung durchfallen, weil sie die Kehrtwende in drei Zügen verpatzen. Viele Kommentatoren dieses Phänomens nehmen aus lauter Respekt vor den Thesen des biologischen Determinismus an, der Unterschied müsse hormonell bedingt sein. So lässt *The Times* in einem exemplarischen Bericht über die Überlegenheit von Männern bei solchen Fahraufgaben einen Psychologen zu Wort kommen, der dies auf den höheren Testosteronspiegel im Mutterleib zurückführt.[16] Doch schon die Existenz eines Stereotyps kann offenbar die Fahrtüchtigkeit mancher Frauen beeinträchtigen. Courtney von Hippel von der australischen University of Queensland führte dazu einen erhellenden Versuch durch. Ihre Probandinnen erfuhren vor einem Fahrtest, Frauen führen schlechter Auto als Männer. Daraufhin bauten sie in dem Test doppelt so oft einen Unfall wie Frauen, die nicht an das Stereotyp erinnert worden waren.[17]

Darüber hinaus gibt es zunehmend Indizien dafür, dass diese Bedrohung durch Stereotype nicht nur unsere scheinbaren Fähigkeiten, sondern auch unsere Bestrebungen beeinträchtigen kann. Die Soziologieprofessorin Shelley Correll von der Stanford University entwickelte einen Fertigkeitstest, bei dem Männer Frauen unmöglich übertreffen konnten – der Test bestand in der Beurteilung des Kontrasts von Schwarz-Weiß-Mustern und es gab keine richtigen und falschen Antworten. Correll zeigte mit ihrem Test eindrucksvoll, wie rasch die Aktivierung von Stereotypen über Männer und Frauen sogar unsere Ambitionen beeinflusst. Einer Gruppe wurde mitgeteilt, Männer seien bei dieser Aufgabe besser als Frauen, der anderen, beide Geschlechter schnitten gleich ab. Alle Versuchspersonen erhielten denselben Punktwert – 13 von 20. Dennoch schätzten die Männer der ersten Gruppe ihre Leistung nicht nur höher ein als die Frauen, sondern trauten sich auch häufiger einen Beruf zu, in dem angeblich derartige Fähigkeiten erforderlich waren. Correll sah darin einen Nachweis, dass Menschen ihre Ambitionen an der Beurteilung ihrer eigenen Kompetenz ausrichten und dass Männer und Frauen ihre Kompetenz teilweise anhand unterschiedlicher kultureller Überzeugungen von männlichen und weiblichen Fähigkeiten beurteilen. Wiederum dürfte die Annahme gerechtfertigt sein, dass dies auch außerhalb universitärer Soziologiefakultäten gilt und dass die Wirkung von Stereotypen in der Kultur allgemein die Alternativen im realen Leben einschränkt.[18]

Was folgt aus der Popularität von falschen, vom biologischen Determinismus geleiteten Vorstellungen für die Macht von Stereotypen im Alltag? Nach Erkenntnissen der Yale-Forscher, die den Zusammenhängen von politischem Konservativismus und biologischem Determinismus in den Medien nachgingen, wächst bei Lesern biologischer Thesen die Bereitschaft, stereotype Verhaltensnormen für Männer und Frauen gutzuheißen. Die Forscher gaben ihren Probanden Artikel zu lesen, die Geschlechtsunterschiede entweder unter Bezug auf die Biologie – evolutionäre Programmierung oder Gehirnstruktur – oder auf die Gesellschaft – Sozialisation und Erwartungen – erklärten. Der Effekt war verblüffend. Die biologisch informierten Teilnehmer erzielten höhere Punktwerte in einem Fragebogen, der das Maß der Zustimmung zu Stereotypen ermittelte, also etwa dazu, dass Frauen fürsorglicher und Männer arroganter seien. Sie antworteten zudem pessimistischer auf die Frage, ob ihrer Einschätzung nach Menschen ihr Verhalten ändern können. Dies war auch der Fall, wenn der Artikel auf einen Geschlechtsunterschied zugunsten der Frauen abhob.[19] Also werden wir möglicherweise sogar dann, wenn wir etwa von »überlegenen« sprachlichen Fähigkeiten bei Mädchen erfahren, in einer fatalistischen Sicht von Geschlechtsunterschieden bestärkt, und das hindert uns daran, die wahre Vielseitigkeit und Wandlungsfähigkeit von Menschen – und sogar unsere eigene – wahrzunehmen.

Solche Studien illustrieren, dass die fehlerhafte Bezugnahme auf und die Berichterstattung über Wissenschaft stärker ins Gewicht fallen als vielleicht gedacht; nicht nur, dass »schlechte Wissenschaft« manches falsch versteht, sie kann auch unsere Überzeugungen und infolgedessen unser Verhalten beeinflussen.[20] Was modisch »Bedrohung durch Stereotype« genannt wird, könnten wir auch als soziale Konditionierung oder schlicht Sexismus bezeichnen. Doch mit welchen Worten wir auch dieses Phänomen beschreiben, es ist an der Zeit, wachsamer gegenüber den Auswirkungen des in Mode gekommenen biologischen Determinismus zu werden: Er könnte im Alltag Stereotype stärken und daher Bemühungen um mehr Gleichberechtigung Steine in den Weg legen.

Denn unsere Gesellschaft steckt noch immer in einer unvollendeten Revolution. Benachteiligung ist immer noch Realität. Männer verfügen noch immer über mehr politische und wirtschaftliche Macht als Frauen, und Frauen leisten noch immer viel mehr unbezahlte und nicht anerkannte Hausarbeit. Obwohl in der Theorie die gläserne Decke überall durchbrochen ist und Frauen in Scharen Berufe ergreifen, die einmal als Männerdomäne galten, sind die oberen Ränge in Handel, Industrie, Verwaltung und Politik noch immer weitgehend männlich besetzt. Beispielsweise haben Frauen 49 Prozent der englischen Richterposten der untersten Ebene inne, doch nur zehn Prozent an den höchsten Gerichten.[21] 2007 besetzten Frauen in Großbritannien nur elf Prozent der Vorstandsposten in FTSE-100-Unternehmen, zwölf Prozent der Führungspositionen bei der Polizei, 14 Prozent der Stadt- und Gemeinderatssitze, 14 Prozent der Verlegerpositionen landesweiter Zeitungen und 20 Prozent der Parlamentssitze.[22] Laut *Die Zeit* saßen 2010 in den Vorständen und Aufsichtsräten der 200 größten deutschen Unternehmen 2,5 Prozent beziehungsweise 9,5 Prozent Frauen. Zugleich leisten Frauen den Großteil der unbezahlten Hausarbeit, auch wenn sie vollzeitberufstätig sind.[23] Das wirkt sich mittelbar auf ihren Verdienst aus. Wenn Männer und Frauen Eltern werden, klafft die Schere zwischen ihnen besonders weit auseinander. Während kinderlose Frauen in Großbritannien etwa neun Prozent weniger verdienen als Männer, erhalten Frauen mit Kindern etwa 22 Prozent weniger als ihre männlichen Kollegen, selbst mit einer vollen Stelle.[24]

In den Augen der Anhänger des biologischen Determinismus deckt sich die Welt, wie sie heute ist, sehr gut mit den angeborenen Fähigkeiten von Männern und Frauen. Es gibt keine Unzufriedenheit, es gibt keine Enttäuschung, es gibt keinen Zwiespalt zwischen unseren Wünschen und unseren Lebensumständen. Jede Facette der heute festzustellenden Benachteiligung lässt sich mit der unterschiedlichen genetischen und hormonellen Ausstattung von Männern und Frauen erklären; wenn Frauen weniger verdienen, wenn Männer mehr Macht besitzen, wenn

Frauen mehr Hausarbeit verrichten, wenn Männer einen höheren Status genießen, dann soll das eben einfach so sein. Insofern fährt der biologische Determinismus des 21. Jahrhunderts dieselbe Schiene wie der des 19., der wissensbegierigen und ehrgeizigen Frauen entgegenhielt, sie seien völlig ungeeignet für höhere Bildung oder körperliche Anstrengungen. Dennoch ging im viktorianischen Großbritannien eine kleine, aber entschlossene Minderheit auf die Barrikaden, und sie führte einen echten sozialen Wandel für die Frauen herbei, der die Biologiegläubigen widerlegte. Wenn wir in dieser Generation Fortschritte hin zu größerer Freiheit und Gleichheit erzielen wollen, müssen wir die Macht der Stereotype, die gegenwärtig unsere Erwartungen an unsere Kinder, an unsere Partner und an uns selbst mitbestimmen, brechen. Wir müssen aufs Neue fragen, warum wir es zulassen, dass die Stereotype der fürsorglichen, einfühlsamen Frau und des mächtigen, logisch denkenden Mannes als natürlich und unausweichlich gelten. Vor allem aber müssen wir genau untersuchen, wie diese Annahmen entstanden sind, wie sie aufrechterhalten werden und wie sie sich aushebeln lassen.

Der Anführer

Wie wir im ersten Teil dieses Buches gesehen haben, behindert die umfassende Sexualisierung von Frauen in der Öffentlichkeit ihre Emanzipation. Diese kulturelle Tendenz bringt viele Frauen dazu, aus sich selbst eine Erotikpuppe zu machen statt andere Wege zum Erfolg zu beschreiten. Doch dies ist nicht der einzige Grund, weshalb Frauen in ihren Emanzipationsbestrebungen auf vielen Gebieten immer noch auf Hürden stoßen. Auch dass in der Öffentlichkeit und im Privatleben althergebrachte Stereotype am Werk sind, hindert Frauen daran, bestimmte Rollen zu übernehmen.

Wegen des fortwirkenden Einflusses überkommener Stereotype glauben viele Menschen, Frauen mangele es in vielen Bereichen an der Autorität und Kompetenz, wie sie Männern zu eigen sei. In den Augen der Anhänger biologischer Erklärungen für Geschlechtsunterschiede gilt vor allem Machtstreben als typisch männlich. Ein Autor der *New York Times* schrieb neulich: »Es ergibt einen gewissen Sinn, dass zwar seit fast einem Jahrhundert die Wählerschaften aus genauso vielen Frauen wie Männern bestehen, die Anzahl von Politikerinnen aber in den meisten westlichen Demokratien nach wie vor erbärmlich klein ist ... Die mit einem niedrigen Testosteronspiegel einhergehenden Eigenschaften – Geduld, Risikoscheu, Einfühlungsvermögen ... sind im Lotteriespiel der Wahlpolitik schlicht miserable Eigenschaften ... Es ist töricht, darauf zu bestehen, dass zahlenmäßige Ungleichheit immer auf Voreingenommenheit statt auf Biologie beruhe ... Wir sollten nicht schockiert sein, wenn die Ungleichheit der Geschlechter fortdauert.«[25] Ein anderer Schreiber meinte in der *Newsweek*: »Alpha-Männchen weisen viel Testosteron auf. Dieses Hormon liegt fast allen typischen Eigenschaften des politisch-sexuellen Tiers zugrunde: Hohe Testosteronspiegel führen zu einem starken Sexualtrieb, zu Lust am Risiko, Aggressivität und Konkurrenzdenken. ›Diese Menschen haben ein starkes Bedürfnis, bei Spielen zu gewinnen, was für die Machtpolitik offensichtlich bedeutsam ist‹.«[26]

Der neue biologische Determinismus zeichnet sich unter anderem dadurch aus, dass er Männlichkeit und Weiblichkeit als Nullsummen-Spiel begreift. Das heißt, je maskuliner ein Mensch ist, desto mehr fehlen ihm feminine Züge, und umgekehrt. Dies trat besonders deutlich in der BBC-Serie *Secrets of the Sexes* zutage. In einer bezeichnenden Szene wurden die mitwirkenden Männer und Frauen auf einer Skala platziert. Deren Mitte entsprach null, das linke Ende 100 Prozent weiblich und das rechte 100 Prozent männlich. Erhielt eine Person im Systematisieren oder bei Aggressivität eine hohe Einstufung, rückte sie nach rechts; zeigte sie viel Empathie oder Sprachgeschick, rückte sie nach links.[27] Diese visuelle Umsetzung des neuen Determinismus ließ einer Person keine Chance, die Stärken eines Mannes und die einer Frau in sich zu vereinen. Dass Männlichkeit und Weiblichkeit heute so oft als sich wechselseitig ausschließend betrachtet werden – dass also ein Mensch, je maskuliner er ist, als umso unweiblicher gilt –, arbeitet gegen Frauen mit Machtambitionen. Denn in den Augen von Menschen unter dem Einfluss althergebrachter Stereotype stärkt ein machthungriger Mann seine Männlichkeit, eine machthungrige Frau jedoch opfert ihre Weiblichkeit. Und das kann sich für eine künftige Politikerin extrem negativ auswirken – sie erscheint dann als nicht ganz menschlich, so als ob sie etwas Wesentliches ihrer selbst aufgegeben hätte.

Dieses Unbehagen gegenüber mächtigen Frauen tritt uns überall in unserer Kultur entgegen. Jede nach Macht strebende Frau riskiert es, zu einer Figur wie Hillary Clinton gemacht zu werden. Sie verlor 2008 die Nominierung zur demokratischen Präsidentschaftskandidatur und wurde durchgängig als kompetent, aber kalt und unmenschlich dargestellt. Ähnlich ging es Ségolène Royal, die 2007 bei der französischen Präsidentenwahl unterlag. Sie galt als elegante, feminine Frau, aber gerade deswegen auch als nicht hinreichend kompetent und respekteinflößend. Was machtbewusste Frauen an Autorität gewinnen, verlieren sie an Weiblichkeit und umgekehrt. Es erfordert einen wahren Drahtseilakt, sich sowohl die nötige Autorität als auch die nötige Weiblichkeit zu bewahren, um in der Politik als ganz und gar menschlich zu gelten. Dieses Kunststück haben nur wenige Frauen geschafft. Andererseits wird neben der Möchtegern-Mächtigen immer ein Mann kandidieren, der vom Anführerstereotyp profitiert und dessen Machtstreben seine Menschlichkeit eher stärkt als gefährdet.

Das Unbehagen unserer Gesellschaft gegenüber der allzu offensichtlich machtbewussten Frau bedeutet, dass die britische Politik, 30 Jahre nachdem es Margaret Thatcher zeitweise gelungen war, das Stereotyp zu durchbrechen, zu einem aggressiv männlichen Klüngel zurückgekehrt ist. Die Vorsitzenden sämtlicher großen Parteien sind Männer. Gegen Frauen, die diese Mauer der Männlichkeit zu durchbrechen trachten, müssen erst gar keine ernsthaften Attacken geritten werden; man braucht sie nur als unweiblich zu verhöhnen, und das Stereotyp erledigt den Rest. Ein Tick Weiblichkeit zu wenig in Stil oder Erscheinung, in Sprache oder Verhalten genügt, um die nach Macht strebende Frau zu diskreditieren. Im Handumdrehen ist sie als hart, kalt und sogar unmenschlich verschrien. Dieses Unbehagen an ihrer Abweichung vom Weiblichkeitsstandard drückt sich häufig als Kritik am unweiblichen Erscheinungsbild einer mächtigen Frau aus. So lesen wir von dem »Gefängnisdirektorinnenhaarschnitt« und dem »oben zu engen, maskulinen Nadelstreif« der damaligen britischen Innenministerin Jacqui Smith[28] und Angela Merkels »unvorteilhafter Frisur, altbackener Aufmachung«.[29] Dass mächtige Frauen durch einen Mangel an Weiblichkeit leicht auf dem falschen Fuß zu erwischen sind, erweist sich an der Reaktion der politischen Presse auf den London-Besuch des Ex-Models Carla Bruni an der Seite ihres Mannes, des französischen Präsidenten Nicolas Sarkozy. Die Medien priesen die stumme Schöne als Musterexemplar der Weiblichkeit und hielten sie den Fehlern der britischen Politikerinnen entgegen. Während Bruni der *Daily Mail* zufolge

»in einem schlichten, einseitig schulterfreien, purpurroten Kleid sehr chic aussah«, trug die Parlamentsabgeordnete Hazel Blears »ohne jede Eleganz wie eh und je … grässliche Stiefel, eine furchtbare Tasche, war ungepflegt und müsste sich mal die Haaransätze nachfärben lassen.«[30] Die klammheimliche Freude der Presse über ihr Erscheinungsbild ließ noch deutlicher hervortreten, wie sehr sie Frauen missbilligt, die aus eigenem Antrieb und Machtwillen in die Politik gehen statt mächtige Politiker zu heiraten, und welche Entweiblichung das offenbar zur Folge hat.

Die Stärke des Stereotyps gegen machthungrige Frauen illustrieren die Reaktionen auf Hillary Clinton, als sie sich um die Präsidentschaftskandidatur bewarb. Sogar ihre Kompetenz galt plötzlich nicht mehr als Qualifikation für die Aufgabe, wie das bei einem Mann der Fall gewesen wäre, sondern als etwas Kaltes, Künstliches. Es entbrannte sogar ein heftiger Streit um die Frage, ob ihr Lachen ein menschlicher Laut sei oder aber ein Zeichen für fehlende Menschlichkeit. Der *New Yorker* schilderte, wie ihr Lachen medial auseinandergenommen wurde: »Sean Hannity spielte siebenmal hintereinander einen Audioclip ab und beschrieb das Lachen der Kandidatin als ›furchterregend‹. Bill O'Reilly grub einen ›Körpersprache-Experten‹ des rechten Senders *Fox News* aus, der das Lachen als ›böse‹ bezeichnete. Dick Morris, der ehemalige Clinton-Berater und jetzige Vollzeit-Clinton-Schlechtmacher, nannte es ›laut, unangemessen und freudlos.‹ … In der *Times* schrieb Frank Rich: ›Nun bricht Mrs. Clinton mit der ganzen Spontaneität eines Weckers in Gelächter aus.‹ … Und *The Politico*, eine neue politische Netzzeitung, identifizierte das Problem als ›ein Lachen, das klang, als sei es computergeneriert.‹«[31] Die Behauptung, Clintons Lachen – das ihre persönlichen Bekannten meist als warm und echt beschreiben – sei falsch und furchterregend und ähnele eher einem Wecker- oder Computergeräusch als einer menschlichen Lautäußerung, suggeriert, dass eine Frau wie Clinton, eine Frau, die nach Macht strebt, ihre Weiblichkeit in einem solchen Maße verloren hat, dass sie schon fast unnatürlich ist.

Frauen in Großbritannien stoßen auf ähnliche Reaktionen, wenn sie als zu mächtig gelten. Als Baronin Shriti Vadera, eine Beraterin von Gordon Brown, 2009 gegenüber der Presse einige unkluge Bemerkungen über die mögliche Überwindung der Rezession machte, brach in den Medien eine Sturzflut der Kritik los. Ein Großteil davon nahm Vaderas Unweiblichkeit aufs Korn. Wie ein Journalist im *Guardian* resümierte, unterstellte diese Art der Berichterstattung, dass Baronin Vadera »keine richtige Frau ist. Einem Typen im *Spectator* zufolge ist sie eine ›Attentäterin … Arschtreterin … Axtschwingerin‹.« Ein Moderator der Sendung *Today* soll über sie gesagt haben: »Die Beamten nennen sie Die schrille Shriti. Andere gehen lieber.« Eine Journalistin fragte ganz zu Recht: »Ist es vorstellbar, dass so etwas von einem Mann behauptet würde, dass er derart gemein sei, dass er eine derart durchdringende Stimme habe, dass seine Untergebenen zu kündigen gezwungen sind?«[32]

Dieses Vorurteil gegen die mächtige Frau könnte das Fortkommen von Frauen in anderen Arbeitsbereichen beeinflussen. Neuere Untersuchungen zeigen, dass Frauen in vielen Arbeitsfeldern, was berufliches Ansehen und Führungsqualitäten anbelangt, immer noch hinter Männern zurückstehen, selbst wenn die Fakten für sie sprechen und die Beurteiler sich für objektiv halten. Beispielsweise wiesen Forscher in Schweden nach, dass im Medizinbetrieb – den Frauen für frauenfreundlich halten mögen – Frauen weit qualifizierter und produktiver sein mussten als Männer, um ein Postdoc-Stipendium zu erhalten. Das vermeintlich objektive Beurteilungsverfahren war in Wirklichkeit höchst subjektiv, und der schlichte Umstand, eine Frau zu sein, stellte einen schweren Hemmschuh dar, denn: »Die Peer-Reviewer überschätzten männliche Leistungen und unterschätzten weibliche.« Wenn die Frauen zuvor mit ihrem Gutachter zusammengearbeitet hatten, konnten sie ihre Chancen ein klein wenig verbessern, doch: »Zum weiblichem Geschlecht zu gehören und nicht über persönliche Beziehungen zu verfügen, war ein doppeltes, so gravierendes Handicap, dass es sich durch wissenschaftliche Produktivität allein kaum ausgleichen ließ.«[33] Es ist ziemlich sicher, dass die männlichen Gutachter gesagt – und wahrscheinlich geglaubt – hätten, sie seien objektiv gewesen, doch Menschen sind sich nicht immer bewusst, inwieweit ihre Urteile durch Vorurteile beeinflusst werden.[34]

Der Wiederaufstieg des biologischen Determinismus mit seinen überkommenen Ansichten zu weiblichen Begabungen könnte die Wirksamkeit solcher Stereotype in bestimmten Bereichen noch stärken. So fiel beispielsweise der Frauenanteil in der britischen Technikbranche von 1997 bis 2005 von 27 auf 21 Prozent.[35] In einem Artikel in der Zeitschrift *Management Today* über dieses Phänomen konnte die Verfasserin einflussreiche Personen zitieren, die zumindest einen Teil dieses Ungleichgewichts auf angeborene Begabungen zurückführen wollten. So sagte Anthony Seldon, Direktor einer großen Schule und Vater zweier Töchter: »Es gibt Unterschiede zwischen Jungen und Mädchen. Jungen interessieren sich stärker für Computer als Mädchen, und häufig hängt das mit Mathematik zusammen. Es ist einfach so, dass Mädchen eher an Gefühlen interessiert sind und Jungen mehr an Sachen.« Kein Wunder, dass eine Microsoft-Umfrage unter Frauen in der IT-Branche 2007 zu dem Schluss gelangte, dass einige von ihnen sich beruflich durch Sexismus beeinträchtigt sahen: »Manche Männer diskriminieren ihre Kolleginnen, indem sie davon ausgehen, diese hätten eine geringere Begabung für komplizierte technische Fragen.«[36]

Zwar möchten viele Menschen gern glauben, Frauen seien am Arbeitsplatz keiner Diskriminierung mehr ausgesetzt, doch Stereotype gegen weibliche Führungskräfte sind in der gesamten Berufswelt immer noch ein Hindernis für Frauen. Die Psychologin Virginia Valian analysierte zahlreiche Studien zu sozialen Beziehungen am Arbeitsplatz sowie zu Einstellungs- und Beförderungsgepflogenheiten. Sie stellte fest, dass in vielen unterschiedlichen Situationen unterschwellig Stereotype am Werk sind. Beispielsweise baten in einem Fall Forscher mehr als 250 Manager, die typischen Eigenschaften bestimmter Personen zu beschreiben: von Männern im Allgemeinen, Managern und erfolgreichen Managern sowie Frauen im Allgemeinen, Managerinnen und erfolgreichen Managerinnen. Ergebnis: In Verbindung mit der weiblichen Form von »Manager« oder »erfolgreicher Manager« wurden häufiger Adjektive wie verbittert, streitsüchtig und egoistisch genannt, und Managerinnen wurden weniger häufig Führungsqualitäten zugeschrieben.[37]

In einer besonders spannenden psychologischen Studie von 1990 hatten Männer und Frauen zunächst gelernt, entsprechend bestimmten vorgeschriebenen Mustern zu handeln. Dann wurden sie Gruppen zugewiesen, die nichts von dem Training dieser Männer und Frauen wussten. Die Gruppen erhielten zehn Minuten Zeit, um bei einer bestimmten Aufgabe zu einer Entscheidung zu gelangen: Sie sollten neun Gegenstände nach ihrem Nutzen für einen auf dem Mond notgelandeten Menschen ordnen. Wenn die instruierten Frauen die Führungsrolle übernahmen, reagierten die Teilnehmer weit häufiger mit negativer Mimik als bei den instruierten Männern. Die Trainierten handelten als Anführer zwar alle gleich, doch gegenüber den

Frauen überwogen die negativen Reaktionen die positiven, bei den Männern hingegen war es umgekehrt.[38]

Dieses Ungleichgewicht könnte im Alltag das Kernproblem sein. Manche Frauen finden es einfach zu nervenaufreibend, gesellschaftliche Führungsrollen anzustreben, und können manchmal vielleicht nicht verstehen, was Männer an diesen Rollen so reizt. Liegt es daran, dass Frauen der Lohn der Männer – positive Reaktionen seitens Kollegen und Fachgenossen – vorenthalten wird, und seien sie fachlich noch so gut? Schließlich hätten selbst gleicher Lohn und gleicher Aufstieg einen bitteren Beigeschmack, wenn uns nie dieses großartige Gefühl zuteil würde, das die Anerkennung Gleichgestellter verschafft – diese warme Empfindung, gemocht und bewundert zu werden, ein geschätzter Teil des Teams zu sein. Erfolgreiche Männer mögen darauf zählen können, erfolgreiche Frauen nicht. Und welcher Mensch will schon einsam sein, selbst ganz oben an der Spitze?

Solche Studien belegen auch, dass sich die fortdauernde Macht von Stereotypen nicht durch bloße persönliche Willenskraft brechen lässt. Selbst wenn eine Frau darauf achtet, sich genauso zu verhalten wie ein Mann in ihrer Position, vermag sie den Erwartungen, die ihr eine andere Rolle zuweisen, vielleicht nicht genügend Widerstand entgegenzusetzen. Beispielsweise wirft man Frauen vor, sie seien selbst verantwortlich für ihre gegenüber den Männern geringere Entlohnung, weil sie nicht oft genug eine Gehaltserhöhung verlangten. In der Tat trifft es zu, dass Frauen nicht so nachdrücklich auf bessere Bezahlung dringen wie Männer. Die Wirtschaftsprofessorin Linda Babcock und die Autorin Sara Laschever untersuchten 2003 eine Gruppe Absolventen der Carnegie Mellon University in Pittsburgh und stellten fest, dass nur sieben Prozent der Absolventinnen über ihr Eingangsgehalt verhandelten, dagegen 57 Prozent der Männer. Wer verhandelte, erhielt durchschnittlich 7,4 Prozent mehr als das Anfangsangebot.[39] Doch dass Frauen nicht erfolgreicher sind, wenn es ums Gehalt geht, liegt nicht nur an ihnen selbst, sondern auch in den Erwartungen ihres Umfelds. In einer weiteren Studie führten Babcock und ihre Mitarbeiter aufschlussreiche Testreihen durch. Dabei sollten Probandengruppen anhand von Videobändern oder Interviewprotokollen Männer und Frauen beurteilen, die sich für eine fiktive Stelle bewarben und von denen die eine Hälfte über ihr Gehalt verhandelte, die andere nicht. Babcock stellte fest: »Die Männer zeigten stets weniger Bereitschaft, mit einer Frau zusammenzuarbeiten, die zu verhandeln versucht hatte, als mit einer Frau, die dies nicht getan hatte. Als Kollegen bevorzugten sie immer eine Frau, die Mama blieb.« Der mangelnde Verhandlungswille von Frauen beruht also im Grunde auf einer zutreffenden Einschätzung der Reaktionen ihres Umfeldes. »Es geht nicht darum, die Frau zu korrigieren«, meinte Babcock. »Es geht nicht darum, den Frauen zu sagen, ihr braucht Selbstbewusstsein oder Training. Sie reagieren auf Anreize im sozialen Umfeld.«[40] Die Forscherinnen stellten die These auf, dass der Fortbestand männlicher und weiblicher Stereotype Menschen zu der Annahme verleitet, finanzielle Mittel sollten asymmetrisch zugeteilt werden. Das bedeutet, dass Frauen unangemessen anspruchsvoll wirken können, wenn sie mehr Geld für sich herauszuschlagen versuchen. So geraten Frauen in einen Teufelskreis, in dem es ihnen nicht zu verhandeln gelingt, und sie fallen statusmäßig zurück.

Wenn wir uns ehrlich eingestehen, dass nicht ihre angeborenen Wünsche oder Fähigkeiten Frauen davon abhalten werden, nach Macht, Ansehen und Geld zu streben, sondern die Erwartungen der sie umgebenden Kultur, dann dürfte uns wieder einmal klar werden, dass wir unbedingt die sozialen und gesellschaftlichen Faktoren betrachten müssen, welche die Benachteiligung aufrechterhalten. Wir werden uns nie gegen die fortdauernden Einschränkungen unserer Freiheit wehren können, wenn wir uns einfach mit der Unterstellung abfinden, Frauen seien biologisch auf ein sehr eng begrenztes Stereotyp von Weiblichkeit programmiert.

Die Fürsorgerin

Das Streben nach Gleichstellung erfordert mehr, als das Leben von Frauen zu verändern, und der vielzitierte »Backlash«, die Gegenreaktion der Männer, hindert nicht allein die Frauen an dieser Veränderung. Der biologische Determinismus tischt nicht nur pauschale Thesen über die mangelnde Eignung von Frauen für anspruchsvolle Berufe auf, sondern auch großspurige Behauptungen über das mangelnde Einfühlungsvermögen von Männern. Dieses Stereotyp wird schon in sehr frühem Alter wirksam: Von kleinen Jungen erwartet man Aggressivität und Desinteresse an sozialer Interaktion. Im späteren Leben wirkt es dem Eintritt der Männer in die häusliche Welt entgegen, und es ist genauso gefährlich wie das Stereotyp der machtbesessenen Frau, denn es kann keinen Fortschritt hin zu mehr Gleichberechtigung geben, wenn nicht die Männer bereit sind, ihren Teil der Hausarbeit zu übernehmen. Die Bestrebungen einer Frau, in der Arbeitswelt eine größere Rolle zu spielen, können ganz schnell scheitern, wenn es niemanden gibt, der mit ihr gemeinsam ein erfülltes, befriedigendes häusliches Leben gestaltet. Und solange sich die Arbeitgeber darauf verlassen können, dass der durchschnittliche Mitarbeiter beliebig lange und viel arbeitet, während seine Frau ihm zu Hause den Rücken freihält, entsteht kein ausreichender Druck, die Arbeitswelt so zu verändern, dass dort nicht nur größere Gleichberechtigung, sondern auch größere Zufriedenheit herrscht. Viele Frauen haben in jüngerer Zeit ihre Ernüchterung darüber beschrieben, dass sie eben nicht »alles auf einmal haben« können – sowohl einen anspruchsvollen Beruf als auch ein gutes Familien- und Privatleben. Ich stimme zu, dass wir nicht sklavisch an der Vorstellung festhalten sollten, nur Lohnarbeit gebe dem Leben einen Sinn. Doch die Freuden des Familienlebens fallen nicht allein in die Verantwortung der Frauen, und es ist schon seltsam, wie sich unsere Kultur hinter der Vorstellung verschanzt, Männer würden in der Gestaltung dieser Freuden niemals eine Hauptrolle spielen können.

Das Stereotyp, wonach es Männern an Fürsorge- und Einfühlungsvermögen mangele, gehört zum Gedankengut einiger Anhänger biologischer Erklärungen für Geschlechtsunterschiede. Nach Ansicht mancher dieser Autoren ist der Autist – ein Mann mit einer Gehirnentwicklungsstörung, welche die Fähigkeit zur sozialen Interaktion und Kommunikation beeinträchtigt – nur ein übertriebenes Beispiel eines für viele Männer charakteristischen Musters. »Obwohl es sich eindeutig um extreme Männer handelt … verdeutlichen ihre Profile dennoch ein Muster, das nachweislich auch bei durchschnittlichen Männern auftritt.« [41] Diese Auffassung von Männlichkeit fordert uns auf, den Männern ihre schwache Vorstellung in Familienleben und Haushalt nachzusehen; es sei nicht so, dass sie die Früchte bezahlter Arbeit vorzögen, sie seien vielmehr eingeschränkt in den Alltagsfähigkeiten, die zur Schaffung einer befriedigenden häuslichem Umgebung erforderlich sind.

Es laufen durchaus Exemplare dieses stereotypen Mannes herum, dessen tollpatschiger Mangel an sozialen Fertigkeiten in krassem Gegensatz zum sicheren Auftreten und Geschick seiner Freundin steht. Er findet sich überall in unserer Kultur, von den geschlechtstypischen Brummbären der Selbsthilfebücher bis zu den ewig pubertierenden Knaben in Filmen wie *Beim ersten Mal* und *Trennung mit Hindernissen*. Und der Aufstieg dieses Stereotyps fördert eine fatalistische Einstellung zu dem Leistungsdefizit der Männer im Haushalt. Ein Rezensent von Louanne Brizendines Buch über das weibliche Gehirn schrieb in der *Daily Mail*: »Wir Kerle, die wir uns abstrampeln, dem Klischee der ›neuen Männer‹, die fürsorglich und einfühlsam sein können, zu entsprechen, sind anscheinend gezwungen, uns in einer Weise zu verhalten, für die wir einfach nicht geschaffen sind.«[42] Solche Kommentare mögen nicht immer ganz ernst gemeint sein, doch selbst dann noch bekräftigen sie oft ein träges Sichabfinden mit dem Status quo. Verstärkt wird das noch durch die Verbreitung fragwürdiger wissenschaftlicher Studien durch die Medien, wie wir im vorigen Kapitel sahen. So strich die BBC-Serie *Secrets of the Sexes* ein »Experiment« heraus, dem zufolge Männer schlechter auf die Bedürfnisse von Babys eingingen. Fünf Frauen wurden in einen Raum mit fünf Babys geführt und sollten deren Windeln wechseln. Dann sollten fünf Männer dieselbe Aufgabe erledigen. Da die Frauen die Kinder häufiger auf den Arm nahmen, zog der Hintergrundkommentar den Schluss: »Männern fällt es schwer, emotionalen Kontakt herzustellen.« Als doch ein Mann ein Baby hochnahm, erfuhren die Zuschauer, dies sei keine natürliche Reaktion: »Lloyd weiß, dass er nicht von Natur aus einfühlsam ist, deshalb gibt er sich mehr Mühe.«[43] Es wurde nicht geprüft, welche Erfahrung mit Kleinkindern die Männer und Frauen hatten oder ob sie sich genauso verhielten, wenn sie sich unbeobachtet glaubten.

Andere Studien jedoch sprechen sehr wohl dafür, dass Männer genauso auf Babys eingehen können wie Frauen, insbesondere wenn sie Gelegenheit erhalten, Zeit mit Kindern zu verbringen. Adrienne Burgess führte eine Studie zu Männern in der Elternrolle durch, veröffentlicht unter dem Titel *Vatermythen, Vaterbilder*. Dabei spielte sie Jungen und Mädchen Tonbänder mit Babygeschrei vor und zeichnete ihre Reaktionen auf. »Ihre sozialen Reaktionen – ob sie lächelten oder die Stirn runzelten – unterschieden sich, wobei die Mädchen insgesamt größere Besorgnis zeigten. Doch bei der Messung ihrer verborgenen Reaktionen – Pulsfrequenz, Blutdruck und so fort – ergaben sich keine Unterschiede. Beide Geschlechter reagierten mit demselben Maß an Unruhe.« Ähnlich können frischgebackene Väter, lässt man sie mit ihrem Baby allein, selbst mit verbundenen Augen ihr Kind genauso sicher, genauso schnell und genauso geschickt wie die Mütter an der Form seiner Hände erkennen.[44]

Die biologische Fähigkeit, Kinder zu gebären, wurde nur einem Geschlecht zuteil. Doch das bedeutet nicht unbedingt, dass es eine ähnlich ungleich verteilte biologische Begabung für Fürsorglichkeit gäbe. Der biologische Determinismus sieht die natürliche Bindung von Frauen an ihre Kinder häufig äußerst idealistisch. Aber seien wir doch einmal ehrlich: Zwar sind alle Frauen von Natur aus darauf eingerichtet, Kinder zu bekommen, doch nicht alle schlüpfen völlig reibungslos in die Rolle der Fürsorgerin. Frauen lernen, für ihre Kinder da zu sein, und für manche bedeutet dies einen regelrechten Kampf. Obwohl die Betroffenen das meist für sich behalten, machen sich doch zuweilen ihre Frustration und ihr Wunsch, den Partner in diesem Kampf an ihrer Seite statt woanders, in der Arbeit, zu wissen, hörbar Luft. 2008 tauschten sich Eltern auf der Website Mumsnet darüber aus, was sie empfanden, als ihre Partner wieder zur Arbeit gingen. »Ich erinnere mich noch ganz deutlich, dass ich in den ersten Tagen, wenn er das Haus verließ, einen unglaublichen Drang hatte, die Tür aufzureißen und ihm nachzulaufen und zu schreien ›BITTE LASS MICH NICHT MIT DEM BABY ALLEIN!‹.« »Ich hatte auch diese schreckliche Angst, wenn er zur Arbeit ging: ›Ich schaffe es einfach nicht, bitte geh nicht‹.« »Ich war so neidisch auf meinen Mann, wenn er fröhlich zur Arbeit abdampfte, während ich zu Hause mit einem an Koliken leidenden, spuckenden Baby festsaß, das immerzu schrie.« »Ich beobachtete sogar die Nachbarn, wie sie mit ihren Autos wegfuhren, und war neidisch auf sie, dass sie ihren alltäglichen Geschäften nachgehen konnten.« »Gegen fünf Uhr nachmittags hatte ich immer das Gefühl, kurz vorm Zusammenbrechen zu sein. Ich weiß noch, dass ich meinen Mann einmal auf seinem Heimweg im Bus (15 Minuten) mehrmals angerufen habe und wissen wollte, ›wo der Bus jetzt ist‹. Und sogar an die Haltestelle kam, damit ich meine Tochter abgeben konnte!«[45]

Feministinnen haben sich früher eingehend mit diesen Kämpfen und Frustrationen beschäftigt – nicht um die Betreuungsarbeit herabzusetzen, sondern um zu zeigen, dass das, was natürlich erscheint, in Wirklichkeit eine große Leistung bedeuten kann. Beispielsweise legte Naomi Wolf in *Misconceptions* offen, dass sich Frauen oft als ungeeignet für die Mutterrolle erleben, selbst wenn sie entschlossen sind, gute Mütter zu sein. In diesem Buch findet sich eine aufschlussreiche Szene, in der sich eine Freundin von ihr erinnert, wie sie mit ihrem Sohn Würfel sortierte, und zwar »wie es mir schien, für eine ziemlich lange Zeitspanne. Ed kam rein, sah die Szene und sagte: ›Oh, du bist ja richtig hingerissen.‹ Und ich erwiderte: ›Hast du den Verstand verloren? Ich langweile mich zu Tode.‹ Und er war sprachlos – er hatte ja keine Ahnung.«[46]

Diesen »Ed« erblickte ich immer wieder in den Männern, die aus einem bestimmten Verhalten von Frauen schließen, dieses Verhalten sei ganz und gar naturgemäß, ohne sich um mögliche andere ihm zugrundeliegende Wünsche oder Enttäuschungen zu scheren. Ich sprach einmal mit einem Chefredakteur einer landesweiten Zeitung darüber, warum es so wenige Chefredakteurinnen gebe und so viele sehr junge Frauen in untergeordneten Positionen. Dieser erfolgreiche, enorm selbstbewusste, gut bezahlte Mann, zufällig auch ein geschiedener Vater, der seine Kinder selten sah, erklärte mir, die meisten Frauen würden in den Dreißigern ihre Karriere nicht weiterverfolgen, weil sie eigentlich den Wunsch hätten, zu Hause bei ihren Kindern zu bleiben. »Das ist es, was sie wollen!«, lachte er. »Man sieht sie kommen, alle unverbraucht und begeistert, und dann erzählen sie dir zehn Jahre später, dass sie aussteigen, um sich um ihre Kinder zu kümmern. Aber das ist es, was sie wollen – man kann nichts dagegen machen. Das ist eben die Natur.« Ich habe im Lauf der Jahre mit Dutzenden eben dieser Frauen gesprochen, die mit großem Schwung und Engagement eine Karriere gestartet hatten und sie dann abbrachen, sobald sie eine Familie gegründet hatten. Was ich zu hören bekam, waren neben den Freuden ihres sich ändernden Lebens auch viel Frust und Wut – darüber, dass es unmöglich war, in ihrem angestammten Beruf eine Teilzeitstelle zu bekommen, und sehr schwierig, ihren Mann zu einer angemessenen Beteiligung an der Kinderbetreuung zu bewegen. Und der in Mode gekommene biologische Determinismus lässt eine Arbeitsteilung zwischen Männern und Frauen als natürlich erscheinen, die ansonsten kritisiert werden könnte.

Offen zuzugeben, dass Muttersein nicht unbedingt allen Frauen leichtfällt, bedeutet nicht, die Familienbande und das damit einhergehende Glück herabzusetzen. Das Heim ist Dreh- und Angelpunkt eines gelungenen Lebens. Doch das Beharren darauf, dass Frauen aufgrund ihrer natürlichen Gaben diese Zuflucht zu schaffen und zu schützen hätten, steht auf tönernen Füßen. Eine Mutter baut während Schwangerschaft und Geburt in der Tat eine besondere physische Beziehung zu ihrem Baby auf, doch der daraus erwachsende Unterschied für ihre Elternrolle lässt sich leicht übertreiben. Bei manchen Frauen sorgt vielmehr gerade die Erschöpfung nach Schwangerschaft und Entbindung dafür, dass ihnen die ersten Tage als Elternteil schwerer fallen als ihrem Partner. Bei manchen Frauen lösen eine Hormonstörung oder der Druck der Verantwortung eine Depression aus, die sich erst nach Monaten wieder gibt. Für viele Männer ist die Ankunft von Kindern in der Familie eine genauso große Freude wie für viele Frauen.

Dass Frauen immer noch im Großen und Ganzen die Hüterinnen des Herdes sind, liegt nicht nur an der Natur, sondern auch an der Kultur. Mädchen üben sich noch immer von klein auf in Hausarbeit – durch ihre Puppen und Puppenhäuser, ihre Puppenkinderwagen und Puppenherde. Frauen werden immer noch streng verurteilt, wenn sie kein kuscheliges Nest für ihre Familie bauen. Trotz der durchaus vorhandenen Männerbewegung hinein in Haushalt und Familie verstärkt sich zur Zeit die Tendenz, Hausarbeit als weiblich zu betrachten. Ich möchte keiner Frau vorwerfen, dass sie Zeit zu Hause verbringen, kochen, den Haushalt machen oder sich um ihre Kinder kümmern möchte. Ich weiß selbst, dass die Zeiten, in denen ich mich ausschließlich der Familie gewidmet habe, zu den glücklichsten meines Lebens zählen. Doch ich bin immer davon ausgegangen, dass dies auch für meinen Partner gilt, und es überrascht mich, dass wir in einem Großteil der Medien und in bestimmten sozialen Kreisen neuerdings die Renaissance der perfekten Hausfrau und Mutter beobachten, die fast wie in den 1950er Jahren im Alleingang einen häuslichen Hort des Friedens erschaffen möchte. Mit ihren Rüschenschürzen und ihrem selbstgebastelten Weihnachtsschmuck, ihren Portionskuchen und ihren einschläfernden Sonntagsmahlen beschwört diese idealisierte Mutter das Bild einer Welt herauf, in der die Frauen keine andere Wahl hatten, als sich in die Häuslichkeit zu stürzen. Manche jungen Frauen, die für dieses Bild schwärmen, behaupten ernsthaft, sie seien überzeugt, dass dieses altmodische Ideal auf eine neue Bewegung unter jüngeren Frauen hinausläuft. Jazz D. Holly, eine Frau Mitte 20, die dem Hausfrauenverband Women's Institute beigetreten ist und sich dem Backen kleiner Kuchen widmet, erklärte dem *Guardian*: »Für meine Generation, Mädchen in den Zwanzigern wie alle meine Freundinnen, ist es ein kultureller Umschwung, fast eine Bewegung: Viele Leute sind fasziniert von Retro-Gedankengut.«[47]

Diese Hingabe an eine fast kitschige Häuslichkeit geht einher mit einer neuen Glorifizierung des Bildes der perfekten Ehefrau, die es durch ihre körperliche Schönheit oder häusliche Perfektion oder im Idealfall beides dem mächtigen Mann an ihrer Seite ermöglicht, seinen Status zu festigen. Diese idealisierte Ehefrau taucht in allen sozialen Gruppen auf, von der blondierten Fußballerfrau, deren Hochglanzerotik für einen erfolgreichen Sportler genauso wichtig ist wie das neueste Sportwagenmodell, bis hin zur charmanten, lächelnden Politikergattin, die die Macht ihres Mannes stärkt, ohne unbefugt in sein Reich einzudringen. Während es in den 1990er Jahren First Ladys wie Hillary Clinton und Cherie Booth gab, die nie einen Hehl daraus machten, dass sie an der Seite ihres Mannes ihre eigene anspruchsvolle Karriere fortzusetzen trachteten, schwärmt das 21. Jahrhundert von so beruhigend konventionellen First Ladys wie Sarah Brown und Michelle Obama, die beschlossen haben, ihre Berufstätigkeit aufzugeben. Sie bezeichnen sich selbst als »Vor-allem-Mutter«, und man zollt ihnen Bewunderung nicht für ihren scharfen Verstand und ihre erfolgreiche Karriere, sondern für ihre muskulösen Arme und ihre schicken Kleider. Sie haben gelernt, nett zu lächeln, wenn ihr Mann sie als »gutaussehend« oder »atemberaubend« lobt. Vielleicht haben sie sich einmal darüber geärgert, in die Rolle des guten Hausgeistes schlüpfen zu müssen. Wir wissen aus Barack Obamas Memoiren, dass Michelle Obama einmal sogar fuchsteufelswild wurde. Nach der Geburt ihres zweiten Kindes, so schrieb er, »konnte meine Frau ihre Wut auf mich nur noch mühsam unterdrücken. ›Du denkst nur an dich‹, sagte sie. ›Ich wollte nie eine allein erziehende Mutter werden.‹«[48] Doch ihre Wut verflog, ihre Karriere wurde auf Eis gelegt, und das glänzende Auftreten seiner fügsamen Ehefrau unterstützte den mächtigen Mann in seinem Streben nach Macht.

Ich würde es keiner Frau vorwerfen, wenn sie beschließt, Zeit mit ihrer Familie zu verbringen. Doch der Umgang der Medien mit solchen Ehefrauen enthüllt, ja entlarvt geradezu, welche Erwartungen heutzutage an Frauen gestellt werden. Die Vorstellung von der Göttin des Hauses und der gutsituierten, attraktiven Mama kommt oft ironisch und spielerisch daher, nicht zuletzt bei ihren führenden Vertreterinnen – die britische Fernsehköchin Nigella Lawson beispielsweise nimmt sich oft auf die Schippe. Doch nichtsdestoweniger hat die Neuerschaffung dieses Ideals der hingebungsvollen Frau, die sich mit Nigellas eigenen Worten nicht »fühlen möchte wie eine postmoderne, postfeministische, überforderte Frau, sondern vielmehr wie eine Göttin des Hauses, die wohlig den Muskatduft eines bräunenden Auflaufs hinter sich herzieht«,[49] ein Leitbild hervorgebracht, das die ihm nacheifernden Frauen unter Umständen unter noch stärkeren Stress setzt. »Ich hätte nie gedacht«, bemerkte eine Mutter bei unserem regelmäßigen Schulbasar trocken zu mir, »dass ich mal so viele Akademikerinnen sehen würde, die sich mit Törtchenbacken Konkurrenzschlachten liefern. Ist das der neue Feminismus?« Ich blickte hinunter auf meine eigenen Werke, mit Zuckergussherzen verzierte Muffins, und begriff sofort, was sie meinte. Es ist, als machten wir Fetische aus den Attributen einer überkommenen Mutterschaft, um zu beweisen, dass wir im Grunde alle immer noch perfekte Mütter sind, gleichgültig wie weit wir es in der Welt jenseits des Heims gebracht haben.

Das Gedankengut des biologischen Determinismus passt sehr gut zu diesem Kult der neuen Ehefrau. Indem er uns weismacht, Fürsorge und Hausarbeit fielen Frauen von Natur aus leichter als Männern, verschleiert er zum einen, dass fürsorgliches Verhalten gelernt und Frauen von unserer Kultur darin bestärkt werden, und zum anderen, dass Männer dieses Verhalten unter geeigneten Umständen genauso lernen können und es auch tun. In den wenigen Fällen, in denen Männer die Betreuung ihrer Kinder übernehmen, spüren auch sie häufig genau wie Frauen, dass sich ihre Prioritäten und Fähigkeiten verändern. Der Journalist Raphael Behr berichtete nach seiner Rückkehr aus dem Elternurlaub: »Als ich wieder zur Arbeit ging, empfand ich zum ersten Mal Platzangst. Mein beruhigend verengter Horizont wurde mit Gewalt wieder erweitert. Es kam mir grotesk vor, dass erwartet wird, dass man nach ein paar herzhaften Klapsen auf den Rücken wieder im gewohnten Trott weitermacht. Ich saß in einer Besprechung und musste mich zwingen, Anteil daran zu nehmen. Ich lebe jetzt in der Angst, ich könnte irgendeinen winzigen Entwicklungsschritt meiner Tochter verpassen, ein neues Glucksen oder ein besonders großes Aa. Vatersein macht richtig süchtig.«[50] Vatersein macht süchtig, genau wie Muttersein; Umsorgen lernt man durch Umsorgen.

Wenn Männer sich stärker an der Hausarbeit beteiligen, glauben sie nicht etwa, etwas Unnatürliches zu tun, sondern sie werden meist zufriedener. Wie zwei Sozialpolitikforscher an der australischen University of New South Wales herausfanden, fühlten sich Väter wohler, wenn sie mehr Zeit zu Hause verbrachten. »Je öfter Väter angaben, sehr viel zur Kinderbetreuung beizutragen, desto *mehr* Zufriedenheit mit der Vereinbarkeit von Familie und Beruf äußerten sie. Das hing nicht vom Alter des Kindes ab … Dies spricht dafür, dass es eine begrüßenswerte politische Reform sein könnte, Männern durch leichteren Zugang zu (beispielsweise) Teilzeitarbeit mehr Gelegenheit zum Zusammensein mit ihren Kindern zu geben.«[51] Eine andere Studie ergab, dass die Beteiligung von Männern an der Säuglingspflege positiv mit ihrer familiären Zufriedenheit und der Anpassung an die Vaterschaft korrelierte und dass, »wenn Männer sich fast genauso viel um die Kinder kümmern wie ihre Frau, ihr psychisches Wohlbefinden deutlich zunimmt.«[52]

Dass Männer ein echtes, wahres Glück in der Familienarbeit finden können, bedeutet auch, dass Männer trotz des mancherorts in unserer Kultur sichtbaren Backlashs allmählich doch stärker in die Hausarbeit einsteigen. Seit den 1970er Jahren hat sich die Zeit, die Männer mit Kleinkindern verbringen, verachtfacht, und in einer neueren Umfrage gaben sieben von zehn Vätern an, sie würden sich gern länger mit ihren Kindern beschäftigen.[53] Wir können diesen Wandel überall um uns herum wahrnehmen: Immer mehr Männer stehen nach dem Unterricht vor dem Schultor, und immer mehr Männer bemühen sich um flexible Arbeitszeiten. Männer machen diese Veränderungen oft trotz kultureller und beruflicher Widerstände, trotz Statusverlust und verringerter Bezahlung: Beispielsweise lehnen Arbeitgeber Anfragen nach Arbeitszeitflexibilisierung von Männern häufiger ab als von Frauen.[54] Einer Analyse der britischen Equal Opportunities Commission (Kommission für Chancengleichheit) zufolge würde einer von fünf erwerbstätigen Männern gern seine Arbeitszeiten ändern, um mehr Zeit mit seinen Kindern zu verbringen, sah sich jedoch durch Schwierigkeiten am Arbeitsplatz daran gehindert.[55]

Doch welche Veränderungen sich im Leben von Männern auch vollzogen haben mögen, all das macht noch längst keine Revolution aus. Immer noch stellen Männer die Mehrheit der Erwerbstätigen und leisten Frauen den Großteil der unbezahlten Arbeit. Ein nötiger erster Schritt zur Überwindung dieser Benachteiligung wäre Gleichberechtigung bei der Kinderbetreuung.

Immer noch herrscht vielerorts die Ansicht, Frauen sollten in der Rolle der Hausfrau und Mutter aufgehen, Männer ihre Kraft in Erwerbsarbeit stecken. Werden Argumente dagegen vorgebracht, erfolgt häufig ein Rückgriff auf eben die Rhetorik der individuellen Entscheidungsfreiheit, mit der auch die hypersexualisierte Kultur gerechtfertigt wird. Auf jede Kritik an weiterbestehender Benachteiligung grummeln die Traditionalisten: »Ich dachte, dem Feminismus geht es um Entscheidungsfreiheit.« Dem Feminismus geht es um Entscheidungsfreiheit, aber im Augenblick hört man das Argument der Entscheidungsfreiheit fast immer im Zusammenhang mit denjenigen Frauen und Männern, die sich entschlossen haben, althergebrachten Verhaltensmustern zu folgen. »Wenn man *die Wahl* hat, zu Hause bei dem neugeborenen Kindlein zu bleiben oder sich zur Arbeit zu trollen, kommt der moderne britische Vater zu derselben Entscheidung wie seine Ahnen seit den Tagen der Höhlenmenschen [Hervh. d. A.]«, äußert ein Kommentator in der *Daily Mail.*[56] »Als Mutter dreier Kinder habe ich mich *entschieden*, zu Hause zu bleiben, statt eine gut bezahlte Arbeit zu behalten [Hervh. d. A.]«, schreibt eine Kommentatorin in derselben Zeitung.[57]

Wenn uns solche reflexartigen Verweise auf Entscheidungsfreiheit begegnen, müssen wir bedenken, aus welchen Lebensumständen heraus diese Entscheidungen getroffen werden. Angesichts unserer ungerechten Gesellschaft ist die Annahme verfrüht, die heutzutage getroffenen Entscheidungen seien frei. Zwar kann man das Ungleichgewicht zwischen Familienarbeit und Erwerbsarbeit auf freie Entscheidungen zurückführen, doch die Betroffenen werden bei diesen Entscheidungen von gesellschaftlichen Erwartungen und Beziehungen beeinflusst. In vielerlei Hinsicht entwickeln sich Frauen und Männer nicht in derselben Situation zu und als Eltern. Würde von Männern erwartet, dass sie nach der Geburt jedes Kindes mindestens sechs Monate zu Hause bleiben, würde es missbilligt, wenn sie voll arbeiten, bevor das Kind zwölf Jahre alt ist, würden andere Väter auf sie herabsehen, wenn sie keine Kuchen zum Schulbasar beisteuern, könnten sie nie eine Zeitung aufschlagen, ohne zu lesen, dass die Entscheidung, berufstätiger Vater zu sein, fragwürdig ist, müssten sie um jede Stunde ohne ihr Neugeborenes im Schlepptau kämpfen und verhandeln, wäre ihre Partnerin nicht bereit, alles auszugleichen – mit anderen Worten, müssten sie in derselben Welt leben wie Frauen, fielen ihre Entscheidungen möglicherweise anders aus.

Frauen und Männer widmen sich auch ihrem Berufsleben nicht unter ähnlichen Umständen. Könnten sich Frauen darauf verlassen, dass ihr Partner für eine sichere Zuflucht weitab vom Arbeitsplatz sorgt, wüssten sie, dass ihren Kindern während ihrer Abwesenheit ein fürsorglicher und liebevoller Elternteil zur Verfügung steht, würden ihre Ansichten und Standpunkte genauso ernst genommen wie die ihrer Kollegen, dann fielen auch ihre Entscheidungen möglicherweise ganz anders aus. Doch derzeit führen weit über das Individuum hinausgreifende Systeme und Stereotype so ungleiche Ausgangssituationen herbei, dass Männer und Frauen ihre Entscheidungen immer noch nicht in derselben Welt treffen. Wenn wir uns auf das versteifen, was an diesen Entscheidungen »natürlich« erscheint, bringt es uns davon ab, diese sozialen Zwänge zu analysieren und etwas gegen sie zu unternehmen. Unsere Kultur ist in eine Epoche eingetreten, in der eine übertriebene Weiblichkeit unkritisch hingenommen wird, in der schon in den ersten Lebenstagen von Mädchen eine Mädchenhaftigkeit der rosa Rüschen als ganz und gar naturgemäß statt als zumindest teilweise sozial konstruiert gilt und in der erwachsenen Frauen oft ganz andere Begabungen und Fähigkeiten zugeschrieben werden als den Männern in ihrem Umfeld.

Autoren, die biologische Erklärungen für Geschlechtsunterschiede heranführen, karikieren ihre Kritiker häufig als Sozialpädagogen, die es gerne sähen, wenn alle Menschen einer langweiligen, gleichförmigen Androgynität entsprächen. Das ist Blödsinn. Wenn man diese Kultur, die Frauen nach wie vor die Fesseln femininer Stereotype anlegt, in Frage stellen will, braucht man die Freuden des Frauseins nicht zu verleugnen, braucht man sich nicht auf eine Feminismuskarikatur der langweiligen Kleidung, unerotischen Beschäftigungen und drögen politischen Korrektheit zurückzuziehen. Es steht allen Frauen frei, die positiven Aspekte unserer Weiblichkeit auszukosten, ob das nun körperliche oder emotionale Freuden sind. Doch wir müssen viel wachsamer und viel solidarischer sein, um sicherzustellen, dass diese Freuden für uns nicht zur Falle werden. Wir müssen dafür sorgen, dass wir Weiblichkeit nicht als unsere einzige Stärke und einzig als unsere Stärke begreifen. Es gibt traditionell als weiblich geltende Fähigkeiten, von Haushaltsführung bis Einfühlungsvermögen, die sich auch Männer zu eigen machen sollten. Wenn wir uns vom biologischen Determinismus lösen, betreten wir eine Welt, in der mehr, nicht weniger Freiheit herrscht, denn dann könnten solche traditionell »männlichen« und »weiblichen« Verhaltensweisen für jeden einzelnen Menschen wirklich zu einer Sache der freien Entscheidung werden.

10. Kapitel
Wandel

Unsere Gesellschaft ist kein starres Gebilde: Trotz aller Anzeichen eines Backlashs ist das in der Vergangenheit gewonnene Terrain nicht verlorengegangen. Die westliche Frauenbewegung hat bereits die größte friedliche Revolution in Gang gesetzt, die die Welt je gesehen hat; sie hat politische Vertretung für Frauen, das Recht auf gleiche Bildungs- und Beschäftigungsschancen und das Recht auf Verhütung und Familienplanung durchgesetzt. Frauen verwirklichen noch immer auf den unterschiedlichsten Gebieten ihre Träume und Ideen, ob sie Kunst oder Literatur schaffen, geschäftlich oder politisch erfolgreich sind oder intime Beziehungen nach ihren emotionalen und sexuellen Wünschen eingehen.

Das bedeutet, dass erfolgreiche Frauen in vielen Bereichen so optimistisch sind wie eh und je. Beispielsweise diskutierte ich die aktuelle Lage mit Harriet Harman, kurz bevor sie stellvertretende Labour-Vorsitzende wurde. »Junge Frauen haben heute gute Rollenmodelle, sie machen rasch Fortschritte«, urteilte sie. »Wieso glauben Sie, dass die Lage für sie schlecht ist?« Ich unterhielt mich mit Anne McElvoy, der stellvertretenden Herausgeberin des *London Evening Standard*, bei einer Party zu Ehren der Nobelpreisträgerin Doris Lessing. »Sie sind pessimistisch?«, fragte sie ungläubig und ließ ihre Blicke über einen Raum voller Schriftstellerinnen und Herausgeberinnen schweifen. »Bei all diesen Frauen in einflussreichen Positionen?«

Angesichts der durch den Feminismus bereits erreichten Veränderungen in unserer Gesellschaft und angesichts der von vielen einzelnen Frauen bereits erzielten Erfolge überrascht es nicht, wenn wir selbst in der Konfrontation mit dem ganz realen, wiedererstarkten Sexismus zur Selbstgefälligkeit neigen. Es mag Sie zwar irritieren, wenn in einem Innenstadtgeschäft Bügeleisen der Marke »Mami und ich« verkauft werden, oder Sie ärgern sich vielleicht über die Eröffnung eines Lapdance-Clubs mitten im Zentrum Ihres Wohnorts, doch Sie finden es vielleicht trotzdem ein wenig übertrieben, sich zu beschweren. Sie mögen die Witze der spätabendlichen Comedy-Show als demütigend für die Teilnehmerinnen empfinden, fragen sich aber andererseits, ob Sie nicht überempfindlich sind. Selbst wenn Sie von einem schlimmen sexistischen Vorfall hören oder ihn selbst erleben, denken Sie vielleicht, es könnte sich lediglich um einen unglücklichen Einzelfall handeln.

Doch wir dürfen uns nicht von dem Gedanken einlullen lassen, solche Ereignisse seien nur Nebenwirkungen unserer Freiheiten und Entscheidungen. Es ist an der Zeit, die Augen zu öffnen und klar zu erkennen, dass das Wiederaufleben eines derartigen Sexismus junge Frauen in ihren Wahlmöglichkeiten einschränkt. Wenn wir eine Zukunft gestalten wollen, in der Frauen wirklich um ihres ganzen menschlichen Potentials willen gewürdigt werden, ist es an der Zeit, dass mehr Menschen ihre Selbstzufriedenheit abschütteln. Meines Erachtens beginnt dieser Prozess bereits; beim Schreiben dieses Buches ist mir bewusst geworden, dass heute mehr Menschen ihren Zorn zum Ausdruck bringen und entsprechend handeln. Viele der Frauen, die ich für dieses Buch interviewte, schätzten die Chancen für Kritik schlecht ein, andere Frauen jedoch fangen gerade an, das Wiedererstarken überkommener Stereotype zu hinterfragen. Diese Menschen beobachten die gegenwärtige Situation ganz genau und versuchen zu handeln, statt sich mundtot machen zu lassen.

Im Anschluss greife ich zehn Initiativen aus der Fülle der in den vergangenen zehn Jahren entstandenen heraus. Sie alle wollen aufrütteln. Manche sind klein, manche groß. Manche zielen auf ein einziges Problem, etwa mehr Unterstützung für Opfer von Vergewaltigung oder sexuellem Terror, andere bemühen sich darum, die Erforschung der Folgen von lebenslanger Benachteiligung für Frauen wiederzubeleben. Manche suchen auf politische Entscheidungen einzuwirken und gesetzliche oder finanzielle Veränderungen herbeizuführen, andere trachten danach, die Einstellungen der Öffentlichkeit zu verändern. Natürlich hätte ich noch viel, viel mehr als diese zehn Initiativen auswählen können, doch jede von ihnen hat das Potential, sogar dort Wesentliches zu bewirken, wo viele Menschen jede Hoffnung auf Veränderungen verloren haben.

- 2003 wollte eine Gruppe von Frauen etwas dagegen unternehmen, dass Frauen zu Sexualobjekten gemacht werden, und gründete die Organisation OBJECT. Vor kurzem schloss sich diese mit der seit langem bestehenden feministischen Organisation Fawcett Society zusammen, um für Veränderungen des Zulassungsverfahrens für Lapdance-Clubs zu kämpfen. Zwar sind noch nicht alle ihre Ziele erreicht, doch 2009 gelang es dieser Kampagne, die Regierung zu Gesetzesentwürfen zu bewegen, welche die Eröffnung neuer Lapdance-Clubs erschweren sollen.
- 2007 dachten sich einige Frauen eine direkte Aktion gegen Männermagazine und Werbung von Kliniken für Schönheitsoperationen aus: die »Verzierung« mit Aufklebern. Plötzlich

klebten auf zahlreichen Anzeigen und Heften witzige Sticker mit Parolen wie: »Du bist normal, das hier nicht« und »Aufgeblasene Möpse – viel aufregender als gleicher Lohn für gleiche Arbeit«. Aus dieser Aufkleberaktion ging die Facebook-Gruppe »Etwas heftig, aber wen juckt's« hervor. Massenmedien von der *Daily Mail* bis zur Radiosendung *Woman's Hour* berichteten über die Aktionen der Gruppe.

- 2004 beschlossen einige Frauen, die »Frauen holen sich die Nacht zurück«-Demos, eine Aktionsidee aus der zweiten Welle der Frauenbewegung, wiederzubeleben. Seither erleben diese Aktionen einen enormen Aufschwung; es gibt jährliche Demos in London und anderen Städten einschließlich Edinburgh und Cardiff. Finn Mackay, eine der Organisatorinnen, erklärte mir: »Ich glaube, dass die Frauenbewegung eindeutig wieder im Aufstieg begriffen ist. Junge Frauen kommen aus der Friedens- und Globalisierungsgegnerbewegung und fragen, wo ist unsere Bewegung? Wohin sollen wir mit unserer Wut über den Umgang mit Frauen?« 2005 wurde eine Teilnehmerin namens Beatriz mit den Worten zitiert: »Auf unserem Marsch kamen wir an einem Spearmint-Rhino-Nachtclub vorbei, einem Ort, an dem Frauen sich angeblich emanzipiert fühlen können. Ich dachte bei mir, nein, das da ist keine Emanzipation, dies hier ist Emanzipation, und ich konnte es wirklich spüren. Als ich aufhörte, Parolen zu skandieren und die Frauen hinter mir ›Frauen, vereinigt euch, holt euch die Nacht zurück‹ rufen hörte, dachte ich, ja, das ist Emanzipation.«
- 2001 stellte Catherine Redfern die Website F-Word ins Netz. Sie bietet Frauen ein Diskussionsforum über alle Aspekte des Feminismus, von ungleichem Lohn bis zu geschlechterstereotyper Anpassung von Kindern. Jess McCabe, die die Seite heute betreut, sagte zu mir: »Bei F-Word bekommen

wir Mitteilungen von Frauen wie ›Ich kann kaum glauben, dass ich euch gefunden habe, ich fühlte mich völlig isoliert, doch endlich habe ich entdeckt, dass ich nicht allein bin.‹ Es ist großartig zu wissen, dass man mit Menschen in Kontakt treten kann, die noch nicht in der Frauenbewegung aktiv sind.«

- 2006 gründete ich eine Organisation namens Women for Refugee Women (Frauen für Flüchtlingsfrauen). Sie setzt sich für die Rechte von Frauen ein, die Verfolgung ausgesetzt waren. Viele Journalistinnen, Schauspielerinnen, Anwältinnen, Politikerinnen und Aktivistinnen interessieren sich sehr für die Erfahrungen von Migrantinnen in Großbritannien und möchten diese Frauen praktisch unterstützen. »Wenn Frauenförderung etwas bedeutet, dann muss sie auch diese nahezu machtlosen Frauen einschließen«, bestätigte mir eine Journalistin auf einer unserer Veranstaltungen.
- 2008 gründete eine Gruppe von Frauen den ersten britischen Frauenfonds Rosa. Er hat sich zum Ziel gesetzt, mehr Geld für Frauenorganisationen lockerzumachen und öffentlich auf den weiter bestehenden Bedarf des Frauensektors hinzuweisen. Maggie Baxter, die Gründungsvorsitzende von Rosa, erklärte dazu: »In unserer Gesellschaft herrscht im Moment ein ausgeprägter Eigennutz, eine Einstellung wie: ›Hauptsache, mir geht es gut, dann kann ich über alle hinwegsehen, denen es nicht so geht‹. Aber ich meine, wenn man Menschen den Gedanken nahebringt, dass sie Teil einer Bewegung für eine bessere Gesellschaft sein können, finden sie das reizvoll.«
- 2002 rief Rachel Millward, veranlasst durch eine Statistik, wonach nur sieben Prozent aller Regieführenden weiblich sind, ein neues Filmfestival ins Leben, das Birds Eye View Film Festival. Es hat sich seither von einer kleinen Tournee-

veranstaltung zu einem internationalen Frauenfilmfestival entwickelt. 2006 gründete sie den First Weekenders Club, um den Filmen von Regisseurinnen an dem so entscheidenden ersten Spielwochenende ein größeres Publikum zu verschaffen. Die Regisseurin Gurinder Chadha sagte über die Initiative, sie »erinnert das Publikum an seine Macht, an der Kasse etwas zu bewirken«.

- 2004 startete die Organisation Womankind Worldwide, die üblicherweise mit Frauen in Entwicklungsländern arbeitet, ein Programm gegen sexuelles Mobbing an britischen Schulen. Sie bot in etlichen Schulen Workshops an und beriet Hunderte andere. Ihre Arbeit trug dazu bei, Problembewusstsein zu schaffen, und 2009 beauftragte der britische Erziehungsminister Ed Balls die Anti-Bullying Alliance, Leitlinien für Lehrer gegen sexuellen Terror an Schulen auszuarbeiten.
- 2008 riefen die britischen Frauennotrufe für Vergewaltigungsopfer und das Frauennetzwerk Women's Resource Centre eine Kampagne ins Leben, um auf die mangelhafte Finanzierung dieser Hilfsstellen in ganz Großbritannien aufmerksam zu machen. Sie wandten sich mit einem Brief an Gordon Brown, um sein Augenmerk auf das Problem zu lenken. Unterschrieben war der Brief von zahlreichen Frauen, von der Herausgeberin der *Cosmopolitan* bis zur Vorsitzenden der Women's Institutes.
- 2008 beschlossen die Schwestern Emma und Abi Moore, etwas gegen den Rosakult zu unternehmen, der in ihren Augen die Freiheit ihrer Kinder einschränkt. Sie riefen die Online-Kampagne »Pink Stinks« ins Leben, die Problembewusstsein schaffen und Widerspruch bündeln soll. In der Abteilung »name and shame« ihrer Webseite lenken sie die Aufmerksamkeit auf Produkte wie den rosa Globus für Mädchen der

Spielzeugladenkette Early Learning Centre oder ein neues, ganz in Rosa gehaltenes Monopolyspiel für Mädchen. »Wir wollen Bewusstsein dafür schaffen, dass Mädchen durch den ganzen Rosa-Rummel massiv eingeschränkt werden«, erklärte mir Emma Moore. »Wir sind keine Spielverderberinnen, aber wir finden, dass es diese Monokultur nicht geben muss, die den Mädchen eintrichtert, es gebe nur eine akzeptable Lebensweise für sie und die bestehe nur in Glitzer und Make-up und Prinzessinnen.«

Wenn Sie Ihre Kraft in den Dienst einer dieser Initiativen stellen oder sich erst einmal weiter informieren möchten, blättern Sie vor zu Seite 329. Dort finden Sie die Adressen dieser Organisationen.

Abgesehen von diesen Engagements gibt es aber auch viele Frauen, die nicht unbedingt bewusste Aktivistinnen sind, die aber auf dem ihnen als Menschen gebührenden Respekt bestehen und ihr öffentliches und privates Leben führen möchten, ohne vom Sexismus ihres Umfelds in ein Schema gepresst zu werden. Wenn diese Frauen Entscheidungen treffen – ob es darum geht, welche Zeitschriften oder Bücher sie lesen, welche Spielsachen sie für ihre Kinder kaufen oder gegen welche Verhaltensweisen am Arbeitsplatz sie sich zur Wehr setzen –, dann verändern auch sie den Status quo.

Doch wie viele Frauen mir bei meinen Recherchen für dieses Buch versicherten, mag zwar der Widerstand – ob geplant oder ungeplant, politisch oder künstlerisch, privat oder öffentlich – kraftvoll sein und noch an Stärke gewinnen, doch er reicht noch nicht weit genug in die Mitte der Gesellschaft hinein. Viele junge Frauen finden mit ihrer Unzufriedenheit keinen Widerhall und fühlen sich mit dem Gefühl, dass die Kultur sie als Menschen nicht voll und ganz würdigt, alleingelassen. Doch wie mir scheint, stehen wir an einem Scheideweg. Wir beobachten derzeit ein Anschwellen des Unmuts und der Solidarität, und das könnte, sofern sich genügend Menschen beteiligen, zu echtem kulturellen und politischen Wandel führen.

Wenn wir eines aus der Vergangenheit lernen können, dann dass gesellschaftliche Veränderungen immer möglich und sogar unausweichlich sind, wenn eine Idee hinreichend viele Menschen erfasst. Trotz aller Rückschläge der letzten Jahre gibt es keinen Grund, die Hoffnung oder den Glauben aufzugeben, dass eines Tages aus ersehnter Zukunft gelebte Gegenwart wird. Es gibt keinen Grund zu der Annahme, wir müssten bei null anfangen; die feministische Basis in unserer Gesellschaft ist stark. Wir können uns dankbar früherer Erfolge der Frauenbewegung bewusst sein, auf ihnen aufbauen und auf eine bessere Zukunft hinarbeiten. Denn der Traum, den die Feministinnen vor über 200 Jahren in Worte fassten, treibt uns immer noch voran – der Traum, dass eines Tages Frauen und Männer im Einklang miteinander arbeiten und lieben können, in Freiheit, ohne die Fesseln einschränkender Traditionen. Dieser Traum sagt uns, dass Frauen sich nicht nach dem Bilde einer rosigen, lächelnden Puppe mit Plastikcharme formen müssen, sondern danach streben können, sich als Menschen voll zu entfalten.

Anmerkungen

Puppen

1 MTV-Nachrichten, 19. Oktober 2006, abgerufen am 10. Oktober 2008 von: http://www.mtv.com/news/articles/1543510/20061019/duff_hilary.jhtml

2 Der enorme Erfolg von Bratz lässt sich daran ablesen, dass 2004 ihr Anteil an den in Großbritannien verkauften Modepuppen 45 Prozent betrug; das war »der größte Marktanteil einer Einzelmarke.« Graham Hiscott: »Bratz the new queen of the fashion-doll world.« *Independent*, 10. September 2004.

3 Abgerufen am 16. November 2008 von: http://www.henheaven.co.uk/poledancing-hen-weekends/

4 Josephine Moulds: »Lap dancing, the daily grind.« *The Times*, 19. Juni 2008.

5 Viv Hardwick: »More cow than call-girl.« *Northern Echo*, 11. September 2008.

6 Kate Taylor: »Today's ultimate feminists are the chicks in crop tops.« *Guardian*, 23. März 2006.

7 Naomi Wolf: *Fire With Fire.* London (Chatto & Windus) 1993, S. 6 (deutsch: *Die Stärke der Frauen.* München [Droemer Knaur] 1993).

8 Natasha Walter: »Whoever wins, the suits will lose their majority.« *Observer*, 27. April 1997.

9 George Lucas: »Go on Tony, take paternity leave.« *New Statesman*, 13. März 2000.

10 Debatte des Schottischen Parlaments, 5. März 2009, http://www.theyworkforyou.com/sp/?id=2009–03–05.15588.0

11 Brendan Burchell, Colette Fagan, Catherine O'Brien und Mark Smith: *Working Conditions in the European Union: The Gender Perspective.* (Luxembourg: Office for Official Publications of the Euro-

pean Communities, 2007); abgerufen am 24. Januar 2009 von: http://www.eurofound.europa.eu/pubdocs/2007/108/en/1/ef07108en.pdf; Zahlen für Großbritannien diskutiert in: Sarah Womack: »Career women work longer hours than men.« *Daily Telegraph*, 2. Dezember 2007.

12 Gehaltsstatistik aus der Datenanalyse der Equalities and Human Rights Commission aus dem *Annual Survey of Hours and Earnings* 2008 and *Labour Market Statistics Bulletin* (Office of National Statistics, 2008), auf der Grundlage der Durchschnittsverdienste pro Stunde, abgerufen am 1. September 2009 von: http://www.equalityhumanrights.com

13 Von 2007 bis 2008 erweiterte sich die Kluft um 0,1 Prozent. Auf der Grundlage von Durchschnittsverdiensten, aus der *Annual Survey of Hours and Earnings* (Office of National Statistics, 2008), abgerufen am 26. Mai 2009 von: http://www.statistics.gov.uk/cci/nugget.asp?id=167. 2007 erweiterte sich auch zum ersten Mal seit über zehn Jahren der Gehaltsunterschied zwischen Frauen und Männern in gehobenen Akademikerpositionen. Siehe *National Management Salary Survey* (Chartered Management Institute, September 2007). »In Zahlen ausgedrückt, verdienten Managerinnen im vergangenen Jahr durchschnittlich 43 571 Pfund – 6076 Pfund weniger als ihre männlichen Pendants mit 49 647 Pfund. Der Unterschied (12,2 Prozent) vergrößerte sich gegenüber 11,8 Prozent im letzten Jahr. Auf der Führungsebene beträgt die Lücke 49 233 Pfund oder 23 Prozent gegenüber 20 Prozent im vergangenen Jahr.« Pressemitteilung abgerufen am 24. Januar 2009 von: http://www.managers.org.uk/listing_media_1.aspx?id=10:347&id=10:138&id=10:11&doc=10:3364

14 Jill Treanor: »Women quit before hitting glass ceiling.« *Guardian*, 8. März 2007.

15 Anya C. Hurlbert und Yazhu Ling: »Biological components of sex differences in colour preference.« *Current Biology*, 17, 16 (2007), S. 519–623.

16 Steve Connor: »Boys like blue, girls like pink, it's in our genes.« *Independent*, 21. August 2007.

17 Martin Wainwright: »Pink for a girl and blue for a boy – and it's all down to evolution.« *Guardian*, 21. August 2007.

18 Website der Girls' Schools Association, Antworten auf »Frequently asked questions«, abgerufen am 13. Oktober 2008 von: http://www.gsa.uk.com/default.aspx?id=135

19 Zitiert in: Melissa Fletcher Stoeltje: »Little girls carried away on a pink wave of princess products.« *San Antonio Express*, 3. Oktober 2007.

20 Simon Baron-Cohen: *Vom ersten Tag an anders.* München (Heyne) 2006, S. 36 (Erstausgabe Düsseldorf [Walter] 2004).

21 ders., a.a.O., S. 250 f.

1. Kapitel: Jung und süß

1 Die Verkaufszahlen von *Zoo* sackten von 2007 bis 2008 um 13,6 Prozent ab, die von *Nuts* um 9,8 Prozent. Zahlen vom Audit Bureau of Circulation (ABC), zitiert in: Owen Gibson: »Lads' mags cocktail of booze, birds and banter loses its fizz.« *Guardian*, 15. August 2008.

2 Die Zugriffe auf die Website von *Nuts* stiegen 2008 steil an, mit mehr als einer Million einmaligen Usern im Juni 2008; das entspricht einem jährlichen Anstieg von 121 Prozent. Zahlen aus IPC-Pressemitteilung, abgerufen am 26. Mai 2009 von: http://www.ipcmedia.com/press/article.php?id=270943

3 Befragung von Lab, 6. Juni 2005, abgerufen am 10. Oktober 2008 von: http://www.manchestereveningnews.co.uk/news/s/161/161338_naked_ambition_rubs_off_on_teen_girls.htm

4 *Martlet*, Newsletter des Pembroke College Cambridge, 9, September 2005.

5 Telegraph reporter: »Cambridge University magazine prints topless page three picture of student.« *Daily Telegraph*, 20. November 2008.

6 Zitiert in: Janice Turner: »Is the misogyny of lads' mags good clean fun?« *Guardian*, 22. Oktober 2005.

7 Ariel Levy: *Female Chauvinist Pigs: Women and the Rise of Raunch Culture.* London (Simon & Schuster) 2006.

2. Kapitel: Stripperinnen und Prostituierte

1 Lapdance ist eine spezielle Variante des Tabledance, bei der der Tänzer zwischen den Beinen des sitzenden Gastes tanzt oder sich auf seinen Schoß (engl. lap = der Schoß) setzt, um sich zur Musik zu bewegen.

2 Schätzung von OBJECT und Information der Fawcett Society über Lapdance, abgerufen am 1. September 2009 von: www.object.org.uk

3 Abgerufen am 29. Juni 2009 von: http://www.thestagcompany.com/lapdancing-stag-weekends/

4 Abgerufen am 15. Oktober 2008 von: http://www.clubmuse.co.uk/club-muse.htm

5 Gordon Stuart: »Spice Girls learn to pole dance.« *Sun*, 24. Oktober 2007.

6 Ders.: »Sugas are sweet on pole-dancing.« *Sun*, 3. April 2008.

7 Louise Gannon: »Emilia Fox on the noble art of pole-dancing and how she learned to undress for her husband.« *Daily Mail*, 12. April 2008.

8 Magazin *Stranger*, August 2006, abgerufen am 1. Juni 2009 von: http://www.stranger-mag.com/features/life/the-importance-of-beingimmodest.html

9 Kelly DiNardo: »Burlesque comeback tries to dance with feminism.« Womens ENews, 12. Juli 2004, abgerufen am 1. Juni 2009 von: http://www.womensenews.org/article.cfm/dyn/aid/2099

10 »Take a peep at Mel B.« *Sun*, 3. April 2009.

11 Siehe beispielsweise Conrad Astley: »Lap dance girls pay for naked ambition.« *Manchester Evening News*, 13. Juni 2003; Lee Sykes: »Lap dancing club has fallen foul of the law.« *Oldham Advertiser*, 22. März 2006; »Call for curbs on lapdancing clubs.« BBC News 17. August 2004, http://news.bbc.co.uk/1/hi/scotland/3 572 112.stm; Julie Bindel: *Profitable exploits: lap dancing in the UK*, August 2004 (Child and Woman Abuse Studies Unit, London Metropolitan University, 2004), abgerufen am 1. Juni 2009 von: http://www.rapecrisisscotland.org.uk/documents/profitable%20exploits.pdf

12 Lilith-Bericht über Lapdance und Striptease in der Londoner Stadtgemeinde Camden (2003), S. 10, abgerufen am 15. Oktober 2008 von: http://www.eaves4women.co.uk/Lilith_Project/Documents/Reports/Lilith_report_lap_dancing_striptease_camden.pdf

13 Catherine Bennett: »Why can't we stop the spread of degrading adverts for sex?« *Observer*, 1. Juni 2008.

14 Belle de Jour: *Die intimen Aufzeichnungen eines Londoner Callgirls.* München (Goldmann) 2006; Miss S: *Confessions of a Working Girl.* London (Penguin) 2007; Tracy Quan: *Nancy Chan.* München (Droemer Knaur) 2003. Sonia Rossi, Fucking Berlin: Studentin und Teilzeithure (Ullstein) 2008.

15 Emile Zola: *Nana* (1880). Berlin (Rütten und Loening), 1994, S. 466.

16 Charles Dickens: *Oliver Twist* (1839). Frankfurt am Main (Insel) 1976, S. 434.

17 Miss S: a.a.O., S. 89.

18 In Deutschland ist die Serie beim PayTV Sender RTL Passion zu sehen – mit dem Untertitel »Geständnisse einer Edelhure« – sowie online bei der Videocommunity MyVideo, dort allerdings im englischen Originalton mit Untertiteln.

19 Russell Brand: *My Booky Wook.* London (Hodder & Stoughton) 2007, S. 126–127.

20 Caroline Crowe: »Meet the men who pay for sex.« *Sun*, 30. Okt. 2007.

21 Maddy Coy, Miranda Horvath und Liz Kelly: *It's Just Like Going to the Supermarket: Men Buying Sex in East London.* Bericht für Safe Exit at Toynbee Hall (Child and Woman Abuse Studies Unit, London Metropolitan University, 2007), S. 20.

22 Helen Ward et al.: »Who pays for sex? An analysis of the increasing prevalence of female commercial sex contacts among men in Britain.« *Sexually Transmitted Infections*, 81 (2005), S. 467–471.

23 Peter Baker vom Men's Health Forum bemerkte: »Viele wird die relativ große Zahl von Männern überraschen, die bereit sind, für Sex zu bezahlen. Doch im Kontext gesellschaftlicher Trends ist es nicht so überraschend – Frauen werden in den Medien zunehmend sexualisiert.« Zitate aus BBC-Bericht: »Twice as many men pay for sex.« 1. Dezember 2005, abgerufen am 18. Oktober 2008 von: http://news.bbc.co.uk/1/hi/health/4 482 970.stm

24 Der Text dieses Berichts auf der Website des *Guardian* war am 10. November 2007 mit einer Softporno-Website verlinkt – der Link besteht nicht mehr. www.guardian.co.uk/uk_news/story/0,,1654880,00.html

25 K. Elliott, H. Eland und J. McGaw: *Kerb crawling in Middlesbrough: an analysis of kerbcrawlers' opinions.* (Safer Middlesbrough Partnership, 2002) Unveröffentlicht, zitiert in: Coy, Horvarth und Kelly, a.a.O., S. 3.

26 Abgerufen im November 2007 von: www.punternet.com, Orthographie und Zeichensetzung korrigiert.

27 M. A. Barnard, G. Hurt, C. Benson und S. Church: *Client Violence Against Prostitutes Working from Street and Off-street Locations: A three-city comparison.* (Swindon: ESRC Violence Research Programme, 2002), zitiert in: Coy, Horvath and Kelly, a.a.O., S. 3.

28 *Paying the price: a consultation paper on prostitution.* Britisches Innenministerium 2004, S. 11, abgerufen am 18. Oktober 2008 von: http://www.homeoffice.gov.uk/documents/paying_the_price.pdf?view=Binary

29 J. Pearce: *It's someone taking a part of you: a study of young women and*

sexual exploitation (London: National Children's Bureau for the Joseph Rowntree Foundation, 2002), zitiert in: *Paying the price*, a.a.O., S. 95.

30 H. Kinnell, Korrespondenz, 1993, zitiert ebd., S. 95.

31 J. J. Pearce, M. Williams und C. Galvin: *Research findings: the Choice and Opportunity Project, young women and sexual exploitation* (Joseph Rowntree Foundation, 2003), zitiert in: M. Hester und N. Westmarland: *Tackling street prostitution: towards an holistic approach* (Kommission des britischen Innenministerium für Forschung, Entwicklung und Statistik, Juli 2004), S. 60.

32 R. Campbell: *Working on the street, an evaluation of the Linx Project 1998–2001* (Liverpool Hope University, 2002), zitiert in: *Paying the price*, a.a.O., S. 76.

33 I. Peate: »Paying the price: health care and prostitution.« *British Journal of Nursing*, 15 (2006), 246–7, zitiert in: M. Goodyear und L. Cusick: »Protection of sex workers.« *BMJ*, 334 (Januar 2007), S. 52–53.

34 Miss S, a.a.O., S. 4–6.

3. Kapitel: Mädchen

1 Zitiert in: Tanya Gold: »The queen is dead.« *Guardian*, 6 Oktober 2004.

2 »Express Yourself«, Black Eyes Peas featuring Apl de Ap, Geffen/Universal 2007.

3 Joan Jacobs Brumberg: *The Body Project: An Intimate History of American Girls.* New York (Random House) 1997, S. XXI.

4 Abgerufen am 15. August 2009 von: http://www.trinnyandsusannah.com/

5 Esther Blum, Autorin von *Eat, Drink and Be Gorgeous.* In *Daily Mail*, 12. Januar 2009.

6 Sally Jeffrie: *The Girls Book of Glamour.* London (Buster Books) 2007.

7 Susie Orbach: *Bodies: Schlachtfelder der Schönheit.* Zürich/Hamburg (Arche) 2009.

8 »Girls diet for pop star bodies.« BBC News, 20. Juli 2005.

9 Beth Neil: »The diet generation.« *Daily Mirror*, 27. April 2009.

10 Richard Garner: »Girls aged six ›unhappy with weight‹.« *Independent*, 8. März 2005.

11 Jan Stanek, zitiert in: Bel Mooney: »On vanity.« *Daily Telegraph*, 22. Juli 2000.

12 Umfrage von Dove im Jahr 2006, Bericht in: »Quarter of teens considering plastic surgery.« *Daily Mail*, 10. März 2006.

13 J. Kelly und S. L. Smith: *Where the girls aren't: gender disparity saturates G-rated films.* 2006, www.thriveoncreative.com/clients/seejane/pdfs/where.the.girls.arent.pdf, zitiert in: American Psychological Association: *Report of the APA Task Force on the Sexualization of Girls.* American Psychological Association, Washington DC, 2007, abgerufen am 16. Oktober 2008 von http://www.apa.org/pi/wpo/sexualizationrep.pdf

14 K. E. Dill und K. P. Thill: »Video game characters and the socialization of gender roles: young people's perceptions mirror sexist media depictions.« *Sex Roles*, 57, 11–12 (Dezember 2007) S. 851–864.

15 Jess McCabe: »Sexual harassment is rife online.« *Guardian*, 6. März 2008.

16 L. M. Ward und R. Rivadeneyra: »Dancing, strutting and bouncing in cars, the women of music videos.« Referat auf der Jahreskonferenz der American Psychological Association, Chicago, August 2002, zitiert in: *Report of the APA Task Force on the Sexualization of Girls*, a.a.O., abgerufen am 16. Oktober 2008 von http://www.apa.org/pi/wpo/sexualizationrep.pdf

17 Abgerufen am 10. August 2007 von http://www.lookagain.co.uk/web/main/ productdisplay.asp?An=0&A=26K742 %5F15&N=428+583+42949670 92&Au=P%5FMasterItem&Nu=P%5FMasterItem&Ns=P%5FColour %7C0 %7C %7CP %5FSize%7C0

18 Rachel Bell: »It's porn, innit?« *Guardian*, 15. August 2005.

19 Colin Fernandez: »Tesco condemned for selling pole-dancing toy.« *Daily Mail*, 24. Oktober 2006.

20 BHS zog die Unterwäsche nach den Beschwerden zurück; »Sexy children's underwear withdrawn.« BBC, 26. März 2003.

21 Die Kritik an Next richtete sich gegen den Verkauf dieser T-Shirts an junge Mädchen; Judith Woods: »Girls just need to be young.« *Daily Telegraph*, 20. Februar 2007.

22 Annie Leibovitz's Fotos von Miley Cyrus riefen verbreitet Kritik hervor; Sheila Marikar: »Leibovitz defends provocative Miley Cyrus photos.« ABC News, 26. April 2008.

23 Umfrage der NSPCC und *Sugar* im Jahr 2006 unter 674 Besuchern der Website von *Sugar*. Abgerufen am 16. Oktober 2008 von http://www.nspcc.org.uk/whatwedo/mediacentre/pressreleases/22_may_2006_unwanted_sexual_experiences_wdn33559.html

24 *Panorama: Kids behaving Badly*, BBC1, 5. Januar 2009.
25 BBC *Newsbeat*, 4. August 2009.
26 Christine Barter, Melanie McCarry, David Berridge und Kathy Evans: »Partner exploitation and violence in teenage intimate relationships.« Vorstandsbericht, abgerufen am 10. September 2009 von www.nspcc.org.uk
27 »›Gang-raped girl was glad of the attention‹, says barrister.« *Daily Mail*, 18. Mai 2007.
28 Zahlen aus: National Survey of Sexual Attitudes and Lifestyles, zitiert in: BBC-Bericht, Bildung »prevents underage sex.« 30. November 2001, http://news.bbc.co.uk/1/hi/health/1 683 271.stm, und in: Kaye Wellings et al.: »Sexual Behaviour in Britain: early heterosexual experience.« *Lancet*, 358, 9296 (Dezember 2001), S. 1851–1854.

4. Kapitel: Liebe und Sex

1 Zitiert in: Judith Weintraub: »Germaine Greer – opinions that may shock the faithful.« *New York Times*, 22. März 1971.
2 Germaine Greer: *Der weibliche Eunuch*. München (dtv) 2000, S. 252/253 (Erstausgabe 1970).
3 Zitiert in: Weintraub, a.a.O.
4 Ähnlich beschrieb die amerikanische Schriftstellerin Erica Jong in ihrem Roman *Angst vorm Fliegen*, wie wichtig der Erzählerin als verheirateter Frau der »Spontanfick« war: »Fünf Jahre Ehe hatten mich lüstern ... gemacht ... Meine Antwort darauf war ... meine Phantasie von der Traumnummer (die ich in Gedanken den ›Spontanfick‹ oder den ›Fick auf Anhieb‹ nannte) weiterzuentwickeln. Der Spontanfick war mehr als ein gewöhnlicher Fick ... Die Voraussetzung für den wahren, optimalen Spontanfick: Man sollte den Partner nicht zu genau kennen.« Auch wenn sich der Spontanfick als Chimäre entpuppt, so lohnt sich doch das Streben danach, weil es sie aus der Sackgasse ihrer klaustrophobischen Ehe herausführt. Erica Jong: *Angst vorm Fliegen*. Frankfurt am Main (S. Fischer) 1976, S. 20/21.
5 Doris Lessing: *The Golden Notebook*. (1962). London (Flamingo) 1993 (deutsch: *Das Goldene Notizbuch*. Frankfurt am Main [Goverts] 1978).
6 Zahlen aus der National Survey of Sexual Attitudes and Lifestyles von 2000, zitiert in: Anne M. Johnson et al.: »Sexual behaviour in Britain:

partnerships, practices and HIV risk behaviours.« *Lancet*, 358, 9296 (Dezember 2001), S. 1835–1842.

7 Abby Lee: *Girl with a One-track Mind.* London (Ebury) 2006, S. 110–113 (deutsch: *Immer nur das eine.* München [Goldmann] 2007).

8 ebd., S. 103.

9 Catherine Townsend: *Sleeping Around.* London (John Murray) 2007, S. 207 und 222 (deutsch: *Das erotische Tagebuch der Catherine T.* München [Goldmann] 2008).

10 Zoe Williams: »I don't write to titillate.« *Guardian*, 11. August 2006.

11 Mary Wollstonecraft, Brief an William Godwin, 4. Oktober 1796, in: Janet Todd (Hrsg.): The Collected Letters. London (Penguin) 2003, S. 371.

12 Emma Goldman: *Gelebtes Leben.* 3 Bände. Berlin (Kramer) 1978–1980.

13 Michele Roberts: *Paper Houses.* London (Virago) 2007, S. 67.

14 ebd., S. 295.

15 ebd., S. 67.

16 Anaïs Nin: *Henry, June und ich.* Bern (Scherz) 1987, S. 75.

17 Abby Lee, a.a.O., S. 113.

5. Kapitel: Pornographie

1 Leo Benedictus: »Extreme close up.« *Guardian*, 12. Mai 2007.

2 Adam Thirlwell: *Strategie.* Frankfurt am Main (S. Fischer) 2004, S. 20/21.

3 Robin Morgan: »Theory and practice, pornography and rape«, (1974) in: *The Word of a Woman.* London (Virago) 1993, S. 88.

4 Andrea Dworkin: »Why pornography matters to feminists.« *Sojourner*, 7, 2, 1981.

5 Bei einer Protestaktion 1978 in Soho wurden 16 Feministinnen verhaftet. »Women in porn demo acquitted.« *Guardian*, 3. Mai 1979.

6 Eine Diskussion über den Mangel an Belegen für einen Zusammenhang zwischen Pornographie und sexueller Gewalt, ob durch Laborexperimente oder Beobachtungsstudien, findet sich in: Nadine Strossen: *Zur Verteidigung der Pornographie: für die Freiheit des Wortes, Sex und die Rechte der Frauen.* Zürich (Haffmanns) 1997, Kapitel 12; und Lynne Segal und Mary McIntosh (Hrsg.): *Sex Exposed: Sexuality and the Pornography Debate.* London (Virago) 1992.

7 Eine Diskussion der Bandbreite feministischer Reaktionen auf Pornographie findet sich in: Nadine Strossen, a.a.O., Kapitel 7.
8 Nina Power: »The dirty girl: Charlotte Roche brings Wetlands to the English-speaking world.« *Der Spiegel* (englische Online-Fassung), 6. April 2009.
9 Zoe Margolis: »Something for the Ladies.« *Guardian*, 29. November 2007.
10 Umfrage durchgeführt von Nielsen NetRatings für den *Independent on Sunday*, 28. Mai 2007.
11 Janis Wolak, Kimberly Mitchell und David Finkelhor: »Unwanted and wanted exposure to online pornography in a national sample of youth internet users.« *Pediatrics*, 119, 2 (Februar 2007), S. 247–257.
12 Sonya Thompson: »One in three boys heavy porn users, study shows.« University of Alberta, 23. Februar 2007. Bericht abgerufen am 22 Oktober 2008 von: http://www.eurekalert.org/pub_releases/2007–02/uoaoit022307.php; gesamte unpublizierte Studie zur Verfügung gestellt von Sonya Thompson in persönlicher Korrespondenz.
13 2004 bis 2005 wurden 800 von den Krankenkassen bezahlte Labioplastiken durchgeführt, doppelt so viele wie sechs Jahre zuvor. Eine Privatklinik für kosmetische Operationen, Surgicare, berichtete in 2009, dass die Zahl der Schamlippenverkleinerungen im vergangenen Jahr um 300 Prozent gestiegen ist. Abgerufen am 20. September 2009 von: www.surgicare.co.uk
14 Abgerufen am 18. Februar 2009 von: http://www.channel4embarrassingillnesses.com/about/episodes/teenbodies/teens-below-the-belt/
15 Abgerufen am 23. März 2009 von der Website des Laser Vaginal Rejuvenation Institute, http://www.cosmeticgyn.net/dlv.htm
16 Zadie Smith: *Von der Schönheit.* Köln (Kiepenheuer und Witsch) 2006, S. 373.
17 ebd., S. 464.

6. Kapitel: Entscheidungen

1 Rod Liddle: »Harriet Harman is either thick or criminally disingenuous.« *Spectator*, 5. August 2009.
2 Kommentar abgerufen am 12. August 2009 von: http://www.spectator.co.uk/ the-magazine/features/5244693/harriet-harman-is-either-thick-or-criminally-disingenuous.thtml
3 Abgerufen am 24. Oktober 2008 von: http://www.herobuilders.com/

4 India Knight: »Aah, what a relief«, *Sunday Times*, 7. September 2008.

5 [Wer nagelt Palin?] *The Graham Norton Show*, 23. Oktober 2008, beschrieben in: »The BBC fills our living rooms with more smutty and degrading obscenities.« *Daily Mail*, 31. Oktober 2008.

6 »The best of Breastminster.« *Sun*, 12. Oktober 2007.

7 India Knight: »Pity the women who come within range of Brand and Ross.« *Sunday Times*, 2. November 2008.

8 Beispielsweise ergab eine aufschlussreiche Studie, dass die übermäßige Beschäftigung von Frauen mit ihrem Aussehen »ihre geistige Energie erschöpft«. Barbara Fredrickson, Psychologieprofessorin an der University of Michigan, ließ 40 männliche and 42 weibliche Studierende einen Pullover oder Badezeug anziehen und dann einen Mathematiktest machen. Jede Versuchsperson zog das jeweilige Kleidungsstück allein in einem Umkleideraum an und absolvierte dort auch den Test. Zu Fredricksons Besorgnis schnitten die Frauen im Badeanzug im Mathetest tendenziell schlechter ab als die Männer, wenn diese eine Badehose trugen. Die Forscherin vermutete, dass die Entblößung ihres Körpers die Frauen dazu veranlasste, sich innerlich stärker ihrem Aussehen als der Aufgabe zuzuwenden. Die Matheleistung von Männern war in derselben Situation nicht beeinträchtigt. »Es scheint, als störe die selbstgestellte Frage: ›Wie sehe ich aus?‹ die Matheleistung der Frauen. Im Vergleich dazu fällt es Männern meist leichter, sich solcherart kulturellen Gepäcks zu entledigen.« B. L. Fredrickson et al.: »That swimsuit becomes you: sex differences in selfobjectification, restrained eating and math performance.« *Journal of Personality and Social Psychology*, 75, 1 (1998), S. 269–284; Zitat abgerufen am 18. Februar 2009 von APA online: http://www.apa.org/monitor/nov98/looks.html

9 In einer 2005 veröffentlichten Studie ließen Psychologen Gruppen junger Männer und Frauen Fernsehwerbespots ansehen, bevor sie sich in einem psychologischen Test selbst für eine Führungs- oder eine Untergebenenposition vorschlagen sollten. Eine Gruppe sah geschlechterneutrale Spots, in denen Produkte neutral, ohne dass Menschen im Bild auftauchten, verkauft wurden. Eine andere sah zwei Werbespots, die Frauen in stereotypen, erotisch betonten Rollen zeigten, etwa eine College-Studentin, die davon träumt, beim Ehemaligentreffen Schönheitskönigin zu werden. Als die Probanden anschließend den Test absolvierten, in dem es um die Führungs- oder Problemlöserrolle ging, mieden die Frauen, die den stereotypen Spot

gesehen hatten, die Führungsrolle häufiger, während die Männer beider Gruppen sich gleich häufig als für die Führungsrolle geeignet betrachteten. Die Frauen, die nur die unpersönlichen Spots gesehen hatten, schlugen sich selbst genauso häufig wie die Männer für die Führungsposition vor. Paul G. Davies, Steven J. Spencer und Claude M. Steele: »Clearing the air: identity safety moderates the effects of stereotype threat on women's leadership aspirations.« *Journal of Personality and Social Psychology*, 88, 2 (2005), S. 276–287.

7. Kapitel: Prinzessinnen

1 Abgerufen am 22. Oktober 2008 von: www.marksandspencer.com

2 Abgerufen am 21. Januar 2009 von: www.boots.com

3 Abgerufen am 22. Oktober 2008 von: www.hiya4kids.co.uk

4 Abgerufen am 10. März 2009 von: http://www.amazon.co.uk/Magnetic-Wordscomplement-National-Literacy/dp/B000CDFTHE/ref=pd_bxgy_k_h_b_cs_img_b

5 Hamleys-Katalog, Herbst/Winter 2006.

6 Abgerufen am 15. August 2007 von: www.hamleys.com

7 Simone de Beauvoir, *Das andere Geschlecht*, Hamburg (rororo), S. 274.

8 Umsätze der Marke Disney Prinzessinnen abgerufen am 22. Oktober 2008 von: http://www.laughingplace.com/News-ID506950.asp und am 14. Oktober 2008 von: https://licensing.disney.com/Home/display.jsp?contentId=dcp_home_ourfranchises_disney_princess_uk&forPrint=false&language=en&preview=false&imageShow=0&pressRoom=UK&translationOf=null&region=0

9 Abgerufen am 10. Oktober 2008 von: http://www.shareholder.com/mattel/news/20021022–93103.cfm

10 Gwyneth Rees: *Fairy Dreams.* London (Macmillan) 2005, S. 137 (deutsch: *Im Land der Feenträume.* München [ArsEd] 2006).

11 Leapfrog-Broschüre für Eltern über die Lesegewohnheiten von Kindern, abgerufen am 18. Dezember 2008 von: http://www.welovetoread.co.uk/PDF/Booklet%20 %20whole/Love%20to%20Read%20Booklet.pdf

12 Mia Kellmer Pringle: *The Needs of Children.* London (Hutchinson Educational) 1974, S. 16 (deutsch: *Was Kinder brauchen.* Stuttgart [Klett-Cotta] 1979).

13 Playgroup Pamphlet Group: *Out of the Pumpkin Shell: Running a*

Women's Liberation Playgroup (Birmingham Women's Liberation) 1975, zitiert von Glenda MacNaughton: »Equal opportunities: unsettling myths«, in: Tricia David (Hrsg.): *Promoting Evidence-Based Practice in Early Childhood Education.* Oxford (Elsevier) 2001, S. 212.

14 z.B. in: A. Elliot: »Creating non-sexist daycare environments«, *Australian Journal of Early Childhood*, 9, 2 (1984), S. 18–23; K. Aspinwall: *What are Little Girls Made of? What are Little Boys Made Of?* London (National Nursery Nurses Educational Board) 1984; H. Cuffaro: »Re-evaluating basic premises: curricula free of sexism«, *Young Children* (September 1975) S. 469–78; M. Guttenberg und H. Bray: *Undoing Sex Stereotypes.* New York (McGraw Hill) 1976, zitiert in: Glenda MacNaughton, a.a.O., S. 212.

15 Sally Koblinsky und Alan Sugawara: »Nonsexist curricula, sex of teacher and children's sex-role learning.« *Sex Roles*, 10, 5–6 (1984), S. 357–367.

16 Marianne Grabrucker: »*Typisch Mädchen ...*« *Prägung in den ersten drei Lebensjahren.* Frankfurt am Main (Fischer Taschenbuch) 1985.

17 ebd., S. 127.

18 Burkhard Straßmann: »Woher haben sie das?« *Die Zeit*, 28. Juni 2007.

19 Naima Browne: *Gender Equity in the Early Years.* Maidenhead (Open University Press) 2004, S. 22.

20 Steve Biddulph: *Jungen!* München (Beust) 1998, S. 9 f.

21 ebd., S. 10.

22 Anya C. Hurlbert und Yazhu Ling: »Biological components of sex differences in colour preference.« *Current Biology*, 17, 16 (2007), S. 623–625.

23 Fiona McCrae: »Scientists uncover truth behind ›pink for a girl, blue for a boy‹.« *Daily Mail*, 20. August 2007.

24 Ben Goldacre: »Out of the blue and in the pink.« *Guardian*, 25. August 2007, und abgerufen am 21. November 2008 mit allen Quellen und Graphiken von: http://www.badscience.net/?p=518#more-518. Siehe auch: *Die Wissenschaftslüge.* Frankfurt am Main (Fischer Taschenbuch Verlag) 2010.

25 Jo Paoletti: »Gendering of infants and toddlers' clothing in America.« In: Katharine Martinez und Kenneth L. Ames (Hrsg.): *The Material Culture of Gender: The Gender of Material Culture.* Delaware (Henry Francis du Pont Winthertur) 1997, S. 32.

26 »A Mother.« *Time*, 24. Oktober 1927, abgerufen am 10. Oktober 2008 von: http://www.time.com/time/magazine/article/0,9171,736917,00.html?promoid=googlep

27 Siehe auch: Jo Paoletti und Carol Kregloh: »The children's department.« In: Claudia Brush Kidwell und Valerie Steele (Hrsg.): *Men and Women: Dressing the Part.* (Smithsonian Institution Press) 1989; Jo Paoletti: »Clothing and gender in American children's fashions 1890–1920.« *Signs*, 13, 1 (Herbst 1987), S. 136–143.

28 Simon Baron-Cohen, a.a.O., S. 79, 81.

29 ebd., S. 147.

30 ebd., S. 11.

31 Steven Pinker: *Das unbeschriebene Blatt.* Berlin (Berlin-Verlag) 2003.

32 Louann Brizendine: *Das weibliche Gehirn.* Hamburg (Hoffmann und Campe) 2007.

33 Susan Pinker: *Das Geschlechterparadox.* München (DVA) 2008.

34 John Gray: *Why Mars and Venus Collide.* London (Harper Element) 2008, S. 90 (deutsch: *Mars & Venus, die Liebe siegt!* München [Goldmann] 2009).

35 Tracey Shors: »The mismeasure of woman.« *Economist*, 3. August 2006.

36 Rosie Boycott: »Why women don't want top jobs, by a feminist.« *Daily Mail*, 22. April 2008.

8. Kapitel: Mythen

1 Lawrence H. Summers: Bemerkungen auf der NBER Conference on Diversifying the Science & Engineering Workforce, 14. Januar 2005, abgerufen am 10. Oktober 2008 von: http://www.president.harvard.edu/speeches/2005/nber.html

2 Christopher Caldwell: »The battle lines at Harvard.« *Financial Times*, 25. Februar 2005.

3 Christopher Caldwell: »Taboos that undid Summers.« *Financial Times*, 24. Februar 2006.

4 Andrew Sullivan: »The truth about men and women is too hot to handle.« *Sunday Times*, 23. Januar 2005.

5 Sarah Baxter: »Harvard's head hit by new war of non-PC words.« *Sunday Times*, 20. Februar 2005.

6 Alan Dershowitz: »After Larry, who dares speak out?« *Sunday Times*, 27. Februar 2005.

7 Margaret Talbot: »The baby lab: how Elizabeth Spelke peers into the infant mind.« *New Yorker*, 4. September 2006.

8 Die gesamte Debatte zwischen Pinker and Spelke ist online nachzulesen; abgerufen am 10. Oktober 2008 von: http://www.edge.org/3rd_culture/debate05/debate05_index.html

9 George F. Will: »Harvard hysterics.« *Washington Post*, 27. Januar 2005.

10 Deborah Cameron: *The Myth of Mars and Venus: Do men and women really speak different languages?* (Oxford University Press) 2007.

11 Melissa Hines: *Brain Gender* (Oxford University Press) 2004.

12 Jennifer Connellan, Simon Baron-Cohen, Sally Wheelwright, Anna Batki und Jag Ahluwalia: »Sex Differences in human neonatal social perception.« *Infant Behaviour and Development*, 23, 1 (Januar 2000) S.113–118.

13 Simon Baron-Cohen, a.a.O., S.86.

14 ders.: »The male condition.« *New York Times*, 8. August 2005; »They just can't help it.« *Guardian*, 17. April 2003.

15 »Time out with Nick Cohen.« *New Statesman*, 26. Februar 2007.

16 Helena Cronin: »The vital statistics.« *Guardian*, 12. März 2005.

17 Susan Pinker, a.a.O., S.141.

18 Elizabeth Spelke: »Sex differences in intrinsic aptitude for mathematics and science? A critical review.« *American Psychologist*, 60, 9 (Dezember 2005) S.950–958.

19 ebd., S.951.

20 Jerome Kagan, Barbara A. Henker, Amy Hen-Tov, Janet Levine, Michael Lewis: »Infants' differential reactions to familiar and distorted faces.« *Child Development*, 37, 3 (September 1966) S.519–532. Siehe auch: Peggy Koopman und Elinor Ames: »Infants' preferences for facial arrangements, a failure to replicate.« *Child Development*, 39, 2 (Juni 1968) S.481–487, wonach zweieinhalb Monate alte Säuglinge normale Gesichter gegenüber verfremdeten nicht bevorzugen.

21 Jennifer Connellan et al., a.a.O., S.116.

22 Jerome Kagan et al., a.a.O., S.520.

23 H.A. Moss und K.S. Robson: »Maternal influences in early social visual behaviour.« *Child Development*, 39, 2 (Juni 1968) S.401–408.

24 Renée Baillargeon: »Infants' reasoning about hidden objects: evidence for event-general and event-specific expectations.« *Developmental Science*, 7 (2004) S.391–424; Hespos und Spelke: »Precursors to spatial language.« *Nature* 430 (2004) S.453–456; Quinn und Ei-

mas: »Perceptual organisation and categorisation in young infants.« In: Rovee-Collier und Lipsitt (Hrsg.): *Advances in Infancy Research.* Norwoord, NJ, 1996, S. 1–36, alle zitiert in: Elizabeth Spelke: »Sex differences in intrinsic aptitude for mathematics and science? A critical review.« *American Psychologist*, 60, 9 (2005) S. 950–958.

25 Eine Studie fand heraus: »Weibliche Säuglinge betrachteten das unmögliche Ereignis zuverlässig länger als das mögliche, was dafür spricht, dass sie … erwarteten, dass die Schachtel bei dem unmöglichen Ereignis fiel, und überrascht waren, dass das nicht geschah … Im Gegensatz zu den weiblichen Säuglingen schauten … die männlichen eher gleich lang auf die unmöglichen und die möglichen Ereignisse …« Renée Baillargeon, Laura Kotovsky und Amy Needham: »The aquisition of physical knowledge in infancy.« In: *Causal Cognition: A Multidisciplinary Debate* (Oxford University Press) 1995, S. 84–85.

26 Elizabeth Spelkes Antwort auf »The assortative mating theory«, ein Gespräch mit Simon Baron-Cohen, abgerufen am 10. Februar 2008 von: www.edge.org/3rd_culture/baron-cohen05/baron-cohen05_index.html

27 Louann Brizendine, a.a.O., S. 37.

28 Lauren Adamson und Janet Frick: »The still face: a history of a shared experimental paradigm.« *Infancy*, 4, 4 (2003), S. 451–473, S. 465.

29 Louann Brizendine, a.a.O., S. 41.

30 Katherine Weinberg, Edward Tronick, Jeffrey Cohn, Karen Olson: »Gender differences in emotional expressivity and self-regulation during early infancy.« *Developmental Psychology*, 35, 1 (1999), S. 175–188, S. 185. Gestützt auf andere Studien vermuten Weinberg und ihre Mitarbeiter: »Mütter und Söhne verfolgten wechselseitiges Verhalten und Mimik sorgfältiger als Mütter und Töchter« (S. 185). Und diese Forscher führen beobachtete Unterschiede nicht unbedingt auf die Biologie allein zurück: »Es bleibt unklar, ob die in dieser Studie beobachteten Geschlechterunterschiede in der Selbstregulierung und Expressivität biologischen Faktoren oder Sozialisationskräften zuzuschreiben sind oder, was am wahrscheinlichsten ist, einer Kombination dieser Faktoren.« (S. 186).

31 *Richard and Judy*, Channel 4, 1. Oktober 2002, Beschreibung von Ian Jones, abgerufen am 30. Oktober 2008 von: http://www.offthetelly.co.uk/reviews/2002/richardandjudy.htm

32 John Gray: *Männer sind anders, Frauen auch. Männer sind vom Mars, Frauen von der Venus.* München (Goldmann) 1992, S. 45.

33 Fiona MacRae: »Women talk three times as much as men, says study.« *Daily Mail*, 28. November 2006.

34 Louann Brizendine, a.a.O.

35 Brizendine zitierte: *Talk Language: How to Use Conversation for Profit and Pleasure* von Allan Pease und Alan Garner, 1991. Allan Peases Ansicht zum biologischen Determinismus ergibt sich aus dem Titel seines erfolgreichsten Buchs: *Warum Männer nicht zuhören und Frauen schlecht einparken.* München (Ullstein) 2000.

36 Mark Liberman: »Sex on the Brain.« *Boston Globe*, 24. September 2006.

37 Matthias R. Mehl, Simine Vazire, Nairán Ramírez-Esparza, Richard B. Slatcher, James W. Pennebaker: »Are women really more talkative than men?« *Science*, 317, 5834 (6. Juli 2007) S. 82. Mehl hoffte, dass die Studie eine neue, weniger bornierte Denkweise über das Verhalten von Männern und Frauen herbeiführt. Er sagte: »Das Stereotyp erlegt Männern und Frauen bedauerliche Beschränkungen auf – die Vorstellung, man könne als Frau nur dann glücklich sein, wenn man gesprächig ist, und als Mann nur dann, wenn man wortkarg ist. Die Studie vermindert diese geschlechterbezogenen Einengungen.« Richard Knox: »Study: men talk just as much as women.« NPR, 5. Juli 2007, abgerufen am 24. Oktober 2008 von: http://www.npr.org/templates/story/story.php?storyId=11762186

38 Mark Liberman: »Sex and speaking rate.« Language Log, 7. August 2006, abgerufen am 10. Oktober 2008 von: http://158.130.17.5/~myl/languagelog/archives/003 423.html

39 Website der Girls' Schools Association: »Answers to frequently asked questions«, abgerufen am 13. Oktober 2008 von: http://www.gsa.uk.com/default.aspx?id=135

40 Abgerufen am 30. Oktober 2008 von: http://www.supernanny.co.uk/Advice/-/Parenting-Skills//Discipline-and-Reward/Boy-oh-boy-or-girl-oh-girl--~-different-ways-of-teaching-discipline.aspx

41 Janet Shibley Hyde und Nita McKinley: »Gender differences in cognition: results from meta-analyses.« In: Paula Caplan, Mary Crawford, Janet Shibley Hyde, John T. E. Richardson (Hrsg.): *Gender Differences in Human Cognition* (Oxford University Press, 1997) S. 30–51; siehe auch: Janet Shibley Hyde: »The gender similarities hypothesis.« *American Psychologist* 60, 6 (September 2005) S. 581–592.

42 Siehe auch: Robert Plomin und Terry T. Foch: »Sex differences

and individual differences.« *Child Development*, 52, 1 (März 1981) S. 383–385.

43 Stephen Moss: »Do women really talk more?« *Guardian*, 27. November 2006.

44 Deborah Tannen: *You just don't understand: Women and Men in Conversation.* London (Virago) 1991, S. 24 f. (deutsch: *Du kannst mich einfach nicht verstehen.* Frankfurt am Main [Büchergilde Gutenberg] 1991.

45 Simon Baron-Cohen, a.a.O., S. 91.

46 How male or female is your brain?, abgerufen am 2. November 2008 von: http://www.guardian.co.uk/life/news/page/0,12983,937443,00.html; Fragebogen abgerufen am 2. November 2008 von: http://www.guardian.co.uk/life/table/0,,937442,00.html

47 The Sex ID test, abgerufen am 2. November 2008 von: http://www.bbc.co.uk/science/humanbody/sex/index_cookie.shtml

48 Nancy Eisenberg und Randy Lennon: »Sex differences in empathy and related capacities.« *Psychological Bulletin* 94, 1 (1983) S. 100–131; siehe auch: Richard Fabes und Nancy Eisenberg: »Meta analyses of age and sex differences in children's and adolescents' prosocial behaviour.« Arizona State University (1998), abgerufen am 15. Juli 2007 von: http://www.public.asu.edu/~rafabes/meta.pdf

49 Sara Snodgrass: »Women's Intuition: the effect of subordinate role on interpersonal sensitivity.« *Journal of Personality and Social Psychology*, 49 (1985) S. 146–155, S. 152 siehe auch: Dies.: »Further effects of role versus gender on interpersonal sensitivity.« *Journal of Personality and Social Psychology*, 61 (1992), S. 154–158.

50 Steven Pinker, a.a.O., S. 491.

51 Roger Highfield: »QED.« *Sunday Telegraph*, 18. April 2004.

52 Minette Marrin: »This equality for women is an injustice for men.« *Sunday Times*, 29. Juni 2008.

53 Janet Shibley Hyde und Nita. McKinley, a.a.O.., S. 35. Siehe auch Janet Shibley Hyde: »The gender similarities hypothesis.« A. a.O..

54 Melissa Hines, a.a.O., S. 222.

55 Jonathan E. Roberts und Martha Ann Bell: »Sex differences on a computerised mental rotation task disappear with computer familiarisation.« *Perceptual and Motor Skills*, 91 (2000) S. 1027–1034.

56 Beispielsweise wurde 2002 ein Test durchgeführt, bei dem Jungen und Mädchen die Rotationsaufgabe nach und vor einem Computerspiel erhielten. Dabei zeigte sich, dass die Jungen die Mädchen über-

trafen, bevor die Gruppen das Computerspiel gespielt hatten, dass sie jedoch gleiche Werte erzielten, nachdem alle Kinder gespielt hatten. R. De Lisi und J. L. Wolford: »Improving children's mental rotation accuracy with computer game playing.« *Genetic Psychology*, 163, 3 (September 2002) S. 272–282. Eine Analyse der Befunde bis 2002 schloss: »Die Daten geben wenig Grund, nativistische Behauptungen zu unterstützen.« Nora Newcombe: »The nativist-empiricist controversy in the context of recent research on spatial and quantitative development.« *Psychological Science*, 13, 5 (September 2002) S. 395–401. Darüber hinaus können sogar unsere Erwartungen selbst die Leistung von Menschen in solchen Tests verändern. Als der Rotationstest mit zwei Studentengruppen durchgeführt wurde, sagte man der einen Gruppe, dass ein Erfolg in solchen Tests eng mit guten Leistungen bei Aufgaben wie »Bord- und Flugzeugträgerflugzeugtechnik, Kampfflugzeugbordwaffen sowie Angriffs- und Annäherungstaktik« korreliere. Die andere Gruppe erhielt die Information, sie korreliere mit Erfolg bei »Kleidungs- und Modedesign, Raumgestaltung und Innenarchitektur.« In der ersten Gruppe übertrafen die Leistungen der Männer die der Frauen signifikant. M. J. Sharps, J. L. Price und J. K. Williams: »Spatial cognition and gender: instructional and stimulus influences on mental image rotation performance.« *Psychology of Women Quarterly*, 18 (1994) S. 413–425, zitiert in: Virginia Valian: *Why So Slow? The Advancement of Women.* Cambridge, Mass. (MIT Press) 1998, S. 157.

57 Jing Feng, Ian Spence und Jay Pratt: »Playing an action video game reduces gender differences in spatial cognition.« *Psychological Science*, 18, 10 (Oktober 2007) S. 850–855, S. 854.

58 Zitiert in: Tamar Lewin: »Math scores show no gap for girls, study finds.« *New York Times*, 25. Juli 2008.

59 Simon Baron-Cohen, a.a.O.

60 Steven Pinker, a.a.O., S. 479.

61 D. Goldstein und V. B. Stocking: »TIP studies of gender differences in talented adolescents.« In: K. A. Heller und E. A. Hany (Hrsg.): *Competence and Responsibility 2.* Ashland, OH (Hogrefe) 1994, S. 190–203, zitiert in: Elizabeth Spelke: »Sex differences in intrinsic aptitude for mathematics and science?«, a.a.O.

62 Elizabeth Spelke, a.a.O., S. 954; Lewin: »Math scores show no gap for girls.« a.a.O.

63 Susan Pinker, a.a.O., S. 166.

64 Catherine Weinberger: »Is the science and engineering workforce drawn from the far upper tail of the math ability distribution?« September 2005, abgerufen am 10. Juli 2008 von: http://econ.ucsb.edu/~weinberg/uppertail.pdf

65 P. M. Frome und J. S. Eccles: »Parents' influence on children's achievement-related perceptions.« *Journal of Personality and Social Psychology*, 74, 2 (1998) S. 183–201; J. S. Hyde, E. Fennema, M. Ryan, L.A. Frost und C. Hopp: »Gender comparisons of mathematics attitudes and affect: a meta-analysis.« *Psychology of Women Quarterly*, 14, 3 (September 1990) S. 299–324; J. S. Eccles und J. E. Jacobs: »Social forces shape math attitudes and performance.« *Signs: Journal of Women in Culture and Society*, 11, 2 (Winter 1986) S. 367–380. Eine Diskussion dieser und anderer Studien findet sich bei: Diane Quinn, S. J. Spencer: »The interference of stereotype threat with women's generation of mathematical problem-solving strategies.« *Journal of Social Issues*, 57, 1 (2002) S. 55–71.

66 Statistik zusammengestellt von der Association of Women in Science (US), aus Statistiken der National Science Foundation, abgerufen am 25. Oktober 2008 von: http://www.serve.com/awis/statistics/Rep_of_Women_in_S&E.pdf

67 *Battle of the Sexes*, Teil 1, 19. September 2002, abgerufen am 18. Oktober 2008 von: http://www.abc.net.au/catalyst/stories/s686728.htm

68 Simon Baron-Cohen, a.a.O., S. 141.

69 »Zwei Studien mit Jungen, die Östrogen ausgesetzt waren, fanden keine durchgängigen Auswirkungen auf das geschlechtsspezifische Spiel. Zwar sprach eine Studie für eine mögliche Verstärkung einiger jungentypischer Aktivitäten in Folge einer Östrogenexposition, doch die Effekte waren nicht konsistent.« Melissa Hines, a.a.O., S. 120.

70 Patricia Kester, Richard Green, Stephen J. Finch und Katherine Williams: »Prenatal female hormone administration and psychosexual development in human males.« *Psychoneuroendocrinology*, 5, 4 (1980) S. 269–285

71 *Battle of the Sexes*, Teil 1, 19. September 2002, abgerufen am 18. Oktober 2008 von: http://www.abc.net.au/catalyst/stories/s686728.htm#contacts

72 John Gray, a.a.O., S. 64.

73 Anne Campbell: »Attachment, aggression and affiliation, the role of oxytocin in female social behaviour.« *Biological Psychology*, 77, 1 (Januar 2008) S. 1–10.

74 S. E. Taylor, G. Gonzaga, L. C. Klein, P. Hu, G. A. Greendale und T. E. Seeman: »Relation of Oxytocin to psychological and biological stress responses in older women and hypothalamic-adrenocortical axis activity.« *Psychosomatic Medicine*, 68 (2006) S. 238–245, S. 243.

75 Eine weitere Studie mit jungen Frauen sprach dafür, dass höhere Oxytocin-Ausgangsspiegel »mit größeren zwischenmenschlichen Problemen verbunden waren«. R. A. Turner, M. Altemus, T. Enos, B. Cooper, T. McGuinness: »Preliminary research on plasma oxytocin in normal cycling women: investigating emotion and interpersonal distress.« *Psychiatry*, 62, 2 (1999) S. 97–113, S. 99. Siehe auch: K. M. Kendrick: »Oxytocin, motherhood and bonding.« *Experimental Physiology* 85, 1 (2000) S. 111–124, der erklärte: »Die Rolle der Oxytocin-Ausschüttung im Gehirn von Menschen gibt immer noch zu Spekulationen Anlass.«

76 Jonathan Leake: »Science finds the secret of a hot kiss.« *Sunday Times*, 8. Februar 2009; unveröffentlichte Studie, vorgestellt auf der Konferenz der American Association for the Advancement of Science am 14. Februar 2009, bestätigt durch persönliche Korrespondenz mit Professor Wendy Hill.

77 BBC, *Secrets of the Sexes*, gesendet am 17. Juli 2005.

78 Janice Turner: »Planet Boy, where mum fades from the picture.« *The Times*, 21. April 2003.

79 »Humour comes from testosterone.« BBC News, 21. Dezember 2007.

80 Satoshi Kanazawa: »Why productivity fades with age: the crime-genius connection.« *Journal of Research in Personality*, 37 (2003) S. 257–272.

81 Simon Baron-Cohen, a.a.O., S. 147.

82 Helena Cronin: »The Vital Statistics.« *Guardian*, 12. März 2005.

83 Steven Pinker, a.a.O., S. 481.

84 Susan Pinker, a.a.O., S. 286.

85 Melissa Hines, a.a.O., S. 165–167, Zitat S.M. Perlman: »Cognitive abilities of children with hormone abnormalities.« *Journal of Learning Disabilities*, 6 (1973) S. 21–29; S. W. Baker und A. A. Ehrhardt: »Prenatal androgen, intelligence and cognitive sex differences.« In: R. C. Friedman et al.: *Sex Differences in Behaviour.* New York (Wiley) 1974; L. S. McGuire et al.: »Congenital Adrenal Hyperplasia II: cognitive and behavioural studies.« *Behaviour Genetics*, 5 (1975) S. 175–188; A. A. Ehrhardt und S. W. Baker: »Males and females

with congenital adrenal hyperplasia: A family study of intelligence and gender-related behavior.« In: P. A. Lee et al. (Hrsg.): *Congenital Adrenal Hyperplasia.* Baltimore, MD (University Park Press) 1977; R. Nass und S. Baker: »Learning Disabilities in children with congenital adrenal hyperplasia.« *Journal of Child Neurology*, 6 (1991) S. 302–312.

86 Simon Baron-Cohen, a.a.O., S. 142.

87 Melissa Hines, Susan Golombok, John Rust, Katie Johnston, Jean Golding und Forschungsgruppe der Avon Longitudinal Study of Parents and Children: »Testosterone during pregnancy and gender role behaviour of preschool children: a longitudinal population study«, *Child Development*, 73, 6 (November/Dezember 2002) S. 1678–1687.

88 Siehe beispielsweise: Bonnie Auyeung et al.: »Fetal testosterone predicts sexually differentiated childhood behaviour in girls and boys.« *Psychological Science*, 20, 2 (2009) S. 144–148.

89 Jo-Anne Finegan: »Relations between prenatal testosterone levels and cognitive abilities at 4 years.« *Developmental Psychology*, 28, 6 (November 1992) S. 1075–1089.

90 Cornelieke van de Beek et al.: »Prenatal sex hormones (maternal and amniotic fluid) and gender-related play behaviour in 13-month-old infants.« *Archives of Sexual Behaviour*, 38, 6 (2009) S. 6–15.

91 Zu anderen Studien, die einen eindeutigen Zusammenhang zwischen Testosteronexposition im Mutterleib und kognitiven Merkmalen offenbar widerlegen, gehört eine Studie von 2001, welche die Beziehung zwischen dem Fingerlängen-Quotient (der mit pränatalem Testosteronspiegel zusammenhängt) und verschiedenen Kognitions- und Persönlichkeitstests untersuchte. Sie fand »keine signifikanten Zusammenhänge bei den kognitiven Tests.« Elizabeth Austin et al.: »A preliminary investigation of the associations between personality, cognitive ability and digit ratio.« *Personality and Individual Differences* 33 (2002) S. 1115–1124, S. 1121. In einer anderen Studie prüfte Mark Brosnan an der University of Bath den Fingerlängen-Quotient bei Wissenschaftlern. Er stellte bei Dozenten der naturwissenschaftlichen Fakultät Fingerlängen-Quotienten fest, die »konsistent mit der weiblichen Norm« waren, und bei Dozenten der Sozialwissenschaften solche, die »konsistent mit der männlichen Norm« waren, unabhängig von ihrem jeweiligen Geschlecht. Daraus folgte, dass männliche Naturwissenschaftler weniger Testoste-

ron ausgesetzt gewesen waren als Sozialwissenschaftler. Mark Brosnan erklärte dazu: »Diejenigen an Fakultäten, die stärker ausgeprägte Systematisierungsfähigkeiten verlangen ... weisen Anzeichen für eine geringe pränatale Testosteronexposition auf. Dies widerspricht Baron-Cohens Befunden.« Mark Brosnan: »Digit ratio and faculty membership: implications for the relationship between prenatal testosterone and academia.« *British Journal of Psychology*, 97, 4 (2006) S. 455–466. Eine andere Studie, die den vorausgesagten Zusammenhang zwischen fötalem Testosteron und späterem maskulinen Verhalten nicht nachweisen konnte, wurde von Simon Baron-Cohens Team nach der Publikation von *Vom ersten Tag an anders* durchgeführt. 2005 stellte seine Gruppe fest, dass Testosteronschwankungen im Fruchtwasser nicht zu individuellen Unterschieden im von der Mutter beobachteten Spielverhalten von 53 vier- und fünfjährigen Kindern beitrugen. R. Knickmeyer et al.: »Gender-typed play and amniotic tesosterone.« *Developmental Psychology*, 41, 3 (Mai 2005) S. 517–528.

92 Melissa Hines, a.a.O., S. 136, Zitat R. Tricker et al.: »The effects of supraphysiological doses of testosterone on anger behaviour in healthy eugonadal men.« *Journal of Clinical Endocrinology and Metabolism*, 81 (1996) S. 3754–3758 und K. Bjorkquist et al.: »Testosterone intake and aggressiveness – real effect or anticipation.« *Aggressive Behavior*, 20 (1994) S. 17–26.

93 J. R. Lightdale und D. A. Prentice: »Rethinking sex differences in aggression: aggressive behaviour in the absence of social roles.« *Personality and Social Psychology Bulletin* 20, 1 (Februar 1994) S. 34–44, S. 43.

94 »Do men really listen with just half a brain? Research sheds some light.« 28. November 2000, CNN; abgerufen am 18. Oktober 2008 von: http://archives.cnn.com/2000/HEALTH/11/28/brain.listening/index.html

95 James Chapman: »Why men find it harder to show their emotions.« *Daily Mail*, 23. Juli 2002.

96 Janice Turner: »Planet Boy.« *The Times*, 21. April 2003.

97 Ian Sample: »Gay men and heterosexual women have similarly shaped brains, research shows.« *Guardian*, 16. Juni 2008. Befunde von Ivanka Savic und Per Lindstrom: »PET and MRI show differences in cerebral asymmetry and functional connectivity between homo- and heterosexual subjects.« *Proceedings of the National Academy*

of Sciences, 16. Juni 2008, abgerufen am 18. Juni 2008 von: http://www.pnas.org/content/early/2008/06/13/0801566105.abstract

98 Mark Liberman: »Annals of essentialism: sexual orientation and rhetorical asymmetry.« Language Log, 18. Juni 2008, abgerufen am 20. Juni 2008 von: http://languagelog.ldc.upenn.edu/nll/?p=256

99 Murat Yucel et al.: »Hemispheric and gender-related differences in the gross morphology of the anterior cingulate/paracingulate cortex in normal volunteers: an MRI morphometric study.« *Cerebral Cortex*, 11, 1 (Januar 2001) S. 17–25, S. 17.

100 C. D. Good et al.: »Cerebral asymmetry and the effects of sex and handedness on brain structure: a voxel-based morphometric analysis of 465 normal adult human brains.« *NeuroImage* 14, 3 (September 2001) S. 685–700, S. 692.

101 Thomas Barrick et al.: »Automatic analysis of cerebral asymmetry: an exploratory study of the relationship between brain torque and planum temporale asymmetry.« *NeuroImage* 24, 3 (Februar 2005) S. 678–691, S. 692.

102 Arthur Toga und Paul Thompson: »Mapping Brain Asymmetry.« *Neuroscience*, 4, 1 (Januar 2003) S. 37–48, S. 43.

103 Christine de Lacoste-Utamsing und Ralph L Holloway: »Sexual dimorphism in the human corpus callosum.« *Science*, 216 (1982) S. 1431–1432.

104 Lorraine Dusky: »Just like a woman.« 2. März 2005, Salon.com, abgerufen am 30. Oktober 2008 von: http://dir.salon.com/story/opinion/feature/2005/03/02/gender_differences/index1.html

105 Susan Pinker, a.a.O., S. 156.

106 In diese Debatte haben sich weitere Autoren eingeschaltet. Beispielsweise schreibt Steven Pinker: »Das männliche Gehirn unterscheidet sich erkennbar und in mehrfacher Hinsicht vom weiblichen Gehirn … Außerdem scheinen Teile der zerebralen Nervenbahnen, die die beiden Hemisphären miteinander verbinden, bei Frauen größer zu sein, und daher arbeiten ihre Gehirne vielleicht nicht so einseitig wie die der Männer.« Steven Pinker, a.a.O., S. 480; Simon Baron-Cohen schreibt: »Das Gehirn von Frauen hat interessanterweise ein dickeres Corpus callosum (das Verbindungsgewebe zwischen den beiden Hemisphären, das die Kommunikation zwischen ihnen verbessert).« Simon Baron-Cohen: »Scientists have sex on the brain.« *Guardian Weekly*, 4. Februar 2005.

107 John Gray, *Why Mars and Venus Collide*, a.a.O., S. 38.

108 Andere Kommentatoren haben dieselbe Vorstellung populär gemacht. Beispielsweise erklärte der Talkmaster Phil Donahue, diese ursprüngliche Studie habe gezeigt, dass Frauen ein »nicht weniger als 40 Prozent dickeres Corpus callosum« hätten und dass dies die Grundlage der »weiblichen Intuition« sei. Zitiert in: Katherine M. Bishop und Douglas Wahlsten: »Sex differences in the human corpus callosum: myth or reality?« *Neuroscience and Biobehavioral Reviews*, 21, 5 (1997) S. 581–601.

109 ebd., S. 590.

110 Susan Pinker formuliert in *Das Geschlechterparadox*: »MRT-Studien zeigen, dass bei Männern die meisten Sprachfunktionen in der linken Hirnhälfte liegen. Dagegen nutzen die meisten Frauen *beide* Hirnhälften in der Sprachverarbeitung.« Susan Pinker, a.a.O., S. 68.

111 Michael D. Phillips et al: »Temporal lobe activation demonstrates sexbased differences during passive listening.« *Radiology*, 220 (Juli 2001) S. 202–207.

112 »Why men don't listen.« BBC, 28. November 2000, abgerufen am 10. Juli 2008 von: http://news.bbc.co.uk/1/hi/health/1 044 805.stm

113 »Why men don't listen.« *Daily Mail*, 29. Dezember 2000.

114 Iris E. C. Sommer, André Aleman, Anke Bouma und René S. Kahn: »Do women really have more bilateral language representation than men? A meta-analysis of functional imaging studies.« *Brain*, 127, 8 (August 2004) S. 1845–1852. Interessanterweise wurde diese Metaanalyse von Wissenschaftlern durchgeführt, welche die Ansicht vertraten, dass es signifikante Geschlechtsunterschiede bei den kognitiven Fähigkeiten gibt. Jedoch konnten sie keine Beweise dafür in der Gehirnstruktur finden. Sie schlossen: »Es ist daher nicht wahrscheinlich, dass den allgemeinen Geschlechtsunterschieden bei kognitiven Leistungen Unterschiede in der Sprachlateralisierung zugrunde liegen, und die neuronale Basis für diese kognitiven Geschlechtsunterschiede bleibt schwer fassbar.« S. 1845.

115 Eine Diskussion des »Filedrawer«-Problems findet sich beispielsweise in: John T. E. Richardson: *Gender Differences in Human Cognition* (Oxford University Press) 1997, S. 9; Caplan und Caplan: »The perseverative search for sex differences in mathematics ability.« In: Gallagher und Kaufman (Hrsg.): *Gender Differences in Mathematics.* (Cambridge University Press) 2005, S. 25–47; Mark Liberman: »Innate sex differences: science and public opinion.« Language Log, 20. Juni 2008, abgerufen am 22. Juni 2008 von: http://languagelog.

ldc.upenn.edu/nll/?p=261; Erin McClure: »A meta-analytic review of sex differences in facial expression processing and their development in infants, children, and adolescents.« *Psychological Bulletin* 126 (Mai 2000) S. 424–453.

116 Betrachtet man beispielsweise Studien an Nagetiergehirnen, mit denen man Experimente durchführen kann, die an menschlichen Gehirnen unmöglich sind, so zeigt sich, dass Veränderungen ihrer Umwelt die Größe oder Dichte bestimmter Hirnregionen verändern. Melissa Hines, a.a.O., S. 196.

117 Eleanor A. Maguire, David G. Gadian, Ingrid S. Johnsrude, Catriona D. Good, John Ashburner, Richard S. J. Frackowiak und Christopher D. Firth: »Navigation-related structural change in the hippocampi of taxi drivers.« *Proceedings of the National Academy of Sciences of the United States of America*, 97, 8 (11. April 2000) S. 4398–4403.

118 Ähnliches zeigte sich, als man Versuchspersonen drei Monate lang das Jonglieren üben ließ. Das führte zu einer Verdichtung der grauen Substanz in einer Region des temporalen Cortex, die vermutlich für derartige Aufgaben zuständig ist. Nach Unterbleiben des Übens entwickelte sich das Hirnareal wieder zurück. Draganski, Gaser, Busch, Schuierer, Bogdahn und May: »Changes in grey matter induced by training.« *Nature*, 427 (22. Januar 2004) S. 311–312.

119 Melissa Hines, a.a.O., S. 196.

120 Sherwood Washburn und Chet Lancaster: »The Evolution of Hunting.« In: Richard B. Lee (Hrsg.): *Man the Hunter.* Chicago (Aldine Publishing Company) 1968, S. 296.

121 Allan und Barbara Pease, a.a.O., S. 37 f.

122 Kristen Hawkes: »Grandmothers and the evolution of human longevity.« *American Journal of Human Biology*, 15 (2003) S. 380–400.

123 Beschreibung des Lebens unter dem Volk der Agta der Sierra Madre in: Melvin Konner: »Hunter-gatherer infancy and childhood, the !Kung and others.« In: Hewlett und Lamb (Hrsg.): *Hunter-Gatherer Childhoods.* London (Transaction) 2005, S. 19–64, S. 55. Siehe auch: Rayna Reiter (Hrsg.): *Toward an Anthropology of Women.* London (Monthly Review Press) 1975; Frances Dahlberg (Hrsg.): *Woman the Gatherer.* (Yale University Press) 1981.

124 Barry Hewlett, zitiert in: Joanna Moorhead: »Are the men of the African Aka tribe the best fathers in the world?« *Guardian*, 15. Juni 2005.

125 Craig B. Stanford: »The ape's gift: meat-eating, meat-sharing and human evolution.« In: Frans B. M. De Waal: *Tree of Origin* (Harvard University Press) 2001, S. 97–117, S. 115.

126 Natalie Angier: *Frau: eine intime Geographie des weiblichen Körpers.* München (Bertelsmann) 2000.

9. Kapitel: Stereotype

1 Simon Baron-Cohen, a.a.O., S. 25.

2 Steven Pinker: »The science of sex difference.« *The New Republic*, 14. Februar 2005.

3 Ashley Herzog: »Will feminists again attempt to censor science?« *Town Hall*, 13. März 2008, abgerufen am 31. Oktober 2008 von: http://townhall.com/columnists/AshleyHerzog/2008/03/13/will_feminists_again_attempt_to_censor_science

4 Mark Liberman: »More functional neuroanatomy of science journalism.« Language Log, 18. März 2008, abgerufen am 30. Oktober 2008 von: http://itre.cis.upenn.edu/~myl/languagelog/archives/005 472.html

5 Martin Newland: »Why women prefer talking to sex.« *Daily Mail*, 13. September 2006.

6 Tracey Shors: »The mismeasure of woman.« *Economist*, 3. August 2006.

7 Matthews Duncan, zitiert von Präsident William Withers Moore bei der 54. Jahreskonferenz der British Medical Association in Brighton 1886, wie berichtet in: *Lancet* 2 (1886) S. 315, zitiert in: Joan N. Burstyn: »Education and sex: the medical case against higher education for women in England.« *Proceedings of the American Philosophical Society*, 117, 2 (April 1973) S. 79–89, S. 84.

8 Henry Maudsley: »Sex in mind and education.« *Fortnightly Review*, 15 (1874) S. 466–483, zitiert in: Joan N. Burstyn, a.a.O.

9 G. T. W. Patrick: »The Psychology of Women.« *Popular Science Monthly* 47 (1895), S. 209–225, zitiert in: Stephanie A. Shields: »Functionalism, Darwinism and the psychology of women: a study in social myth.« *American Psychologist*, 30 (1975) S. 739–754.

10 Anne Fausto-Sterling: *Gefangene des Geschlechts? Was biologische Theorien über Mann und Frau sagen.* München (Piper) 1988, S. 65.

11 Edward O. Wilson: *On Human Nature* (1978), Harmondsworth (Penguin) 1995, S. 129 (deutsch: *Biologie als Schicksal: die soziobiologischen Grundlagen menschlichen Verhaltens.* Frankfurt am Main [Ullstein] 1980). Siehe auch Edward O. Wilson: *Sociobiology: The New Synthesis* (Harvard University Press) 1975.

12 Victoria Brescoll, Marianne LaFrance: »The correlates and consequences of newspaper reports of research on sex differences.« *Psychological Science*, 15, 8 (August 2004) S. 515–520.

13 Siehe Rosie Boycott, a.a.O.

14 Helena Cronin: »Scientists reveal what changed their minds.« *Daily Telegraph*, 31. Dezember 2007.

15 S. J. Spencer, C. M. Steele und D. M. Quinn: »Stereotype threat and women's math performance.« *Journal of Experimental Social Psychology*, 35, 1 (1999), S. 4–28.

16 Zoe Brennan und Emma Smith: »Driving tests: Collision of the sexes: is the chief tester right about women drivers?« *The Times*, 13. Februar 2005.

17 N. C. Jonathan Yeung und C. von Hippel: »Stereotype threat increases the likelihood that female drivers in a simulator run over jaywalkers.« *Accident Analysis and Prevention*, 40, 2 (März 2008) S. 667–674.

18 Shelley J. Correll: »Constraints into preferences: gender, status and emerging career aspirations.« *American Sociological Review*, 69, 1 (Februar 2004) S. 93–113.

19 »Konservative bevorzugen möglicherweise von vorneherein biologische Erklärungen für Geschlechtsunterschiede und lesen auch konservative Zeitungen, die weitere biologische Erklärungen für Geschlechtsunterschiede enthalten. Eine derartige Lektüre könnte bereits bestehende Meinungen über die Ursachen von Geschlechtsunterschieden weiter rechtfertigen und bestätigen.« Victoria Brescoll und Marianne LaFrance: »The correlates and consequences …«, a.a.O., S. 520.

20 Siehe auch: Shelley J. Correll: »Gender and the career choice process: the role of biased self-assessments.« *American Journal of Sociology*, 106, 6 (Mai 2001) S. 1691–1730. Von Correll durchgeführte Studien ließen folgenden Schluss zu: »Jungen beschäftigen sich nicht deswegen häufiger mit mathematischen Aktivitäten als Mädchen, weil sie besser in Mathematik seien. Sie tun es zumindest teilweise, weil sie glauben, sie seien besser.« S. 1724.

21 Zahlen aus: Judiciary of England and Wales, 1. April 2008, abgerufen

am 10. Oktober 2008 von: http://www.judiciary.gov.uk/keyfacts/statistics/women.htm

22 *Sex and Power 2008* (Equality and Human Rights Commission, 2008), abgerufen am 2. November 2008 von: http://www.equalityhumanrights.com/Documents/EHRC/SexandPower/Sex_and_Power_2008.pdf

23 Brendan Burchell, Colette Fagan, Catherine O'Brien und Mark Smith: *Working Conditions in the European Union: A Gender Perspective.* Luxembourg (Office for Official Publications of the European Communities) 2007; abgerufen am 24. Januar 2009 von: http://www.eurofound.europa.eu/pubdocs/2007/108/en/1/ef07108en.pdf
Zahlen für Großbritannien diskutiert in: Sarah Womack: »Career women work longer hours than men.« *Daily Telegraph*, 2. Dezember 2007.

24 *Not Having It All: How Motherhood Reduces Women's Pay and Employment Prospects* (Fawcett Society, 2009), abgerufen am 25. Juli 2009 von: http://www.fawcettsociety.org.uk/documents/NotHavingItAll.pdf

25 Andrew Sullivan: »The he hormone.« *New York Times*, 2. April 2000.

26 Mary Carmichael: »The cheating man's brain.« *Newsweek*, 12. März 2008; Zitat Marvin Zuckerman, Psychologe und Autor eines 2006 erschienenen Buchs mit dem Titel *Sensation Seeking and Risky Behavior.*

27 BBC, *Secrets of the Sexes*, Sendung vom 17. Juli 2005.

28 Liz Jones: »Sarkozy's Sirens: why are French politicians so much more glamorous than ours?« *Daily Mail*, 12. März 2008.

29 Kristina Cooke: »Analysis: Germans focus on TV debate.« 2. August 2005, CNN, abgerufen am 2. November 2008 von: http://edition.cnn.com/2005/WORLD/europe/08/02/germany.cooke2/index.html

30 Liz Jones, a.a.O.

31 Hendrik Hertzberg: »Brouhaha.« *New Yorker*, 15. Oktober 2007.

32 Zoe Williams: »It wouldn't happen to a man.« *Guardian*, 16. Januar 2009.

33 Christine Wenneras und Agnes Wold: »Nepotism and sexism in peer-review.« *Nature* 387, (22. Mai 1997) S. 341–343.

34 Weitere Belege für die fortdauernde Unterschätzung von Wissenschaftlerinnen finden sich in der unten angeführten Studie. Sie zeigte, dass zwischen Wissenschaftlern und Wissenschaftlerinnen, die angesehene Stipendien erhalten hatten, weiterhin ein geschlechtsbezoge-

nes Ungleichgewicht bestand. G. Sonnert, G. Holton: »Career patterns of women and men in the sciences: women encounter social obstacles and may pay penalties for a careful research style.« *American Scientist*, 84, 1 (1996) S. 63–71. Eine andere Studie wies nach, dass Frauen in den Wirtschaftswissenschaften »auf zu niedrigen Hierarchiebenen eingestuft« waren und dass Frauen mehr publizierten als Männer vom selben akademischen Rang. Van W. Kolpin und Larry D. Singell: »The gender composition and scholarly performance of economics departments: a test for employment discrimination.« *Industrial and Labor Relations Review*, 49, 3 (April 1996) S. 408–423.

35 Zahlen vom Office of National Statistics, zitiert in: »Women are ›put off‹ hi-tech jobs.« BBC News, 8. September 2005.

36 Emma de Vita: »Where have all the IT girls gone?« *Management Today*, 1. Februar 2008, abgerufen am 1. April 2008 von: http://www.managementtoday.co.uk/news/781020/where-girls-gone9

37 Heilman, Block, Martell und Simon: »Has anything changed? Current characterisations of men, women and managers.« *Journal of Applied Psychology*, 74 (1989) S. 935–942, zitiert: in Virginia Valian, a.a.O., S. 126.

38 Butler, Doré, Geis: »Nonverbal affect responses to male and female leaders: implications for leadership evaluations.« *Journal of Personality and Social Psychology*, 58, 1 (1990) S. 48–59, zitiert in: Virgina Valian, a.a.O., S. 130–131.

39 Linda Babcock und Sara Laschever: *Women Don't Ask: Negotiation and the Gender Divide.* (Princeton University Press) 2003, S. 1–2.

40 Zitiert in: Shankar Vedantam: »The truth about why women are paid less – even if they ask for more.« *Guardian*, 21. August 2007; Zitat: Hannah Riley Bowles, Linda Babcock und Lei Lai: »Social incentives for gender differences in the propensity to initiate negotiations: sometimes it does hurt to ask.« *Organisational Behaviour and Human Decision Processes*, 103, 1 (Mai 2007) S. 84–103.

41 Susan Pinker, a.a.O., S. 54.

42 Martin Newland, a.a.O.

43 BBC, *Secrets of the Sexes*, Sendung vom 17. Juli 2005.

44 M.E. Lamb: *The Role of the Father in Child Development.* New York (Wiley) 1981, zitiert in: Adrienne Burgess: *Fatherhood Reclaimed.* London (Random House) 1997, S. 94 (deutsch: *Vatermythen, Vaterbilder.* München/Zürich [Diana-Verlag] 1998).

45. Mumsnet-Diskussionen: »Do you ever feel frustrated at being left to hold baby?« (zu besserer Lesbarkeit redigiert), abgerufen am 2. November 2008 von: http://www.mumsnet.com/Talk?topicid=relationships&threadid=612947-do-you-ever-feel-frustrated-at-being-left-to-hold#12489852
46 Naomi Wolf: *Misconceptions.* London (Chatto & Windus) 2001, S. 204.
47 Viv Groskop: »Do good feminists bake cupcakes?« *Guardian*, 22. August 2008.
48 Barack Obama: *Hoffnung wagen.* München (Riemann) 2007, S. 434.
49 Nigella Lawson: *How to be a Domestic Goddess.* London (Chatto & Windus) 2000, S. vii.
50 Rafael Behr: »Is being a good Dad ruining your career?« *Observer*, 11. Juni 2006.
51 Lyn Craig und Pooja Sawrikar: »Work and family: how does the (gender) balance change as children grow?« *Gender, Work and Organisation* 16, 6 (2009) S. 684–709.
52 L. Barclay und D. Lupton: »The experiences of new fatherhood: a sociocultural analysis.« *Journal of Advanced Nursing*, 29, 4 (1999), zitiert in: Rosalind Barnett und Caryl Rivers: *Same Difference: How Gender Myths are Hurting Our Relationships, Our Children, and Our Jobs.* New York (Basic Books) 2004, S. 43.
53 M. Thompson, L. Vinter und V. Young: *Dads and their Babies: Leave Arrangements in the First Year* (Equal Opportunities Commission 2005); M. O'Brien: *Shared Caring: Bringing Fathers into the Frame* (Equal Opportunities Commission 2005), zitiert in: *Twenty-first Century Dad* (Equal Opportunities Commission 2006), abgerufen am 14. November 2008 von: http://www.equalityhumanrights.com/Documents/Gender/Employment/21st_century_dad.pdf
54 *More Time for Families* (Trades Union Congress, März 2006) S. 7, abgerufen am 1. November 2008 von: http://www.workingfamilies.org.uk/asp/main_downloads/Families%20Need%20Time%20Report.doc
55 D. Smeaton: *Dads and their Babies, a Household Analysis* (Equal Opportunities Commission, 2006), zitiert in: *21st Century Dad*, a.a.O.
56 Quentin Letts: »Modern men are not interested in paternity leave.« *Daily Mail*, 30. August 2006.
57 Jill Parkin: »Sorry Ms Harman, but your ›family friendly‹ policies are no such thing.« *Daily Mail*, 27. August 2006.

Dank

Ich danke Cassie Browne und Flo Nicoll, die viel Zeit und Mühe darauf verwandten, für mich Fakten und Quellen zu überprüfen. Ich hatte das Glück, sie zu Beginn einer zweifellos glänzenden Karriere kennenzulernen.

Ein besonderer Dank geht an all meine Interviewpartner und -partnerinnen, denn ohne die von ihnen vermittelten Einblicke in viele verschiedene Gebiete hätte ich dieses Buch niemals schreiben können. Ich danke auch den zahlreichen Menschen, deren Interviews nicht unmittelbar in den Text eingegangen sind. Ich verdanke ihnen wertvolle Einsichten, auch wenn ich diese Menschen nicht alle namentlich nennen konnte. Zu ihnen gehören Bernice McCabe, der Lehrkörper und die Studenten der North London Collegiate School; Charlotte Tan und Freunde am St John's College der Cambridge University; Lee Eggleston und Sheila Coates vom South Essex Rape and Incest Crisis Centre, Dan Burke, Kimberley Firth Jones, Daisy Leitch, Charlie Little und Flora und Miranda Thomas sowie Rebecca Jewell, die Anstoß zu einem besonders fruchtbaren Gedankengang gaben. Vielen Dank auch all denen, die Kontakte zu Interviewpartnern herstellten, insbesondere Bernard Bulaitis und Annie Griffiths vom City and Islington College, Rachel Bell und Emine Saner.

Ein Dank geht an all die Wissenschaftlerinnen und Lehrkräfte, darunter Lyn Craig, Janet Frick, Wendy Hill, Nancy Hopkins, Janet Shibley Hyde, Diane Quinn, Elizabeth Spelke, Sonya Thompson, Ed Tronik und Catherine Weinberger, die meine Fragen nach ihrer Arbeit geduldig beantworteten und meine Darstellung ihrer Studien überprüften; an Susan Morrissey, die deutsche Quellen für mich übersetzte, und insbesondere an Deborah Cameron und Mark Liberman, die die Rohfassungen des zweiten Teils dieses Buches lasen und mich großzügig an ihrem Wissen teilhaben ließen. Vor allem aber danke ich Melissa Hines, die mich vor einigen besonderen Irrtümern bewahrt hat und mir wertvolle Einsichten in ihr faszinierendes Arbeitsgebiet gewährt hat. Eventuell noch vorhandende Fehler gehen natürlich einzig und allein auf mein Konto.

Ich danke Lennie Goodings und ihren Kollegen und Kolleginnen bei Little, Brown sowie Derek Johns und seinen Kollegen und Kolleginnen bei AP Watt. Sehr dankbar bin ich auch Linda Grant, Liz Jobey und Ruth Walter, die Entwurfsfassungen des Buches mit Sorgfalt und Klugheit gelesen und kommentiert haben.

Und ich danke Mark Lattimer, dessen beharrliche Unterstützung und Anteilnahme an dem Projekt mich bei der Stange gehalten haben.

Birds Eye View Film Festival
Unit 306 Aberdeen Centre
22–24 Highbury Grove
London N5 2EA
0044 20 7704 9435
http://www.birds-eye-view.co.uk

The Fawcett Society
1–3 Berry Street
London EC1V 0AA
0044 20 7253 2598
http://www.fawcettsociety.org.uk

The F Word
http://www.thefword.org.uk
OBJECT
PO Box 50 373
London W4 3ZP
http://www.object.org.uk

Pink Stinks
http://www.pinkstinks.co.uk

Reclaim the Night
http://www.reclaimthenight.org

Rosa c/o WRC, Ground Floor East
33–41 Dallington Street
London EC1V 0BB
0044 20 7324 3044
http://www.rosauk.org

Womankind Worldwide 56–64 Leonard Street
London EC2A 4LT
020 75 490 360
http://www.womankind.org.uk

Women for Refugee Women
56–64 Leonard St London
EC2A 4LT 020 75 490 360
http://www.refugeewomen.com

Women's Resource
Centre Ground Floor East
33–41 Dallington Street
London EC1V 0BB
0044 20 7324 3044
http://www.wrc.org.uk

International
http://www.terre-des-femmes.de
http://www.unifem.org

Für Deutschland
http://www.gender-mainstreaming.net/ (Informationsseite des Bundesministeriums für Familie, Senioren, Frauen und Jugend)
http://www.ffgz.de
(Feministische Gesundheitszentren)
http://www.frauenrat.de (Bundesvereinigung von Frauenverbänden und gemischter Verbände in Deutschland e.V.)
http://www.girls-day.de
http://www.genderblog.de
http://www.ehrensenf.de

Magazine

http://missy-magazine.de
http://www.anschlaege.at
http://www.emma.de
http://www.aviva-berlin.de
http://www.femina-politica.de

Alice Schwarzer

Der große Unterschied

Gegen die Spaltung von Menschen in Männer und Frauen

Band 15237

25 Jahre nach dem ›Kleinen Unterschied‹ zieht Alice Schwarzer Bilanz und blickt nach vorn. Was hat sich seither getan im Geschlechterkampf? Wie steht es wirklich um die neuen Frauen und Männer? Innerhalb nur einer Generation haben die Frauen mehr erreicht als je zuvor in der Geschichte. Ein Buch über Frauenpower und Frauenschmerz, Lust und Gewalt, Frauen und Männer. Ein Blick in den Abgrund – und ein Griff nach den Sternen. Werden die Frauen es schaffen, ihren Weg in die Welt weiterzugehen – oder schlägt das Imperium zurück?

Fischer Taschenbuch Verlag

fi 15237 / 1

Alice Schwarzer

Der kleine Unterschied und seine großen Folgen

Frauen über sich

Beginn einer Befreiung

Band 15446

Frauen sprechen über sich. Karrierefrauen, Hausfrauen, Studentinnen, Prostituierte. Was sie sagen, bricht Tabus und entlarvt den Mythos von der »befreiten Sexualität«. Mit einem Nachtrag über die Reaktionen der (männlichen) Öffentlichkeit und der betroffenen Frauen auf dieses heftig diskutierte Buch, das die Autorin Mitte der siebziger Jahre auf einen Schlag berühmt machte, sowie mit einem aktuellen Vorwort von Alice Schwarzer.

Fischer Taschenbuch Verlag

fi 15446 / 1

Margarete Mitscherlich

Die friedfertige Frau

Eine psychoanalytische Untersuchung zur Aggression der Geschlechter

Band 4702

Margarete Mitscherlich untersucht das unterschiedliche Aggressionsverhalten der Geschlechter auf den verschiedenen Ebenen. Sie räumt auch mit dem Mythos auf, der uns weismachen will, die Frau sei von Natur aus friedfertig, der Mann hingegen gewalttätig. Die »Friedfertigkeit« der Frau ist anerzogen, mit Bedacht anerzogen, denn sie hindert die Frau daran, gegen die vermeintlich naturgegebene männliche Herrschaft und Unterdrückung zu rebellieren. So ist dieses Buch auch ein Appell an die Frau, die sozialisierte und instrumentalisierte Friedfertigkeit abzustreifen und dem zur Gewalttätigkeit neigenden – ebenfalls anerzogenen – Dominanzverhalten der Männer Paroli zu bieten.

Fischer Taschenbuch Verlag

fi 1304 / 4